부동산거래
입문

Preface

　정치·경제·사회·문화의 전 영역에서 한반도라는 좁은 땅에서 살아가고 있는 우리나라 국민은 불과 1세기 사이에도 엄청난 변화를 겪어야 했다. 일제침략기를 어렵게 이겨냈고 독립 후 여러 시행착오를 겪으면서도 눈부신 발전을 이룩하였다. 유엔 역사상 타국의 지원을 받아 삶을 이어오던 최극빈국에서 타국을 후원하고 지원하는 나라로 성장한 국가는 우리나라가 유일하다. 참으로 놀라울 정도의 경제적인 발전을 이룩해 온 것이 사실이다. 그 과정에서 국가·국민의 높은 재산적 가치로 인정되는 부동산에 대한 이해와 평가 그리고 그에 대한 다양한 규제와 발전방안은 시대에 따라 변화하고 세분화되어 왔다.

　현대생활에서 부동산의 의미는 특별히 강조할 필요조차 없을 정도로 중요하다. 자본주의 경제체제에 기초를 두고 있는 우리나라는 헌법에서 개인재산존중의 원칙이 인정되고 있고, 이러한 헌법이념을 실천하기 위한 법률에도 개인의 재산을 최대한 존중하기 위한 규정이 다양하게 존재한다. 그러나 부동산은 개인재산이면서도 공공재로서의 성격도 아울러 가지고 있어 국가나 사회의 제재가 다른 재화에 비해 월등하게 많을 수밖에 없다. 점점 더 복잡다단해지는 사회에서 유한한 재화인 부동산, 특히 토지의 이용에 일정한 기준을 제시하여 상호공존이라는 공공체의 이념을 실현하기 위해 도입된 것이 토지공개념이다. 이에 기초하여 각종 규제와 조정에 관한 법률도 다양하게 제정되어 있다. 즉, 국토기본법, 토지이용규제기본법, 국토의 계획 및 이용에 관한 법률, 부동산가격공시 및 감정평가에 관한 법률, 부동산등기법, 부동산등기특별조치법, 부동산실권리자명의등기에 관한 법률, 부동산거래신고 등에 관한 법률, 공간정보의 구축 및 관리 등에 관한 법률 등과 같은 공법적 규제가 최근 20~30년 사이에 지속적으로 제정되고 개정되었다.

　이와 함께 사법적인 영역에서도 개인 간 부동산거래가 빈번해지고 부동산정책의 실패로 인한 부동산 가격의 급등 등으로 나타나는 사회적 약자 보호를 위한 입법과 판례의 변경도 지속적으로 이루어지고 있다. 주택임대차보호법이나 상가건물임대차보호법 등이 그 사례다. 이러한 법률의 출현은 부동산거래를 복잡하게 하고 어렵게 만들어버렸다. 입법 초기 10여 개로 구성된 두 보호법의 조문이 개정을 거듭하면서 수십 개로 발전해 나간 것을 보면 알 수 있다. 이러한 최근 경향으로 특히나 사회초년생 입장에서 부동산거래에 자신 있게 접근하기가 여간 힘든 것이 아니다.

이 책은 부동산의 기초 개념을 정리해 보고 부동산거래와 관련된 공시방법과 절차 그리고 등기의 공신력이 부정되는 현행법을 감안하여 초학자의 입장에서 부동산거래 시 주의해야 할 사항을 정리해 보았다. 또한 부동산의 권리변동 원인인 매매, 임대차 등에 관하여 자세하게 검토하였고 법률규정에 의한 권리변동사항에 대해서도 검토해 보았다. 한편 부동산거래 시 주의해야 하는 실무상의 점검사항도 함께 파악해 보았고 부동산을 이용한 담보대출의 대표적인 권리인 저당권에 관하여도 간단하게나마 소개함으로써 학생들의 이해에 보탬이 되고자 하였다. 끝으로 초학자의 입장에서 알아두면 유익할 것으로 생각되는 부동산에 관한 경매와 공매 그리고 세금에 관하여도 간단하게 소개하였다.

무릇 완벽한 저작물이 존재하기는 참으로 힘들 듯이, 본 저서도 완전할 수는 없다. 이에 저자들은 본 저서를 시작으로 개선작업을 지속적으로 진행해 나갈 것을 독자들에게 약속한다. 부동산거래에 관련된 법률의 개정이나 판례의 변경 그리고 실무상의 변화를 예의 주시하면서 초학자의 입장에서 보다 쉽고 편리한 소개서가 되도록 노력을 경주할 계획이다.

본 저자들의 저서를 차례대로 세상에 소개해 주고 있는 한올출판사 임순재 사장님과 최혜숙 실장님을 비롯한 임직원들의 노고에 다시 한번 머리 숙여 감사드리며 한올출판사의 건승을 기원한다.

2022년 6월
저자 일동

부동산거래 입문

Contents

제1강

학습을 위한
사전지식

제2강

부동산의
특성과 유형

제8강

부동산
매매계약

제9강

민법상
임대차계약

제10강

임대차보호법

제11강

기타 부동산
권리변동

제16강

부동산
세금

부동산거래
입문

제1강

학습을 위한
사전지식

부동산거래 입문

제1강

학습을 위한 사전지식

현대사회에서 부동산거래는 매우 중요하다. 부동산의 가치가 점점 증가하고 있고 거래의 양태도 점점 다양화되어 가고 있다. 부동산거래에서 접할 수 있는 여러 가지 전문지식이나 경험이 풍부하지 못한 경우에는 자칫 자신의 경제력에 커다란 충격이 주어지는 상황을 초래할 수도 있다. 부동산거래에 관한 제도적 미비점이나 거래 관행 등에 의해 손해를 입는 위험에 빠질 수도 있다. 학습에 들어가기 전에 간단하게나마 우리나라에서 부동산거래 시 몇 가지 유의할 점을 간략하게 검토해 보고자 한다.

Ⅰ 현행 부동산거래 시 점검사항

1 토지와 건물은 별개의 부동산

일물일권주의라 하여 토지와 건물은 전혀 별개의 부동산이다. 이는 대부분의 외국의 입법례와는 다른 양상으로서 일반적으로 토지를 거래하면 그 토지 위의 건물이나 기타 정착물은 함께 거래되는 것이 세계적인 관례이지만, 우리나라의 경우에는 그렇지 못하다. 따라서 건물을 매입하는 경우 토지도 함께 거래되는지에 대한 주의를 기울여야 한다. 즉, 건물과 토지가 함께 거래되지 못하는 장애사유가 존재하는지에 대한 검토가 있어야 한다.

2 토지의 정착물

거래관념상 토지에 계속 고정되어 사용되는 대표적인 물건으로 건물이 있지만, 이외에도 토지의 정착물 중에는 토지와는 독립된 부동산으로 취급되는 것들이 있는데 수목, 미분리과실, 농작물 등이 이에 해당하는바, 부동산거래 시 이에 대한 주의가 필요하다.

3 권리관계의 수반

부동산거래는 눈에 보이는 부동산 자체의 거래이지만 근본적으로는 그에 대한 권리의 거래이기 때문에 부동산 권리의무에 관한 공적장부(예: 등기부, 토지대장, 건축물관리대장 등)에 관심을 가져야 한다. 만일 거래당사자가 이러한 공적장부 등에 기재된 사항을 확인하지 않아서 몰랐다면 법률상 "과실"이 인정된다. 그렇다고 등기부에 기재된 사항을 전적으로 믿고 거래했더라도 낭패를 보는 수가 있다. 우리나라는 부동산등기에 공신력(公信力)을 인정하고 있지 않기 때문에 거래당사자는 이러한 공적장부의 진실성에 대하여도 각자 주의를 기울여야 할 것이다.

4 등기의 필요성

부동산은 민법 186조에 의거 등기해야만 권리가 이전된다. 등기하지 않으면 양도인으로부터 권리를 양수받아 등기완료한 제3자가 나타날 경우 보호받지 못하게 된다. 물론 법률규정에 의한 권리변동의 경우 등기하지 않아도 권리가 이전되지만 이 경우도 등기해야 처분이 가능하다.

5 민사문제와 형사문제의 별개성

부동산거래와 관련한 사기·횡령·배임 등 형사문제가 다양하게 발생하지만 범죄를 저지른 상대방이 실형을 선고받고 처벌받는다 하더라도 그로 인한 손해배상이나

목적 부동산의 반환 등 민사문제는 이와 전혀 별개의 절차를 밟아야 소기의 목적을 달성할 수 있게 된다. 즉, 상대방이 범죄를 저지르고 처벌까지 받고 있더라도 변제자력(갚을 능력)이 없다면 결국 손실은 피해자에게 전부 귀속된다.

물건으로서의 부동산

1 서 설

권리의 대상을 권리의 객체라 하며, 물권은 물건(物件), 채권은 채무자의 행위(급부·급여), 무체재산권(無體財産權)은 저작·발명 등의 정신적 산물, 인격권은 권리주체의 자신이 그 객체이다. 민법은 이 중에서 재산권의 기본적 객체라 할 물건에 관해서만 통칙적인 규정을 두고 있다.

2 물건의 의미

물건이란 유체물 및 전기 기타 관리할 수 있는 자연력을 말한다.[1] 여기서 유체물이란 고체, 액체, 기체와 같이 공간의 일부를 차지하는 유형적 존재를 말하며, 전기를 비롯하여 열·빛·원자력 등과 같이 관리할 수 있는 자연력과 같은 무체물도 물건에 속한다.

물건은 사람이 지배할 수 있는 것에 한정되므로, 해·달·별 등은 유체물이지만 관리가능성(배타적 지배가능성)이 없으므로 법률상의 물건이 아니다. 또한 물건은 권리의 주체인 사람의 신체가 아닌 외계의 일부이어야 한다(비인격성). 다시 말해, 사람의 신체 및 그 일부는 물건이 아니다. 따라서 의치(義齒)·의안(義眼)·의지(義肢) 등도 신체에 고착되어 있는 경우에는 물건으로 볼 수 없고 신체의 일부로 취급된다. 그러나 신체의 일부라 할지라도 신체로부터 분리 내지 절단된 모발·혈액·치아 등은 물건이며, 선

---

1 민법 제98조.

량한 풍속 기타 사회질서에 반하지 않는 한 이를 처분하는 행위도 유효하다. 시체(屍體)가 물건이라는 데에는 학설이 일치하나, 소유권의 객체가 되느냐에 관하여는 학설이 대립한다.[2] 즉 시체는 특수성이 있으므로 소유권의 대상이 아니라 관습법상의 관리권의 객체일 뿐이라는 견해가 없는 것은 아니나, 특수소유권설이 다수설이다.

3 물건의 종류

민법은 물건을 ① 동산(動産)과 부동산(不動産)으로 분류하고, ② 주물(主物)과 종물(從物), ③ 원물(元物)과 과실(果實)에 대하여 원칙적인 규정을 두고 있다. 이 외에도 물건에 대한 분류는 대체물과 부대체물, 융통물과 불융통물, 소비물과 비소비물 등이 있으나, 여기서는 우리나라 민법에서 규정하고 있는 분류만을 알아본다.

1) 동산·부동산

부동산은 토지와 그 정착물을 말한다.[3] 토지란 일정한 범위의 지면에 정당한 이익이 있는 범위 내에서 수직의 상하(공중, 지하)를 포함하는 공간적 관념이며, 정착물이란 건물·수목·교량 등 토지에 계속적으로 부착된 물건을 말한다. 이와 같은 토지의 정착물은 토지의 구성부분으로 취급되며 물건으로서의 독립성을 인정받지 못하는 것이 원칙이나, 건물은 토지와는 별개의 부동산으로 취급되고, 관습법상의 명인방법을 갖추면 일정한 수목의 집단이나 농작물(과일, 배추)도 토지와는 독립된 물건으로 취급된다.

부동산 이외의 모든 물건은 동산이다.[4] 자동차·텔레비전·자전거 등과 같은 유체물은 물론이고 전기와 같이 유체물이 아니라도 관리할 수 있는 것이면 동산에 포함된다. 한편 선박·자동차·항공기는 동산이지만 부동산과 마찬가지로 등기·등록을 통하여 그 권리관계를 공시한다.

---

2 이영준, 「민법총칙(개정증보판)」, 박영사, 2007, 236면.

3 민법 제99조 제1항.

4 민법 제99조 제2항.

금전은 가치척도이자 상품거래의 수단이고 개성이 없으므로 법률상 특별한 취급을 받는다(즉, 정당성여부를 불문하고 점유자에게 바로 소유권이 인정된다).

2) 주물·종물

어떤 물건의 소유자가 그 물건의 효용을 돕기 위하여 자기 소유인 다른 물건을 귀속시킨 경우에(예컨대 시계와 시곗줄, 배와 노, 농가건물과 창고), 귀속된 물건을 종물이라 하고 도움을 받는 주된 물건을 주물이라고 한다. 종물은 원칙적으로 주물의 처분에 따르므로 주물과 법률적인 운명을 같이하는 것이 원칙이다.[5] 부동산에서도 주물과 종물의 관계가 설정될 수 있다. 따라서 다른 특약 없이 주물이 거래되었다면 종물은 주물의 거래에 편입된다. 다만 이 주물·종물 규정은 임의규정이라 당사자 사이의 특약으로 달리 정할 수 있다.

3) 원물·과실

어떤 물건으로부터 생기는 수익을 과실이라고 하며, 그 수익이 생기게 하는 물건을 원물이라고 한다. 과실에는 과일·곡물·야채 등과 같이 원물의 경제적 성질에 따라 자연적으로 산출되는 천연(天然)과실과, 집세·이자 등과 같이 원물을 타인에게 사용한 대가로 받는 법정(法定)과실인 2가지가 있다.[6] 천연과실은 원물에서 분리하는 때에 이를 수취할 권리자에게 속하고, 법정과실은 이를 수취할 권리의 존속기간 일수의 비율로 취득한다.[7] 부동산거래에서는 특히 법정과실이 문제된다.

---

5 민법 제100조, 임의규정.

주 물	종 물
도움을 받는 주된 물건	물건의 효용을 돕기 위하여 자기 소유인 다른 물건을 이에 귀속시킨 경우
종물은 원칙적으로 주물의 처분에 따르므로 주물과 법률적인 운명을 같이하는 것이 원칙	예: 시계와 시곗줄, 배와 노, 가옥과 문짝

6 민법 제101조.

7 민법 제102조 제1항·제2항.

Ⅲ 부동산 개념

부동산이란 "토지 및 그 정착물"을 말한다. 민법상 독립한 부동산으로 취급되는 토지의 정착물로는 건물·입목법상의 입목·명인방법을 갖춘 수목의 집단·농작물 등이 있다.

1 토 지

토지는 인위적으로 구분되어 지번으로 표시되고 필(筆) 단위로 거래된다. 한 필지의 토지를 인위적으로 분리하는 것을 "분필(分筆)"이라고 하고 두 필지 이상의 토지를 합하여 하나의 필지로 만드는 것을 "합필(合筆)"이라고 한다.

토지를 땅의 표면만으로 이해할 경우 그 토지를 실질적으로 이용할 수 없게 된다. 즉, 토지가 권리의 대상이 되기 위해서는 일정한 범위의 토지 상하를 모두 포함해야 한다. 민

법에서도 "토지의 소유권은 정당한 이익이 미치는 범위 내에서 토지의 상하에 미친다"라고 규정하고 있다.[8]

토지의 소유권을 무한정 범위에서 인정할 수는 없고 일정한 제한을 받는다. 광업권에 의한 광물이나 항공법에 의한 항공로에 대해서는 영향을 미칠 수 없다. 그리고 지하철, 지하상가 등 지하공간의 이용이 확대되고 건물도 초고층화됨에 따라 이들 영역에서도 토지소유권의 범위확정이 요청되고 있다.

---

8   민법 제212조.

1) 1필지 1지목의 원칙

전국의 토지는 토지의 사용목적이나 용도에 따라 구분하여 "지목"이 결정되어 있다. 예컨대 지목이 '전'이면 그 토지는 밭이고, '답'이면 논을 의미한다. '대'로 되어 있으면 건축물이 있거나 건축이 가능한 토지이다.[9] 그리고 1필지마다 1개의 지목을 설정하는 것을 원칙으로 한다. 단 하나의 필지가 2 이상의 용도로 활용되고 있는 경우 주된 용도에 따라 지목을 설정하게 된다. 지목의 종류와 내용을 분류해보면 다음과 같다.

지목	부호	내용
1. 밭	전	• 물을 상시로 이용하지 않고 곡물·원예작물(과수류 제외)·약초·뽕나무·닥나무·묘목·관상수 등의 식물을 주로 재배하는 토지와 식용(食用)으로 죽순을 재배하는 토지
2. 논	답	• 물을 상시로 직접 이용하여 벼·연(蓮)·미나리·왕골 등의 식물을 주로 재배하는 토지
3. 과수원	과	• 사과·배·밤·호두·귤나무 등 과수류를 집단적으로 재배하는 토지와 이에 접속된 저장고 등 부속시설물의 부지(다만, 주거용 건축물의 부지는 '대'로 함)
4. 목장용지	목	• 축산업 및 낙농업을 하기 위하여 초지를 조성한 토지 • 가축을 사육하는 축사 등의 부지 • 위의 토지와 접속된 부속시설물의 부지(다만, 주거용 건축물의 부지는 "대"로 함)
5. 임야	임	• 산림 및 원야(原野)를 이루고 있는 수림지(樹林地)·죽림지·암석지·자갈땅·모래땅·습지·황무지 등의 토지
6. 광천지	광	• 지하에서 온수·약수·석유류 등이 용출되는 용출구(湧出口)와 그 유지(維持)에 사용되는 부지(다만, 온수·약수·석유류 등을 일정한 장소로 운송하는 송수관·송유관 및 저장시설의 부지는 제외)
7. 염전	염	• 바닷물을 끌어들여 소금을 채취하기 위하여 조성된 토지와 이에 접속된 제염장(製鹽場) 등 부속시설물의 부지(다만, 천일제염 방식으로 하지 않고 동력으로 바닷물을 끌어들여 소금을 제조하는 공장시설물의 부지는 제외)
8. 대(垈)	대	• 영구적 건축물 중 주거·사무실·점포와 박물관·극장·미술관 등 문화시설과 이에 접속된 정원 및 부속시설물의 부지 • 「국토의 계획 및 이용에 관한 법률」 등 관계 법령에 따른 택지조성공사가 준공된 토지
9. 공장용지	장	• 제조업을 하고 있는 공장시설물의 부지 • 「산업집적활성화 및 공장설립에 관한 법률」 등 관계 법령에 따른 공장부지 조성공사가 준공된 토지 • 위의 토지와 같은 구역에 있는 의료시설 등 부속시설물의 부지
10. 학교용지	학	• 학교의 교사(校舍)와 이에 접속된 체육장 등 부속시설물의 부지
11. 주차장	차	• 자동차 등의 주차에 필요한 독립적인 시설을 갖춘 부지와 주차전용 건축물 및 이에 접속된 부속시설물의 부지[다만, 노상주차장 및 부설주차장(시설물의 부지 인근에 설치된 부설주차장 제외), 자동차 등의 판매 목적으로 설치된 물류장 및 야외전시장 제외]

---

9 종전에 시행되었던 "측량·수로조사 및 지적에 관한 법률"이 2016. 9. 1.부터 "공간정보의 구축 및 관리 등에 관한 법률"로 변경되어 시행되고 있다. 동법 시행령 제58조에서 28가지의 지목을 정하고 있다. 지목 중 중요한 것은 후술한다.

지목	부호	내용
12. 주유소용지	주	• 석유·석유제품 또는 액화석유가스 등의 판매를 위하여 일정한 설비를 갖춘 시설물의 부지 • 저유소(貯油所) 및 원유저장소의 부지와 이에 접속된 부속시설물의 부지(다만, 자동차·선박·기차 등의 제작 또는 정비공장 안에 설치된 급유·송유시설 등의 부지는 제외)
13. 창고용지	창	• 물건 등을 보관하거나 저장하기 위하여 독립적으로 설치된 보관시설물의 부지와 이에 접속된 부속시설물의 부지
14. 도로	도	• 일반 공중(公衆)의 교통 운수를 위하여 보행이나 차량운행에 필요한 일정한 설비 또는 형태를 갖추어 이용되는 토지 • 「도로법」 등 관계 법령에 따라 도로로 개설된 토지 • 고속도로의 휴게소 부지 • 2필지 이상에 진입하는 통로로 이용되는 토지(다만, 아파트·공장 등 단일 용도의 일정한 단지 안에 설치된 통로 등은 제외)
15. 철도용지	철	• 교통 운수를 위해 일정한 궤도 등의 설비와 형태를 갖추어 이용되는 토지와 이에 접속된 역사(驛舍)·차고·발전시설 및 공작창(工作廠) 등 부속시설물의 부지
16. 제방	제	• 조수·자연유수(自然流水)·모래·바람 등을 막기 위하여 설치된 방조제·방수제·방사제·방파제 등의 부지
17. 하천	천	• 자연의 유수(流水)가 있거나 있을 것으로 예상되는 토지
18. 구거(溝渠)	구	• 용수(用水) 또는 배수(排水)를 위하여 일정한 형태를 갖춘 인공적인 수로·둑 및 그 부속시설물의 부지와 자연의 유수(流水)가 있거나 있을 것으로 예상되는 소규모 수로부지
19. 유지(溜池)	유	• 물이 고이거나 상시로 물을 저장하고 있는 댐·저수지·소류지(沼溜地)·호수·연못 등의 토지와 연·왕골 등이 자생하는 배수가 잘되지 않는 토지
20. 양어장	양	• 육상에 인공으로 조성된 수산생물의 번식 또는 양식을 위한 시설을 갖춘 부지와 이에 접속된 부속시설물의 부지
21. 수도용지	수	• 물을 정수하여 공급하기 위한 취수·저수·도수(導水)·정수·송수 및 배수 시설의 부지 및 이에 접속된 부속시설물의 부지
22. 공원	공	• 일반 공중의 보건·휴양 및 정서생활에 이용하기 위한 시설을 갖춘 토지로서 공원 또는 녹지로 결정·고시된 토지
23. 체육용지	체	• 국민의 건강증진 등을 위한 체육활동에 적합한 시설과 형태를 갖춘 종합운동장·실내체육관·야구장·골프장·스키장·승마장·경륜장 등 체육시설의 토지와 이에 접속된 부속시설물의 부지(다만, 체육시설로서의 영속성과 독립성이 미흡한 정구장·골프연습장·실내수영장 및 체육도장, 유수(流水)를 이용한 요트장 및 카누장, 산림 안의 야영장 등의 토지 제외)
24. 종교용지	종	• 일반 공중의 종교의식을 위하여 예배·법요·설교·제사 등을 하기 위한 교회·사찰·향교 등 건축물의 부지와 이에 접속된 부속시설물의 부지
25. 유원지	원	• 일반 공중의 위락·휴양 등에 적합한 시설물을 종합적으로 갖춘 수영장·유선장(遊船場)·낚시터·어린이놀이터·동물원·식물원·민속촌·경마장 등의 토지와 이에 접속된 부속시설물의 부지[다만, 이들 시설과의 거리 등으로 보아 독립적인 것으로 인정되는 숙식시설 및 유기장(遊技場)의 부지와 하천·구거 또는 유지[공유(公有)인 것으로 한정]로 분류되는 것 제외]
26. 사적지	사	• 문화재로 지정된 역사적인 유적·고적·기념물 등을 보존하기 위하여 구획된 토지(다만, 학교용지·공원·종교용지 등 다른 지목으로 된 토지에 있는 유적·고적·기념물 등을 보호하기 위하여 구획된 토지 제외)
27. 묘지	묘	• 사람의 시체나 유골이 매장된 토지, 묘지공원으로 결정·고시된 토지 및 봉안시설과 이에 접속된 부속시설물의 부지(다만, 묘지의 관리를 위한 건축물의 부지는 '대'로 함)
28. 잡종지	잡	• 갈대밭, 실외에 물건을 쌓아두는 곳, 돌을 캐내는 곳, 흙을 파내는 곳, 야외시장, 비행장, 공동우물 • 영구적 건축물 중 변전소, 송신소, 수신소, 송유시설, 도축장, 자동차운전학원, 쓰레기 및 오물처리장 등의 부지 • 다른 지목에 속하지 않는 토지(다만, 원상회복을 조건으로 돌을 캐내는 곳 또는 흙을 파내는 곳으로 허가된 토지는 제외)

각 지목의 부호를 정리하면 다음과 같다.

지목	밭	논	과수원	목장용지	임야	광천지	염전
표시	전	답	과	목	임	광	염
지목	대지	공장용지	학교용지	주차장	주유소용지	창고용지	도로
표시	대	장	학	차	주	창	도
지목	철도용지	제방	하천	구거	유지	양어장	수도용지
표시	철	제	천	구	유	양	수
지목	공원	체육용지	유원지	종교용지	사적지	묘지	잡종지
표시	공	체	원	종	사	묘	잡

2) 토지이용의 제한

토지이용을 전적으로 개인의 자유에 맡긴다면 무질서한 개발로 인하여 토지의 효용이 크게 떨어질 것이다. 이에 국가는 일정한 범위에서 제한을 가하고 있다. 예컨대 우리나라 토지는 용도에 따라 ① 도시지역, ② 관리지역, ③ 농림지역, ④ 자연환경보전지역으로 구분하고 있고, 도시지역은 더 세분화하여 ⓐ 주거지역, ⓑ 상가지역, ⓒ 공업지역, ⓓ 녹지지역으로 구분하여 토지의 이용을 제한하고 있다.[10]

2 그 정착물

토지의 정착물은 토지에 고정되어 쉽게 이동시킬 수 없는 물건을 말한다. 서양에서는 "지상물은 토지에 따른다"라는 로마의 법제에 따라 건물 기타 토지의 정착물을 토지의 일부로 보고 독립된 부동산으로 다루지 않는다. 우리나라에서도 토지의 정착물 대부분을 토지의 구성부분으로 보아 토지와 함께 거래되는 것으로 하고 있지만 그중 일부를 독립된 부동산으로 인정하는 경우도 있다.

---

10 용도지역, 용도지구, 용도구역에 관하여는 항을 바꾸어 설명한다.

1) 건물

건물은 토지에 정착되어 있는 것이기는 하지만 토지와 별개의 부동산으로 취급하고 있다. 즉, 건물은 토지와 별도의 등기제도에 의하여 별개의 소유권의 객체가 되며, 그 개수는 사회적 통념에 의한다.

2) 입목법상의 입목

입목법상의 입목은 입목등기를 갖춘 일정한 수목의 집단으로서 토지와 독립된 거래의 객체가 될 수 있다. 즉, 토지 위의 수목의 집단을 등기하고 그 수목만을 팔거나 담보로 제공할 수 있다.

3) 명인방법을 갖춘 수목의 집단

명인방법이란 별도의 규격화된 공시방법(예컨대 등기나 등록제도)을 갖추지는 못하였지만 "소유권을 인식시킬 수 있도록 하는 외적 표시방법(예컨대 소유권자를 나타내는 입간판)"을 말한다. 명인방법을 갖춘 수목의 집단도 토지와 별개의 소유권의 객체가 된다.

4) 농작물

외국의 입법례에 의하면 농작물은 토지의 구성부분으로 보아 토지 소유자가 그 토지 위의 농작물의 소유주가 되는 것이 일반적이다. 그러나 연혁적·시대적 이유로 농작물을 독립된 물건으로 취급해야 할 이유가 발생함에 따라 일찍부터 우리나라 법원은 "농작물은 등기나 소유권을 표시할 수 있는 별도의 방법을 갖추지 않아도 이를 경작한 자의 소유에 속한다"고 보고 있다. 즉, 재배기간이 1년 이내인 '농작물'이 어느 정도 자라면 경작자에게 소유권이 있다고 본다.

그러나 농작물이 아닌 '수목'을 정당한 권원 없이(예컨대 토지를 정당하게 빌려서 수목을 식재한 경우가 아닌 경우) 식재한 경우에는 경작자가 아니라 토지소유자가 소유권을 가지게 됨에 유의하여야 한다.

한편 자신의 토지에 제3자가 무단으로 농작물을 재배하는 경우 그 자의 경작행위를 배제하는 방법은 무엇일까? 이 경우 농작물을 임의로 처리해서는 경작자의 권리를 침해하는 것이 되기 때문에 다른 합법적인 방법을 강구해야 한다. 즉, 토지소유자는 이 경우 그 경작자에 대하여 자신이 토지소유자임을 주장하여 추후 경작하지 말 것을 내용증명으로 통보하고 만일 또다시 재배할 경우 지료를 청구하는 등의 조치를 취할 것임을 밝히는 방법 등이 있다.

3 부동산과 동산의 구체적 차이

일반적으로 부동산은 토지, 건물처럼 고정되어 장소의 이동이 불가능한 물건으로 "토지와 그 정착물"이고, 동산은 장소의 이동이 용이한 물건으로 "부동산 이외의 물건"을 말한다. 그러나 이 둘의 구별은 쉽지 않다.

부동산과 동산의 가장 큰 차이는 "외부에 권리관계를 알리는 방법"인 「공시방법」에서 나타난다. 부동산은 등기소에서 관리하는 「등기」에서 권리관계를 쉽게 파악할 수 있지만, 동산은 그러한 절차가 존재하지 않아 "현재 점유하고 있는 사람이 그 물건의 주인으로 추정"된다. 이 외에도 "취득시효, 공신력, 무주물의 귀속" 등에서 부동산과 동산은 차이가 있다.[11]

부동산과 동산의 차이

구분	개념	공시	공신력	취득시효	담보물권	무주물
부동산	토지와 그 정착물	등기	부정	20년, 10년	유치권·저당권	국가소유
동산	부동산 이외의 것	점유	긍정	10년, 5년	유치권·질권	선점자소유

---

11 구체적인 차이는 순차적으로 관련된 부분에서 나누어 자세하게 설명한다.

부동산거래
입문

제2강

부동산의
특성과 유형

부동산거래 입문

제2강

부동산의 특성과 유형

I 부동산의 특성

1 토 지

토지는 일반적인 재화와는 다른 여러 가지 특성을 가진다. 토지의 특성에 관하여는 여러 가지 측면에서 분석이 가능하다. 즉, 토지 자체의 특성이나, 토지의 활용으로 나타나는 특성, 토지의 보호조치로 나타나는 특성 등이 그것이다. 그러나 여기서는 부동산을 거래의 대상으로 파악하기 위한 토지 자체의 성질을 간단하게 알아보고자 한다.

1) 고정성

토지는 위치가 고정되어 이동이 불가능하기 때문에 이를 이용하려는 사람을 반드시 당해 토지로 이동해야 한다. 이런 고정성(부동성) 때문에 토지는 다음과 같은 성질을 가지게 된다.

첫째, 경제적 지대(임대료)가 발생한다. 토지가 도심에 가까울수록 토지의 활용도가 상승하고 그에 따라 단위당 지가가 상승하게 된다. 토지 수요자의 입장에서는 밀집한 도심을 활용하기 위한 추가적인 임대료를 지급하게 되는 것이다.

둘째, 각종 법적 규율의 대상이 된다. 부동산은 동산에 비해 가격이 높고 경기의 영향이 크기 때문에 국가의 다양한 규제 또는 활성화 대상이 된다. 이러한 정책들은 시기나 지역에 따라 구별되어 시행된다. 즉, 토지거래허가제나 토지거래신고제처럼 일정 지역에 한해 시행되는 경우도 있다.

셋째, 주변환경이나 조건에 영향을 받는다. 예컨대 토지가 주택지에 있는 경우나 공장지대에 있는 경우 그 토지의 활용이나 가격에 많은 차이가 있을 것이다. 이러한 현상을 외부효과라 하고 이와 관련된 것이 용도지역제도이다.

넷째, 토지의 권리에 대한 공시를 한다. 동산과 달리 부동산에 관한 권리의 변동을 공적 장부인 등기부에 표시(공시)해야 거래가 완료된다. 이러한 공시로 인하여 당해 토지를 거래하고자 하는 관련자들은 권리관계를 보다 안전하게 파악할 수 있게 되는 것이다.

2) 영속성

동산은 대체로 지속적인 사용에 의해 소비, 마모, 파손 등으로 변하게 되지만, 부동산은 물질적 변화가 거의 없어서 영속적인 사용과 보존이 가능하다. 예컨대 밭으로 이용되고 있는 토지가 홍수나 경작방법 등에 따라 때로는 물리적인 영향을 받기는 하지만 근본적으로 사라지지는 않는다. 즉, 토지 위의 건물은 시간이 흐르면 감가상각으로 가치가 하락할 수 있지만, 토지는 시간이 흐르더라도 감가상각으로 인한 가치의 하락이 일어나지 않는다. 그러나 이러한 영속성은 물리적인 측면에서의 영속성을 의미하는 것이지 경제적 의미의 영속성을 나타내는 것이 아니므로 토지의 경제적 가치는 지속적으로 변한다.

3) 부증성

토지는 인간이 생산하는 것이 아니라 자연적으로 주어지는 것이다. 간척이나 매립을 통해 이용가능한 토지가 증대되기는 하지만 정확하게 말하면 토지의 용도가 전환되는 것이지 없던 토지가 새롭게 생산되는 것은 아니다(비생산성).

4) 개별성

일반적으로 생산되는 상품은 동일하거나 유사한 성질을 가질 수 있지만, 토지의 경우는 위치, 크기, 모양, 용도 등에 있어서 차이가 있다. 일정한 토지가 다른 토지와 경제적으로 대체성을 가질 수는 있지만 물리적으로 완전히 동일한 토지는 없다.

이러한 특성 때문에 토지의 가격이 달라지고, 토지의 거래가 불안정하게 되는 것이다.

5) 인접성

토지는 지표의 일부로서 연속되어 있다. 즉, 토지는 인접토지와 긴밀한 공간관계에 있어 서로 영향을 주고받는다. 토지의 이용에 있어서 이러한 점을 고려하여 우리나라 법에서는 이용관계의 제한을 두는 경우가 다양하게 나타난다.

2 건 물

토지와 달리 건물은 인간의 노력으로 만들어질 수 있기 때문에 토지와 건물은 다른 특성을 가지게 된다.

1) 종속성

건물은 토지 위에 만들어지기 때문에 정착된 토지의 모양이나 용도에 따라 영향을 받는다. 이처럼 토지의 형태에 따라 그 위에 만들어진 건물은 다양한 가치를 나타내게 된다. 일단 토지에 고정된 건물은 비가역성의 성격을 띠게 되어 토지와 건물을 분리해 건물만 이동하기가 심하게 어려워지고 또한 건물의 개조에도 많은 비용이 소요된다.

2) 비영속성

건물은 토지와 달리 인위적인 구조물로서 경제적 사용기간을 갖는 재산이다. 건물은 시간의 경과나 사용방법 등에 의하여 가치가 감소되기 때문에 건물은 감가상각을 해야 한다. 예컨대 철근콘크리트 구조의 건물의 사용기간을 70년으로 가정할 경우 70년 후에는 이 건물의 사용이 어려울 것이므로 토지 부분을 제외한 건물은 거래 시 가치를 고려해야 한다. 그렇지만 일반 동산과 비교하면 건물의 사용기간은 비교적 장기라 할 수 있다.

3) 제한적 생산가능성

건물은 필요한 경우에 따라 공급이 가능하다. 다만 일반적인 재화처럼 대량생산이 가능한 것이 아니고 유한한 토지 위에만 생산이 가능할 뿐이다. 즉, 한정된 범위내에서 토지보다는 새로운 부동산을 만들어낼 수 있어서 자본적 지출을 통해 경제적 가치를 창출할 수 있다.

4) 동질성

토지는 물리적인 한정성 때문에 공급에 탄력성이 전혀 없지만, 건물은 수요에 따라 공급이 일정한도에서 증가될 수 있다. 건물의 경우는 예컨대 상가나 빌딩, 오피스텔, 단독주택, 다세대주택, 연립주택, 아파트 등으로 구별하면 서로 다른 성격의 건물이 될 수 있지만, 한 종류만을 놓고 본다면 유사성 내지 동일성의 성질을 가질 수 있다. 즉, 아파트의 경우 특정 단지 내에 동일 평형과 동일 구조의 아파트는 같은 시기에 같은 업자에 의해 지어졌기 때문에 동질성을 띠는 특성을 가지게 된다.

 부동산의 유형

1 토 지

1) 의 의

토지는 여러 가지 기준으로 분류해 볼 수 있다. 전술한 바와 같은 지적과 관련된 것으로 용도에 따른 분류가 있고, 최근 많은 관심을 가지게 된 '국토의 이용 및 계획에 관한 법률'에 의한 토지이용계획 및 용도지역제에 의한 분류 등이 있다. 동법에 의하면 토지의 용도를 용도지역, 용도지구, 용도구역으로 나누어 토지의 기능과 목적에 맞게 토지를 계획적으로 이용하기 위한 규제나 활성화 방안을 마련하고 있다.

2) 토지이용계획과 용도지역제에 의한 분류

(1) 용도지역의 구분

토지이용계획에 따른 주요수단 가운데 하나가 용도지역제이다. 용도지역제는 개인에 의한 토지이용을 규제하고, 그에 따라 토지이용계획에서 정하고 있는 목표를 실현시키려는 법적 수단이다.

❶ 개념과 지정

용도지역제에 의한 토지의 분류는 여러 가지 법률에 의해 정해져 있다. 이들 가운데 '국토의 이용 및 계획에 관한 법률'에 의한 용도지역제가 가장 높은 관심의 대상이다.

"용도지역"이란 토지의 이용 및 건축물의 용도, 건폐율,[1] 용적률,[2] 높이 등을 제한함으로써 토지를 경제적·효율적으로 이용하고 공공복리의 증진을 도모하기 위해 서로 중복되지 않게 도시·군관리계획으로 결정하는 지역을 말한다.[3] "용도지역의 지정"이란 국토교통부장관, 특별시장·광역시장·특별자치시장·도지사·특별자치도지사 또는 대도시(인구 50만 이상 도시)의 시장이 도시·군관리계획으로 지정 또는 변경하는 것을 말한다.[4] 여기에는 도시지역, 관리지역, 농업지역, 자연환경보전지역이 있다.

"도시지역"이란 인구와 산업이 밀집되어 있거나 밀집이 예상되어 체계적인 개발·정비·관리·보전 등이 필요한 지역으로 주거지역, 상업지역, 공업지역, 녹지지역 등이 있다(국토의 계획 및 이용에 관한 법률 제6조 제1호 및 제36조 제1항).

"관리지역"이란 도시지역의 인구와 산업을 수용하기 위해 도시지역에 준하여 체계적으로 관리하거나 농림업의 진흥, 자연환경 또는 산림의 보전을 위해 농림지역 또는 자연환경보전지역에 준하여 관리할 필요가 있는 지역으로 보전관리지역, 생산관리지역, 계획관리지역 등이 있다(국토의 계획 및 이용에 관한 법률 제6조 제2호 및 제36조 제1항).

---

1   건축법 제55조.

2   건축법 제56조.

3   국토의 계획 및 이용에 관한 법률 제2조 제15호.

4   국토의 계획 및 이용에 관한 법률 제36조 제1항·제2항 및 동 시행령 제30조.

"농림지역"이란 도시지역에 속하지 않는 농지법에 따른 농업진흥지역 또는 산지관리법에 따른 보전산지 등으로서 농림업을 진흥시키고 산림을 보전하기 위해 필요한 지역을 말한다(국토의 계획 및 이용에 관한 법률 제6조 제3호).

　"자연환경보전지역"이란 자연환경·수자원·해안·생태계·상수원 및 문화재의 보전과 수산자원의 보호·육성 등을 위해 필요한 지역을 말한다(국토의 계획 및 이용에 관한 법률 제6조 제4호).

용도지역의 종류(21가지)

용도지역	세분한 지역		
도시지역	주거지역	전용주거지역	1. 제1종 전용주거지역
			2. 제2종 전용주거지역
		일반주거지역	3. 제1종 일반주거지역
			4. 제2종 일반주거지역
			5. 제3종 일반주거지역
		준주거지역	6. 준주거지역
	상업지역		7. 중심상업지역
			8. 일반상업지역
			9. 근린상업지역
			10. 유통상업지역
	공업지역		11. 전용공업지역
			12. 일반공업지역
			13. 준공업지역
	녹지지역		14. 자연녹지지역
			15. 생산녹지지역
			16. 보전녹지지역
관리지역	17. 보전관리지역		
	18. 생산관리지역		
	19. 계획관리지역		
농림지역	20. 농림지역		
자연환경보전지역	21. 자연환경보전지역		

② 건폐율

여기서 "건폐율(建蔽率)"이란 건축법 제55조에 규정된 건폐율을 말하며 "대지면적에 대한 건축면적의 비율"을 말한다. 건폐율을 규제하는 목적은 대지 안에 최소한의 공지를 확보함으로써 건축물의 과밀을 방지하여 일조, 채광, 통풍 등 위생적인 환경을 조성하고자 하는 것이다. 아울러 화재 기타의 재해 발생 시에 연소의 차단이나 소화, 피난 등에 필요한 공간을 확보하는 데 목적이 있다. 건폐율을 공식으로 표시해 보면 다음과 같다.

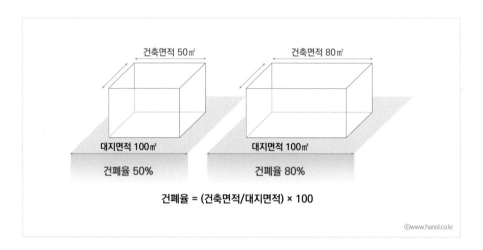

예를 들어 100㎡의 대지에 80㎡짜리 건물을 지었다고 할 경우 건폐율은 80%가 된다[(80/100) × 100 = 80]. 건폐율이 클수록 대지면적에 비해서 건축면적의 비율이 높다는 것이다. 즉, 건폐율이 높을수록 건물을 넓게 지을 수 있다. 그만큼 대지를 효율적으로 이용할 수 있다.

③ 용적률

"용적률(容積率)"이란 건축법 제56조에 규정된 용적률을 말하는 것으로 "대지면적에 대한 건축물의 연면적 비율"을 말한다. 여기서 건축물의 '연면적'이란 "건축물 각 층의 바닥면적의 합계"를 말한다.[5] 용적률을 공식으로 표현하면 다음과 같다.

---

5   건축법 시행령 제119조 제1항 제3호에 의하면 바닥면적이란 "건축물의 각 층 또는 그 일부로서 벽, 기둥, 그 밖에 이와 비슷한 구획의 중심선으로 둘러싸인 부분의 수평투영면적"을 말한다.

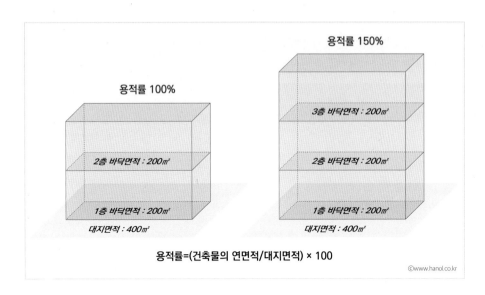

용적률=(건축물의 연면적/대지면적) × 100

©www.hanol.co.kr

  예를 들어 400㎡의 대지에 바닥 면적이 200㎡인 건물을 2층으로 지었다면 이 건축물의 연면적(각 층 바닥면적 합계)은 400㎡가 된다. 따라서 용적률은 100%가 되고 [(400/400) × 100 = 100], 400㎡의 대지에 바닥 면적이 200㎡인 건물을 3층으로 지었다면 이 건축물의 연면적(각 층 바닥면적 합계)은 600㎡이 된다. 따라서 용적률은 150%가 된다[(600/400) × 100 = 150]. 용적률이 높을수록 건폐율이 허용하는 범위 내에서 보다 높은 층수의 건물을 지을 수 있다는 것을 의미한다.

국토의 계획 및 이용에 관한 법률 시행령 제84조·제85조에 명시된
용도지역 구분에 따른 건폐율, 용적률

용도지역			건폐율		용적율	
			법	대통령령	법	대통령령
도시지역	주거지역	전용주거지역 1종	70% 이하	50% 이하	500% 이하	50% 이상 100% 이하
		전용주거지역 2종		50% 이하		100% 이상 150% 이하
		일반주거지역 1종		60% 이하		100% 이상 200% 이하
		일반주거지역 2종		60% 이하		150% 이상 250% 이하
		일반주거지역 3종		50% 이하		200% 이상 300% 이하
		준주거지역		70% 이하		200% 이상 500% 이하
	상업지역	중심상업지역	90% 이하	90% 이하	1,500% 이하	400% 이상 1500% 이하
		일반상업지역		80% 이하		300% 이상 1300% 이하
		유통상업지역		80% 이하		200% 이상 1100% 이하
		근린상업지역		70% 이하		200% 이상 900% 이하
	공업지역	전용공업지역	70% 이하	70% 이하	400% 이하	150% 이상 300% 이하
		일반공업지역				200% 이상 350% 이하
		준공업지역				200% 이상 400% 이하
	녹지지역	보전녹지지역	20% 이하	20% 이하	100% 이하	50% 이상 80% 이하
		생산녹지지역				50% 이상 100% 이하
		자연녹지지역				50% 이상 100% 이하
관리지역		개획관리지역	40% 이하	40% 이하	100% 이하	50% 이상 100% 이하
		생산관리지역		20% 이하	80% 이하	50% 이상 80% 이하
		보전관리지역		20% 이하	80% 이하	50% 이상 80% 이하
농림지역			20% 이하	20% 이하	80% 이하	50% 이상 80% 이하
자연환경보전지역			20% 이하	20% 이하	80% 이하	50% 이상 80% 이하

(2) 용도지구의 구분

"용도지구"란 토지의 이용 및 건축물의 용도·건폐율·용적률·높이 등에 대한 용도
지역의 제한을 강화하거나 완화하여 적용함으로써 용도지역의 기능을 증진시키고
경관·보호·개발진흥 등을 도모하기 위해 도시·군관리계획으로 결정하는 지역을 말

한다.[6] 용도지구는 특별시장·광역시장·도지사 또는 대도시(인구 50만 이상의 시) 시장이
도시·군관리계획으로 지정하거나 변경한다.[7]

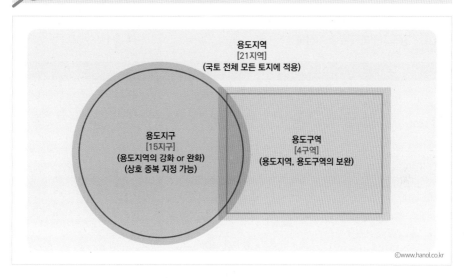

용도지역·용도지구·용도구역의 관계

용도지역
[21지역]
(국토 전체 모든 토지에 적용)

용도지구
[15지구]
(용도지역의 강화 or 완화)
(상호 중복 지정 가능)

용도구역
[4구역]
(용도지역, 용도구역의 보완)

©www.hanol.co.kr

　용도지구제도는 1934년 일제침략기에 도입된 후 최근까지 10가지 지구(세 분류 27가
지 지구)로 구성되어 있었다. 그러나 구시대의 분류방식이라 유사한 목적의 용도지구
가 과도하게 세분화되거나 상호 간에 중첩 지정됨에 따라 토지이용 규제가 복잡해
지는 등 문제가 지속적으로 발생해 왔다. 이에 국토의 계획 및 이용에 관한 법률의
최근 개정을 통하여 ① 경관지구와 미관지구를 통합하고, ② 고도지구 중 최저고도
지구를 폐지하였으며, ③ 보존지구와 시설보호지구는 통합하는 한편 ④ 복합용도
지구를 신설하게 되었다.

　그러나 이러한 개정으로도 현실에 맞지 않는 용도지구제 문제를 개선하기 위해 다
시 2017년 3월 동법의 개정을 통하여 ① 경관지구를 자연경관지구, 시가지경관지구,
특화경관지구 등 3가지로 통합하고, ② 보호지구를 역사문화환경보호지구, 중요시

6　　국토의 계획 및 이용에 관한 법률 제2조 제16호.

7　　국토의 계획 및 이용에 관한 법률 제37조 제1항.

설물보호지구, 생태계보호지구 등 3가지로 통합하고, ③ 개발진흥지구 중 "산업개발진흥지구"와 "유통개발진흥지구"를 통합하는 등 새로운 경제·사회·문화 환경에 적합한 9가지의 대분류와 15가지 세분류의 지구제(대분류는 법에서 규정하고 세분류는 대통령령에서 규정)를 갖추게 되었다.

용도지구의 구분과 지정목적

용도지구		내용
경관지구	자연경관지구	산지 · 구릉지 등 자연경관을 보호하거나 유지하기 위하여 필요한 지구
	시가지경관지구	지역 내 주거지, 중심지 등 시가지의 경관을 보호 또는 유지하거나 형성하기 위하여 필요한 지구
	특화경관지구	지역 내 주요 수계의 수변 또는 문화적 보존가치가 큰 건축물 주변의 경관 등 특별한 경관을 보호 또는 유지하거나 형성하기 위하여 필요한 지구
방재지구	시가지방재지구	건축물 · 인구가 밀집되어 있는 지역으로서 시설 개선 등을 통하여 재해 예방이 필요한 지구
	자연방재지구	토지의 이용도가 낮은 해안변, 하천변, 급경사지 주변 등의 지역으로서 건축 제한 등을 통하여 재해 예방이 필요한 지구
보호지구	역사문화환경보호지구	문화재 · 전통사찰 등 역사 · 문화적으로 보존가치가 큰 시설 및 지역의 보호와 보존을 위하여 필요한 지구
	중요시설물보호지구	중요시설물의 보호와 기능의 유지 및 증진 등을 위하여 필요한 지구
	생태계보호지구	야생동식물서식처 등 생태적으로 보존가치가 큰 지역의 보호와 보존을 위하여 필요한 지구
취락지구	자연취락지구	녹지지역 · 관리지역 · 농림지역 또는 자연환경보전지역안의 취락을 정비하기 위하여 필요한 지구
	집단취락지구	개발제한구역안의 취락을 정비하기 위하여 필요한 지구
개발진흥지구	주거개발진흥지구	주거기능을 중심으로 개발 · 정비할 필요가 있는 지구
	산업 · 유통개발진흥지구	공업기능 및 유통 · 물류기능을 중심으로 개발 · 정비할 필요가 있는 지구
	관광 · 휴양개발진흥지구	관광 · 휴양기능을 중심으로 개발 · 정비할 필요가 있는 지구
	복합개발진흥지구	주거기능, 공업기능, 유통 · 물류기능 및 관광 · 휴양기능 중 2가지 이상의 기능을 중심으로 개발 · 정비할 필요가 있는 지구
	특정개발진흥지구	주거기능, 공업기능, 유통 · 물류기능 및 관광 · 휴양기능 외의 기능을 중심으로 특정한 목적을 위하여 개발 · 정비할 필요가 있는 지구
복합용도지구		지역의 토지이용 상황, 개발수요 및 주변 여건 등을 고려하여 효율적이고 복합적인 토지이용을 도모하기 위하여 특정시설의 입지를 완화할 필요가 있는 지구
고도지구		쾌적한 환경조성 및 토지의 효율적 이용을 위하여 건축물 높이의 최고한도를 규제할 필요가 있는 지구
방화지구		화재의 위험을 예방하기 위하여 필요한 지구
특정용도 제한지구		주거 및 교육 환경보호나 청소년보호 등의 목적으로 오염물질 배출시설, 청소년 유해시설 등 특정시설의 입지를 제한할 필요가 있는 지구

또한 복합용도지구를 신설하고 건축제한을 완화하면서 여건 변화에 따른 다양한
토지이용 수요에 빠르게 적응하고, 용도지역에 수반되는 경직적인 건축규제를 유연
화할 수 있도록 복합용도지구 제도를 신설했다. 즉, 용도지역 중 주거·공업·관리지역
에 복합용도지구를 지정해, 용도지역을 변경하지 않고도 해당 용도지역에 따른 건
축물 허용용도 제한을 완화할 수 있도록 하였다.

(3) 용도구역의 구분

"용도구역"이란 토지의 이용 및 건축물의 용도·건폐율·용적률·높이 등에 대한 용
도지역 및 용도지구의 제한을 강화하거나 완화하여 따로 정함으로써 시가지의 무질
서한 확산방지, 계획적이고 단계적인 토지이용의 도모, 토지이용의 종합적 조정·관
리 등을 위해 도시·군관리계획으로 결정하는 지역을 말한다.[8]

용도구역의 종류와 내용

구 분	내 용
개발제한구역	• 도시의 무질서한 확산방지 • 도시주변의 자연환경보전을 위해 지정하거나 보안상 필요할 때 지정
도시자연공원구역	• 도시의 자연환경 및 경관을 보호하고 도시민에게 건전한 여가·휴식공간 제공을 위해 지정
시가화조정구역	• 도시지역과 그 주변 지역의 무질서한 시가화를 방지하고 계획적·단계적인 개발을 도모
수산자원보호구역	• 수산자원보호를 위한 공유수면이나 그에 인접한 토지
입지규제최소구역	• 도시지역에서 토지이용을 증진시켜 도시정비를 촉진하고 지역거점을 육성할 필요가 있는 경우 지정

(4) 용도지역, 용도지구, 용도구역 비교

일반적으로 용도지역과 용도지구는 토지이용에 초점을 맞추고 있지만, 용도구역
은 토지이용의 규제에 초점을 맞추고 있다. 즉, 용도지역과 용도지구는 도시지역 내
에 지정되는 경우가 많은 데 비해 용도구역은 도시 주변에 지정될 가능성이 많다.
용도지구와 용도구역의 구체적인 내용은 대부분 각 지방자치단체의 조례에서 규정
되고 있다.

---

8   국토의 계획 및 이용에 관한 법률 제2조 제17호.

구분	용도지역	용도지구	용도구역
대상	• 전국의 모든 토지에 지정 • 중복지정 불가	• 일부 토지에 지정 • 중복지정 가능	• 일부 토지에 지정 • 중복지정 불가
목적	• 토지를 경제적이고 효율적으로 이용 • 공공복리의 증진	• 용도지역의 기능 증진 • 경관 및 안전 등을 증진	• 시가지의 무질서한 확산 방지 • 계획적·단계적 토지 이용 • 수산자원 보호 • 지역거점 육성
규제 내용	• 건축물 종류 제한 • 건물 크기(건폐율, 용적률 등) 제한	• 건축물 종류 제한	• 개발행위 제한

3) 기타의 토지분류

토지는 여러 가지로 분류할 수 있다. 일반적으로 많이 사용되는 분류방식을 이용해서 분류해보면 다음과 같다.

(1) 용도에 따른 분류

이 분류에 따르면 택지, 농지, 임지, 후보지, 이행지로 나눌 수 있다.

❶ "택지"는 주거용·상업용·공업용 건물 등의 건축이 되어 있거나 건축이 가능한 토지를 말한다. 「택지개발촉진법」에서 정하는 바에 따라 개발·공급되는 주택 건설용지 및 공공시설용지이며, 부동산 감정 평가상 용어로는 건축용지만을 의미한다.

❷ "농지"는 지적법상의 지목 여하에 불구하고 실제로 농경지 또는 다년생식물 재배지로 이용되는 토지와 그 개량시설의 부지이다. 용도에 따라 전(물을 대지 않고 식물을 재배), 답(물을 직접 이용하여 식물을 재배), 과수원(과수류를 집단적으로 재배) 등이 있다.[9]

❸ "임지"는 산림지와 초지를 모두 포괄하는 용어이다. 입목을 집단적으로 생육하기 위한 토지와 그 토지 내의 암석지, 소택지를 말하는 산림지와 다년생, 개량 목초의 재배에 이용되는 토지와 목도, 진입도로, 축사 및 부대시설을 위한 토지를 모두 일컫는다.

---

9   농지법 제2조 제1호 및 농지법 시행령 제2조 제1항에 따르면 농지는 다음의 어느 하나에 해당하는 토지이다.
① 측량·수로조사 및 지적에 관한 법률에 따른 지목(地目)이 전·답, 과수원
② 지목을 불문하고 실제로 농작물 경작지 또는 다년생식물 재배지로 이용되는 토지
③ 농지의 개량시설로 유지, 양·배수시설, 수로, 농로, 제방의 부지(敷地)
④ 농축산물 생산시설의 부지로 고정식온실, 버섯재배사 및 비닐하우스와 그 부속시설, 축사와 그 부속시설, 농막, 간이저장고, 간이퇴비장 또는 간이액비 저장소의 부지를 말한다.

④ "후보지"는 임지지역, 농지지역, 택지지역 상호 간에 다른 종별지역으로 전환(용도변경)되고 있는 지역에 속한 토지이다. 예컨대 농지에서 택지로 전환과정에 있는 토지를 일컫는다.

⑤ "이행지"는 임지지역, 택지지역, 농지지역 내에서 지역 간 용도변경이 진행되고 있는 지역의 토지이다. 예컨대 택지지역 내에서 주택지역이 상업지역으로 이행되고 있는 토지가 이에 해당한다.

(2) 이용상태에 따른 분류

이 분류에 따르면 소지, 부지, 건부지, 공지, 나지 등으로 나눌 수 있다.

① "소지"는 원지라고도 하며 부지 등으로 개발되기 이전의 농지나 임야 등 자연적인 상태 그대로의 토지를 말한다.

② "부지"는 건물을 세우거나 시설을 들여놓기 위한 용도로 제공되고 있는 바닥 토지를 말하며, 건축용지(택지)와 하천용지, 철도용 부지, 수도용 부지 등에 사용하는 포괄적 개념이다.

대지, 택지, 부지의 차이

용어	개념
대 지	법률상의 지목을 의미
택 지	건축용지, 감정평가상의 용어
부 지	특정용도의 시설물 설치용 토지

③ "건부지"는 건물 등의 용도에 제공되고 있는 부지, 건물 및 그 부지가 동일 소유자에 속하고, 당해 소유자에 의하여 사용되며, 그 부지의 사용·수익을 제약하는 권리 등이 부착되어 있지 않은 택지를 말한다.

④ "공지"는 필지 중 건물(공간)을 제외하고 남은 토지로서 건축법에 의한 건폐율, 용적률 등의 제한으로 인해 한 필지 내에 건물을 꽉 메워서 건축하지 않고 남겨둔 토지(주차장, 화단 등으로 사용 가능)를 말한다.

⑤ "나지"는 택지 위에 존재하는 정착물(건물 등)이 없는 경우를 말하며,[10] 저지와 갱지로 구분된다. "저지"는 건물은 없으나 공·사법적 부담이 있는 토지이고 "갱지"는 건물도 없고 사법적 부담도 없는 토지이나, 공법상의 규제는 받는다.

---

10 나지란 토지에 건물 기타의 정착물이 없고, 지상권 등 토지의 사용·수익을 제한하는 사법상의 권리가 설정되어 있지 아니한 토지를 말한다. 경작이나 농업용 토지로도 이용되지 않고 있는 토지이며, 지상에 건축물이 없으므로 거래에 번거로움이 없어 시장성이 높다. 건부지에 비하여 최유효 이용이 기대되기 때문에 매매에 있어서 가격이 비싸며 토지가격에 대한 감정평가의 기준이 된다.

저지, 갱지, 공지의 차이

구분	물리적 제약	공법적 규제	사법적 제한
저지	X	O	O
갱지	X	O	X
공지	O	건축법상 건폐율·용적률의 제한으로 남은 공지	

(3) 도로 상태에 따른 분류

이 분류방식에 의하면 맹지와 대지로 나눌 수 있다.

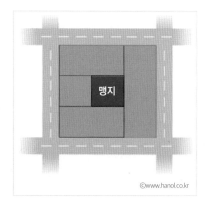

©www.hanol.co.kr

❶ "맹지"는 타인의 토지에 둘러싸여 도로에 직접 접속되지 않은 한 획지의 토지를 말한다. 「건축법」상 맹지에는 건물을 세울 수 없고, 맹지의 소유자는 공도에 나아가기 위하여 주위의 토지를 사용할 통행권이 있으나, 이때는 타인의 토지에 가장 손해가 적은 장소를 택하여야 하며, 손해에 대한 보상금을 지불하여야 한다(주변토지 가격보다 현저히 낮을 수밖에 없다).

❷ "대지"는 건축법상 건축할 수 있는 모든 토지를 말한다. 지적법에서 대(垈)는 토지의 주된 사용목적에 따라 정한 지목 중의 하나이다. 지목이 전·답이라면 건축이 불가능하지만 형질변경허가를 얻어 대지가 되면 건축이 가능하게 된다. 따라서 주거용, 상업용 외에 공업용 대지도 가능하다.

(4) 소유권인정여부에 따른 분류

이 분류에 의하면 포락지, 법지, 빈지 등이 있다.

❶ "포락지"는 토지가 바닷물이나 하천에 무너져 원상복구가 불가능한 상태로서 지적공부에 등록된 토지(개인 사유지라도)가 물에 침식되어 수면 밑으로 잠긴 토지로 소유권이 인정되지 않는 토지를 말한다. 부동산 등기부상의 소유자와 관계없이 국유화한다.

❷ "법지"는 법률상 소유의 대상이 되나 사용·수익이 사실상 불가능한 토지로서

택지의 유효지표면 경계와 인접지 또는 도로면과의 경사진 토지부분을 말한다. 토지의 붕괴를 막기 위하여 경사를 형성하여, 토지 측량면적에는 포함되지만 실제로 사용할 수 없는 면적의 토지이다.

❸ "빈지"는 소유권이 인정되지 않는 바다와 육지 사이의 해변토지로서 법률상 고유의 대상이 아니나 사용·수익의 대상이 되는 토지를 말한다.[11]

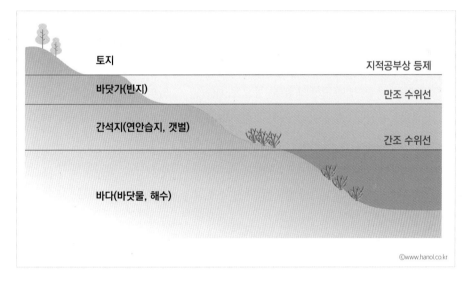

포락지, 법지, 빈지의 차이

구분	포락지	법지	빈지
등기	가능	가능	불가능
소유권	없음	있음	없음
이용실익	없음	없음	있음

---

11 이는 만조수위선에서 간조수위선까지의 사이를 말하는 간석지와 구분된다.

(5) 기 타

기타 성숙지, 미성숙지, 선하지, 공한지, 유휴지, 휴한지 등의 용어가 있다.

ⓐ "성숙지"는 즉시 건축 활동 등 소기의 목적을 위하여 이용이 가능한 토지를 말하며, ⓑ "미성숙지"는 건축활동을 위해서는 많은 기간과 노력 및 비용이 요구되는 토지를 말한다. 또한 ⓒ "선하지"는 고압전선 아래의 토지이고, ⓓ "공한지"는 도시 토지로서 지가상승만을 기대하고 투기목적으로 장기간 방치하는 토지를 말하며, ⓔ "유휴지"는 개발해야 할 토지를 개발하지 않고 투기목적으로 방치한 토지를 의미한다. ⓕ "휴한지"는 지력회복을 위해 정상적으로 쉬고 있는 토지를 말한다.

2 건 물

건축물 혹은 건물의 분류는 학자마다 다양하지만 일반적으로 유형에 의한 분류, 용도에 의한 분류, 법제도상의 분류 등으로 대별할 수 있다. "건축물"이란 토지에 정착(定着)하는 공작물 중 지붕과 기둥 또는 벽이 있는 것과 이에 딸린 시설물, 지하나 고가(高架)의 공작물에 설치하는 사무소·공연장·점포·차고·창고, 그 밖에 건축법 시행령으로 정하는 것을 말한다.[12] 그리고 "부속건축물"이란 같은 대지에서 주된 건축물과 분리된 부속용도의 건축물로서 주된 건축물을 이용 또는 관리하는 데에 필요한 건축물을 말한다.[13]

한편 건축법 시행령 별표 1에서 용도별 건축물의 종류를 상세하게 분류하고 있다.[14] 이하에서는 그중 부동산거래상 많이 사용되는 건물의 유형을 중심으로 개념들을 살펴보고자 한다.

---

12 건축법 제2조 제1항 제2호.

13 건축법 시행령 제2조 제12호.

14 이에 의하면 단독주택(단독주택, 다중주택, 다가구주택, 공관), 공동주택(아파트, 연립주택, 다세대주택, 기숙사), 제1종 근린생활시설, 제2종 근린생활시설, 문화 및 집회시설, 종교시설, 판매시설, 운수시설, 의료시설, 교육연구시설, 노유자(老幼者)시설, 수련시설, 운동시설, 업무시설, 숙박시설, 위락시설, 공장, 창고시설, 위험물 저장 및 처리 시설, 자동차 관련 시설, 동물 및 식물 관련 시설, 자원순환 관련 시설, 교정 및 군사 시설, 방송통신시설, 발전시설, 묘지 관련 시설, 관광 휴게시설, 장례시설, 야영장 시설 등으로 29가지 건축물로 분류하고 있다.

1) 단독주택과 공동주택

(1) 의 의

주거건물은 주택법에 명시된 주택 세대의 세대원이 장기간 독립된 주거생활을 영위할 수 있는 구조로 된 건축물의 전부 또는 일부 및 그 부속토지를 말하며, 이는 단독주택과 공동주택으로 구분하는 기준이 된다.

단독주택과 공동주택의 차이 대강(국토교통부 제공 자료)

단독주택	공동주택
단독주택: 단일 가구, 면적 무제한	아파트: 5개 층 이상, 개별 소유권
다중주택: 660㎡ 이하, 비독립형	연립주택: 660㎡ 이상 4개 층 이하, 개별 소유권
다가구주택: 660㎡ 이하, 3개 층 이하, 19가구 이하, 독립형	다세대주택: 660㎡ 이하 4개 층 이하, 개별 소유권
공관: 주로 공공 건물	기숙사: 주로 학교 건물

(2) 단독주택의 종류

단독주택은 건축법 시행령 별표1 제1호에서 명시된 주거시설로서 단독주택의 종류는 단독주택, 다중주택, 다가구주택으로 구분되며 단독주택의 형태를 갖춘 가정어린이집·공동생활가정·지역아동센터 및 노인복지시설(노인복지주택은 제외한다)을 포함한 것을 말한다.

❶ 단독주택

(협의의) 단독주택은 면적제한이 없는 단일가구(세대)를 위한 주거용건물을 말하며, 일반적으로 전원주택 및 정원 등의 시설물이 있는 하나의 필지에 건축된 건물을 말한다. 1부동산 1등기의 원칙에 따라 단독주택은 주택 전부에 대해 하나의 등기가 이루어진다.

❷ 다중주택

다중주택은 일정한 기준에 해당하는 공동주택 이외의 주택을 말한다.[15] 즉, ⓐ 학

---

15 건축법 시행규칙 별표1.

생 또는 직장인 등 여러 사람이 장기간 거주할 수 있는 구조로 되어 있을 것, ⓑ 독립된 주거의 형태를 갖추지 않을 것(각 실별로 욕실은 설치할 수 있으나 취사시설은 설치하지 않은 것. 단, 공동취사시설은 가능), ⓒ 1개 동의 주택으로 쓰이는 바닥면적이 660㎡이하[16]이고 주택으로 쓰이는 층수(지하층은 제외)가 3개 층 이하일 것, ⓓ 적정한

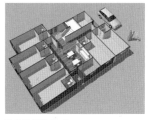

하숙집·원룸 형태

주거환경을 조성하기 위하여 건축조례로 정하는 실별 최소 면적, 창문의 설치 및 크기 등의 기준에 적합할 것을 그 요건으로 한다. 다만 1층의 전부 또는 일부를 필로티 구조[17]로 하여 주차장으로 사용하고 나머지 부분을 주택(주거 목적의 주택) 외의 용도(예컨대 근린상가도 가능)로 쓰는 경우에는 해당 층을 주택의 층수에서 제외한다.[18] 또한 다중주택도 상 건폐율과 용적률이 허용되는 범위 내에서 1층에 상가를 두고 4층으로 건축이 가능하게 되었다(또는 1층은 필로티 공간, 2층은 근린상가 시설일 경우 5층까지 주거 공간으로 활용할 수도 있다). 규정상 주택으로 쓰이는 층수가 3개 층 이하이면 되기 때문이다.

필로티 구조

❸ 다가구주택

다가구주택은 일정한 기준에 해당하는 공동주택 이외의 주택을 말한다. 다가구

16　건축법 시행규칙 별표1 용도별 건축물의 종류(법 제3조의5 관련)의 개정 전에는 330㎡ 이하일 것을 요구하였으나 시행령 2021. 11. 2. 개정(2022. 5. 3. 시행)으로 660㎡ 이하로 그 기준이 변경되었다.

17　필로티 구조란 일반적으로 지상층에 면한 기둥, 내력벽 등 하중을 지지하는 구조물 이외의 외벽, 설비 등을 설치하지 않은 개방적인 구조를 말한다. 다가구 주택과 다세대 주택의 경우 1층 바닥면적의 1/2 이상을 필로티 구조로 하여 주차장으로 사용하고 나머지 부분을 주택 외의 용도로 사용하는 경우 해당 층을 주택의 층수에서 제외한다.

18　다중주택은 '하숙'이나 '원룸'을 기준으로 생각하면 무난하다. 다만 각 실에서 취사가 불가능해야 하지만, 현실에서는 이를 사용하도록 하는 경우가 있다. 이는 건축법에 어긋나는 사항이다.

주택은 ⓐ 주택으로 쓰는 층수(지하 제외)가 3개 층 이하, ⓑ 1개 동 바닥의 연면적이 660㎡ 이하, ⓒ 19가구 이하가 거주 가능한 주택이다. 다세대주택은 가구 수 규정이 따로 없고 주택 층수가 4개 층 이하라는 점이 다를 뿐 면적 기준(동당 660㎡)은 같다. 다만, 1층 바닥면적의 2분의 1 이상을 필로티 구조로 하여 주차장으로 사용하고 나머지 부분을 주택 외의 용도로 사용하는 경우에는 해당 층을 주택의 층수에서 제외한다.[19] 다가구·다세대주택 개념은 건축법 시행령에 규정돼 있다. 다만 외관상 둘을 구분하기가 쉽지 않다. 다가구와 다세대를 나누는 본질적 차이는 구분등기가 가능한지 여부다. 다가구는 건축법상 '단독주택'으로 분류돼 가구별 구분소유가 불가능하다.[20]

(3) 공동주택 종류

주택법에서는 공동주택을 건축물의 벽·복도·계단이나 그 밖의 설비 등의 전부 또는 일부를 공동으로 사용하는 각 세대가 하나의 건축물 안에서 각각 독립된 주거생활을 할 수 있는 구조로 된 주택으로 정의하고, 그 종류와 범위는 건축법에 의한 아파트, 연립주택, 다세대주택 및 기숙사로 규정하고 있다. 공동주택(집합건물)은 모두 구분등기가 가능하고 각각 세대별로 독립하여 거래의 객체가 된다.

❶ 아파트

아파트는 주택으로 쓰이는 층수가 5개 층 이상인 단독주택 이외의 주택을 말한다. 다만 아파트 층수를 산정함에 있어서 1층 전부를 필로티 구조로 하여 주차장으로 사용하는 경우에는 필로티 부분을 층수에서 제외한다.

❷ 연립주택

연립주택은 단독주택 이외의 주택으로서 일정한 기준을 충족하는 주택을 말한

---

19 필로티 구조의 주택은 보다 적은 건축비용으로 주차공간 확보가 가능하고, 2층 이상부터 주거공간이 형성되므로 사생활 보호에 도움이 되며, 2층 이상에서 주거함에 따라 일조권과 조망권이 개선될 수 있다. 그러나 필로티 공간의 바로 윗층의 경우 겨울 난방이 문제가 될 수 있고, 특히 지진 등의 자연재해로 인한 피해가 있을 수 있다는 단점이 있다.

20 다가구주택에 아무리 방을 많이 만들어 세를 줘도 1가구로 간주되는 근거다. 반면 다세대주택은 아파트·연립주택과 같은 '공동주택'에 포함돼 호실별 별도 분양이 가능하다. 다가구주택은 1980년대 극심했던 전세난을 해결하려 도입됐다. 당시 전국적으로 주택보급률이 90%를 밑돌면서 전세 공급이 부족해져 전세금이 치솟자 전세 공급을 늘리는 차원에서 1990년에 새롭게 다가구주택 개념을 만들었다. 그러나 이러한 다가구주택은 도시 주거환경정비사업 재건축, 재개발 등으로 많이 줄어들고 있다고 한다. <http://estate.mk.co.kr/news2011/view.php?sc=&year=2014&no=1408593> 참고.

다. 즉, 층수가 4개 층 이하인 주택을 말한다. 다만 연립주택 층수를 산정함에 있어서 1층 전부를 필로티 구조로 하여 주차장으로 사용하는 경우에는 필로티 부분을 층수에서 제외한다. 그리고 1개 동의 바닥면적(지하주차장 면적 제외)의 합계가 660㎡를 초과하는 주택이어야 한다.

③ 다세대주택

다세대주택은 주택으로 쓰이는 1개 동 바닥면적(지하주차장 면적 제외)의 합계가 660㎡ 이하이어야 하고 건물의 층수가 4개 층 이하인 주택이어야 한다.[21] 다만 다세대주택 층수를 산정함에 있어서 1층 바닥면적의 2분의 1 이상을 필로티 구조로 하여 주차장으로 사용하고 나머지 부분을 주택 외의 용도로 사용하는 경우에는 해당 층을 주택의 층수에서 제외한다. 다세대주택은 각 세대별로 구분소유가 인정된다.

단독주택과 공동주택의 비교

구분	단독주택			공동주택(집합건물)		
종류	단독주택	다중주택	다가구주택	다세대주택	연립주택	아파트
소유	건물전체를 하나로 등기해야			각 세대별로 개별등기가 가능(구분소유)		
주택 층수	–	3개 층 이하	3개 층 이하	4개 층 이하	4개 층 이하	5개 층 이상
세대수제한	1	–	19가구 이하	–	–	–
연면적	무제한	660m² 이하	660m² 이하	660m² 이하	660m² 초과	–
부대시설	• 층수·규모 등 제한 없다.	• 개별 욕실 가능 • 필로티 구조 인정 • 개별취사 불가하나 공동취사는 가능	• 1/2 필로티 구조로 주차장 사용	• 19세대 초과 시 사업승인	• 19세대 초과 시 사업승인	• 19세대 초과 시 사업승인

2) 임대주택

"임대주택"은 임대목적에 제공되는 주택으로서, 건설임대주택과 매입임대주택이 있다.[22] "건설임대주택"은 임대사업자가 임대를 목적으로 건설하여 임대하는 주택 또는 임대사업자 등록을 한 후 주택건설사업자가 사업계획승인을 받아 건설한 주

---

21 2개 이상의 동을 지하주차장으로 연결하는 경우에는 각각의 동으로 보며 지하주차장 면적을 바닥면적에서 제외한다.

22 임대주택법 제2조 제1호.

택 중에서 사용검사 때까지 미분양된 주택으로 임대되는 주택을 말한다.[23] "매입임대주택"은 임대사업자가 매매 등으로 그 소유권을 취득하여 임대하는 주택을 말한다. 이 주택에는 상·하수도 시설이 갖추어진 전용입식 부엌, 전용수세식 화장실 및 목욕시설을 갖추어 주거시설로 이용가능한 전용면적이 $85m^2$ 이하인 오피스텔이 포함된다.[24]

이 외에도 우리나라에서 주택의 소유자가 일정한 경제적 급부를 전제로 자기가 소유한 주택의 일부 또는 전부를 임차인에게 제공하는 주택도 포함된다.

3) 타운하우스

타운하우스의 기본개념은 국외에서 정립된 것으로 아파트와 단독주택 장점을 취한 구조로 2~3층짜리 단독주택을 연속적으로 붙인 형태를 말한다. 개인의 프라이버시를 보호하면서 동시에 방범·방재 등 관리의 효율성을 높인 주거형태로서 세대 간의 독립성이 보장되면서도 세대 간의

타운하우스 조감도(the Dailypost News 인용)

소통이 일반적인 아파트보다 더 활발할 수 있어서 은퇴 후의 노년의 주거로 적합하다는 시각이 많은 주거형태이다.[25] 즉 아파트와 동일하게 구분소유권을 가지면서 전용면적의 비율에 따라 토지지분을 가지는 단독주택의 개념으로 볼 수 있다.

국내에서의 타운하우스의 정의는 단지 내 정원과 커뮤니티 그리고 주차 등의 공간을 공유하는 4층 이하로서 단독형, 연립형, 테마형 등의 형태를 가지는 넓은 의미로 사용되고 있다.

---

23 임대주택법 제2조 제2호.

24 임대주택법 제2조 제3호. "임대사업자"란 국가, 지방자치단체, 한국토지주택공사, 지방공사, 주택임대사업을 하기 위하여 등록한 자 및 임대주택조합을 말한다(임대주택법 제2조 제4호). 또한, "건설임대주택"은 사업주체, 재정 및 기금의 사용여부 등에 따라서 그 종류를 구분하는 바, 이는 ① 국가 또는 지방자치단체의 재정으로 건설·임대하는 주택, ② 국민주택기금으로 건설·임대하는 주택, ③ 공공사업에 따라 조성된 택지에 주택건설사업계획의 승인을 받고 건설·임대하는 주택인 "공공건설임대주택"과 나머지 건설임대주택인 "민간건설임대주택"으로 나누어진다(임대주택법 시행령 제2조).

25 국내에서는 타운하우스가 도심 내 전원주택이라는 의미로 사용되기도 하고, 아파트를 대신할 향후 대안주택으로 부각되기도 한다. 보다 친환경적인 주거양식을 취하고자 하는 거주자들의 욕구로 인해, 고층아파트에 반하여 도입된 타운하우스는 주거환경의 질을 높이기 위해 개발되면서 소비자들의 주목을 받고 있다.

4) 주상복합건물

주상복합건물이란 복합용도개발에서 파생된 건축형식이다. 단일기능의 건축물이 가지는 문제점을 해결하기 위해 주거기능을 포함하여 업무, 상업, 쇼핑, 문화 등의 다양한 활동이 가능하도록 건축된 형식을 의미한다. 주상복합건물은 아파트

주상복합건물의 예(동아일보 2016.4.6.인용)

가 주택법의 적용을 받는 데 비하여 오피스텔처럼 건축법의 적용을 받는다. 따라서 분양보증과 같은 계약자 보호규정은 없다. 하지만 오피스텔과는 달리 내부에 욕조를 설치할 수 있고, 1가구 2주택 적용을 받으며 임차인은 주택임대차보호법에 의해 보호받을 수 있다.[26]

5) 아파트형 공장

아파트형 공장이란 산업의 집적을 활성화하고 공장의 원활한 설립을 지원하여 지속적인 산업발전 및 균형 있는 지역발전 그리고 국민경제의 건전한 발전에 이바지함을 목적으로 하는 '산업집적활성화 및 공장설립에 관한 법률'에 근거하여 3층 이상의 집합건축물 안에 6개 이상의 공장이 동시에 입주할 수 있는 다층형 집합건축물을 말한다. 아파트형 공장은 토지 이용의 고도화, 관리·운영의 효율화 등을 목적으로 홍콩, 싱가포르 등 공업용지가 부족한 국가에서 활성화되고 있다. 우리나라에서도 서울을 비롯한 수도권 지역의 중·소제조업체가 공장부지의 감소와 수도권정비계획법에 의한 공장 총량규제 등의 수도권 공장입지의 규제로 인해 겪고 있는 수도권 내 공장입지의 어려움을 완화하기 위한 대안으로 아파트형 공장 제도를 도입하여 자금, 세제 등을 지원하는 아파트형 공장 설립이 추진되고 있으며 개성공단에도 아파트형 공장을 준공한 바 있다.

---

26 주상복합건물은 2가구 이상 구입하여 세를 놓을 수 있고 주택임대사업자로 등록해 세금감면 혜택도 받을 수도 있다.

6) 상가

상가란 거주공간이 아니라 상업용도를 위하여 사용되는 건물을 말한다. 일반적으로 근린상가, 단지내상가, 주상복합상가, 테마상가, 역세권상가, 택지개발지구내상가, 상가주택, 쇼핑몰, 지하상가, 민자역사, 재래시장 등으로 구별하기도 한다. 이하에서는 주요한 상가 개념을 파악하고자 한다.

(1) 근린상가

근린(近隣)이라는 사전적 의미는 '가까운 곳'이라는 뜻으로 근린상가란 우리가 살고 있는 주택과 매우 인접한 곳에 위치하여 도보로 접근할 수 있는 상가시설을 말한다. 주거생활에 필요한 물품을 구할 수 있는 소형상가로 제과점, 약국, 세탁소, 미장원, 학원, 병원 등의 우리 실생활과 거리

근린상가(https://breaknews.com 인용)

상·편의상 인접한 업종이 입주한 건물을 이른다. 근린상가는 최근 들어 그 규모가 점점 대형화되는 실정이다.

(2) 단지내상가

단지내상가는 주택건설기준 등에 관한 규정에 의해 공동주택 건립 시 주민 생활 편의를 위해 설치한 상가이다. 아파트가 들어설 때, 법적으로 지정되어 함께 들어서야 하는 상가를 말한다.

(3) 주상복합상가

하나의 건물에 주거공간과 상업공간이 함께 공존하는 건축형태를 말한다. 대부분 도심지나 중심지에 위치하여 교통이 편리하고 접근성이 뛰어나며, 주변에 유동인구가 많다. 주상복합은 건축

주상복합상가

법상 주거공간 90% 상업공간 10%의 비율로 고정되어 있다.

(4) 테마쇼핑몰

건물 전체가 하나의 테마로 구성되어 있는 상
가를 뜻한다. 현재 국내에선 유통산업발전법 시
행령에 따라 매장면적 3,000m² 대규모 점포는
각 시·도에 등록하도록 되어 있는데 이 가운데
'쇼핑센터'라는 업태가 이에 해당한다. 의류전문
쇼핑몰이나, 전자가전 쇼핑몰 등이 가장 보편화

테마쇼핑몰(Naver Blog-프롬레이 인용)

된 테마상가라 할 수 있다. 대부분 전문상품만을 취급하므로 가격이나 품목이 다양
하고 한 곳에서 비교하여 가장 최적의 상품을 선택할 수 있다. 하지만 일부지역에
편중되어 있어 접근성이 떨어진다는 단점이 있다.

또한 쇼핑몰은 점포의 대부분을 개인 점포주에게 분양하여, 개인 또는 상가위원
회에서 운영하는 방식으로 이뤄진다. 각각의 점포주가 따로 있어, 물품의 가격 조정
이 가능한 장점이 있다. 개개인의 소유자로 인해 상권 형성에 일관성이나 통일성이
부족한 단점도 있다.

(5) 지하상가

지하도 상점(지하상가)의 정의는 도로 등 공공용지의 지하통로 주변에 밀접하여 상
가를 형성하고 영업 중인 점포의 집단[27]을 말한다. 여기서의 상가는 일정 범위
(2,000m² 이내) 안의 가로 또는 지하도에 대통령이 정하는 수(50개) 이상의 도매점포·소
매점포 또는 용역점포가 밀집하여 있는 지구[28]를 의미한다.

(6) 민자역사

민간자본으로 지어진 철도 등의 역사를 의미한다. 공공시설은 필요하지만 국가 재
정이 부족한 경우 민간인의 자본을 도입해 필요한 시설을 지은 경우가 있는데 민자

---

27 재래시장 및 상점가 육성을 위한 특별법 제2조 제1호·제2호.

28 유통산업발전법 제2조 제6호.

역사란 국민의 세금으로 짓지 않고 민간인의 자본금으로 설립된 건물을 말한다. 이 경우 공공운송기관인 철도와 백화점 등 상가들이 함께 한 공간에서 공존하면서 새로운 형태의 경제활동 공간이 만들어지고 있다.

(7) 재래시장

고유의 전통시장으로서 '1980년 이전에 개설된 시장으로 시설이 노후화되어 재개발 및 근대화가 필요한 시장'을 의미한다. 재래시장은 법률적으로 정의된 용어가 아니라 행정적인 편의를 위해 사용되는 용어이다. 현재 "재래시장 및 상점가 육성을 위한 특별법"이 제정되어 활성화를 도모하고 있다. 주로 지역 배후의 주거지역을 상권으로 하면 재래시장의 크기에 따라 광역형, 지역형, 근린형 등으로 나뉜다.

제3강

부동산거래의
의미와 이해

부동산거래 입문

제3강

부동산거래의 의미와 이해

 부동산거래의 의미

1 부동산거래의 의의

"거래"라는 말은 법률용어는 아니지만, 일반적으로 재산에 대한 권리변동, 즉 권리의 발생·변경·소멸을 일으키는 법률행위를 총칭한다. 부동산은 경제적 가치가 높기 때문에 거래과정에서 분쟁도 적지 않다. 현대사회에는 부동산에 관한 권리관계나 규제는 점점 복잡해지고 부동산의 거래나 이용에 있어서는 상당히 높은 전문지식을 필요로 한다.

부동산의 거래나 이용 및 이와 관련한 분쟁은 현대생활에 있어서 일상적인 것임에도 불구하고 이러한 문제에 대처하기 위한 법률체계나 실무관행에 관한 교육이 충분히 이루어지고 있지 않는 것이 현실이다.

부동산거래는 현대 경제활동의 기초로서, 거래의 유형을 보면 부동산의 매매, 임대차, 교환 등의 거래를 중심으로 건물의 신축분양, 건축공사, 대출 및 담보약정, 신탁계약 등을 열거할 수 있다. 현대인의 경제생활 및 가족생활의 주요 요소에 해당하는 부동산에 관한 많은 분쟁이나 피해는 생활 자체를 심하게 곤란하게 하는 경우까지 발생시킨다.

특히 이러한 분쟁의 원인은 대부분 부동산과 그 거래에 대한 법적·실무적 기초지식의 부족이나 방심에 있다고 해도 과언이 아니다. 그런 의미에서 부동산거래상의 분쟁을 예방하기 위하여 거래와 관련된 제한사항을 사전에 충분히 숙지하는 등 안전한 거래방법을 강구할 필요가 있다.

2 부동산거래 절차와 관련된 법규

부동산거래는 여러 단계를 거쳐 이루지기 때문에 단계마다 관련법률이 제정되어 있다. 여기서는 부동산거래의 가장 일반적인 유형인 토지매매의 경우를 알아보고자 한다.

우선 주택을 신축하기 위해 택지를 취득하려고 하는 매수인은 매수하고자 하는 택지를 찾기 위해 부동산중개업자에게 의뢰할 경우 중개인과 중개계약을 체결할 것이다(공인중개사법). 토지를 발견하면 우선 그 토지 위에 매수인이 희망하는 건물을 건축할 수 있는가 및 그 밖의 여러 규제에 대하여 알아볼 필요가 있다(건축법 및 기타 공법적 규제). 그다음에 가격이 적정한지 아닌지의 검토도 필요하기 때문에 공시지가 등도 알아보아야 한다(부동산가격공시 및 감정평가에 관한 법률). 토지에 건물의 건축이 가능하고 가격도 적절하다면 매도인과 매수인 사이에 매매계약을 체결할 것이다(민법).

한편 이 토지가 토지거래허가구역 내에 있는 토지라면 토지에 대한 매매계약을 체결하기 전에 토지거래허가를 먼저 받아야 한다(국토의 계획 및 이용에 관한법률). 매매계약이 체결되면 토지 소재지의 시·군·구청에 부동산실거래가신고를 하여야 한다(공인중개사법). 토지의 구입자금을 금융기관에서 대출받을 필요가 있다면 금융기관과의 사이에 금전소비대차계약 및 근저당권 등 담보권을 설정하게 된다(민법, 물권법). 토지가 나대지라면 실무에서는 근저당권뿐만 아니라 지상권도 함께 설정하기 때문에 지상권 설정계약 및 지상권설정 등기를 하는 것이 보통이다(민법, 부동산등기법). 통상 토지의 매매 및 근저당권 등의 설정계약이 성립하면 토지의 소유권이전등기 및 근저당권 등의 설정등기를 하게 된다(부동산등기법). 등기는 보통 법무사에게 의뢰하게 된다(법무사법). 모든 것이 순조롭게 진행되었다면, 매수인은 부동산취득세를 부담해야 한다(각종 세법).

취득한 토지에 건물을 신축하려면 개발행위에 해당되어 개발행위 허가를 받고(국토의 계획 및 이용에 관한법률), 건축허가를 받거나 건축신고를 하여야 한다(건축법, 해당 지역의 건축조례 등). 건축을 하는 경우 건축업자와 도급계약을 체결할 것이다(민법, 계약법). 만약

이러한 거래과정에서 분쟁이 발생할 경우, 그것이 민사상의 것이라면 민사소송 등의 제 절차를 밟게 되고(민사소송법 등), 형사상의 문제에 관해서는 형사상의 고소 등을 검토하여야 할 것이다(형법). 또한 금융기관으로부터 차입된 채무를 불이행하게 되면, 금전채무의 이행을 강제하기 위해 경매가 진행될 것이다(민사집행법).

 II 부동산권리의 이해

1 부동산 권리이해의 필요성

권리의 객체인 부동산에 복잡한 권리관계가 설정되어 있는 경우 부동산을 사용하고, 수익을 보고, 처분을 하는 데 제한을 받게 된다. 거래를 하고자 하는 당사자는 부동산에 관한 권리관계를 명확하게 파악하고 있어야 한다. 왜냐하면 부동산은 동산과 달리 대부분 고가의 재화이면서 경제생활에 다대한 영향을 미치는 자산이고 거래의 대상인 부동산의 경제적 가치에 대한 판단에 부동산에 존재하는 권리관계가 결정적인 작용을 하기 때문이다.

부동산과 관련된 권리관계를 일정 수준까지는 이해하고 있어야 부동산 거래나 부동산 이용 시 불측의 손해를 회피할 수 있다. 또한 부동산 거래의 안전성을 높이고 분쟁과 소송을 미연에 방지하기 위해서도 부동산의 권리에 대한 이해와 최소한의 분석력을 가져야 한다. 그리고 부동산에 관한 권리관계를 부정확하게 파악한 경우 개인이 가진 자산 중 중요한 부분을 차지하고 있는 부동산의 재산가치 판단에 오류를 범할 수도 있다.

그런데 부동산과 관련된 권리를 명확하게 이해하고 분석하는 데 몇 가지 어려움이 존재한다. 부동산의 공시와 관련된 제도적 결함과 권리 자체가 공시절차 없이도 발생하여 부동산에 대한 제한사유가 되는 경우가 있기 때문이다. 첫째, 후술하는 바와 같이 등기제도의 공신력이 우리나라에서는 인정되지 않고 있고 등기제도가 실제 권리내용을 명확히 표시해 주지 못하는 관계로 인하여 등기부상 권리관계와 실제상의 권리관계가 서로 일치하지 못하고 있는 것이 문제이다. 이는 부동산등기제도의 역사적 원인과 실거래당사자들의 이해관계가 얽혀 있어서 현행 등기법의 커다란 문제로 지적되고 있다(공신력의 부존재). 둘째, 부동산 관련 권리는 등기부에 기재되어 공시되는 권리가 대부분이지만 일부 권리는 등기부에 공시되지 않는 미공시권리도 존재한다(미공시권리의 존재). 셋째, 부동산관련 법률에 규정되어 있지 않는 관습법상 권리도 존재한다(관습법상 권리의 존재). 넷째, 동일한 소유권이라도 그 소유형태가 공유, 총유, 합유 등으로 의미가 다른 여러 가지 형태로 나타나서 권리관계를 복잡하게 하는 경우가 존재한다(공동소유의 형태의 차이).

그러나 이상의 사유 외에도 부동산거래에 관한 권리내용을 파악할 수 있는 지식을 학습할 기회가 부동산거래의 당사자들에게 충분히 제공되지 못하고 있다는 점 그리고 부동산거래 자체를 쉽게 생각해서 신중하게 처리하지 못하는 권리주체들의 부주의함 등이 문제될 수 있는데 이러한 점들이 실거래에 있어서 부동산 사고를 유발하는 제일 큰 원인이 되고 있는 것이 현실이다.

이하에서는 부동산에 관한 대표적인 권리인 물권과 채권의 차이와 부동산 권리관계를 거래당사자들에게 공시하는 등기부를 포함하는 공적장부에 대해 알아보고, 현행법상 공신력이 부정되는 현실에서 이를 대비하여 거래당사자들이 주의해야 하는 사항 등을 검토해 보고자 한다.

2 물권과 채권

부동산에 관한 재산권은 크게 물권과 채권으로 나눌 수 있는데 물권은 부동산에 대한 직접적·배타적인 사용권·수익권·처분권을 말하고 채권은 주로 금전적인 청구권을 의미한다. 물권은 대부분 등기라는 대항요건을 갖추어야 발생하는 권리로서 물권과 채권이 서로 충돌할 경우 채권에 대해 극히 예외적인 경우를 제외하고[1] 대부분 우선하는 효력을 갖는다(물권의 우선적 효력). 물권과 채권의 차이점은 다음과 같다.

---

1 주택이나 상가임대차의 경우 대항요건을 갖춘 경우로서 후술하는 임대차 보호법에서 자세히 설명한다.

1) 물권과 채권의 차이

물권은 물건을 직접적으로 지배하는 권리(절대권)로서 그 물건에 대한 사용·수익·처분할 수 있는 권리를 말한다. 부동산에 대한 물권은 자신의 부동산이든 타인의 부동산이든 물권자가 직적 지배하여 사용하거나 수익하거나 경우에 따라서는 처분(예컨대 경매를 통한 처분)할 수 있는 권리가 인정된다. 또한 물권은 거래의 상대방뿐만 아니라 제3자에 대하여도 자신의 권리를 주장할 수 있기 때문에 절대권이라고도 한다. 특히 부동산에 관한 물권은 원칙적으로 등기라고 하는 공시절차(당해 부동산에 일정한 권리의무관계가 존재함을 거래의 당사자와 외부의 제3자에게 알려서 이를 명확하게 하고자 하는 기능)를 밟아야 그 권리가 성립한다(점유권이나 유치권과 같은 일부 권리는 등기 없이도 주장가능한 경우도 있다). 한편 물권의 권리 종류와 효력은 법에서 인정하는 경우를 제외하고는 새로운 물권을 창설하거나 효력을 인정할 수 없으며(물권법정주의), 이를 실현하기 위해 현행법상 물권에 관한 규정들은 원칙적으로 강행법규성을 띠고 있다.

채권은 타인에 대한 일정한 사항을 요구(청구권)할 수 있는 권리로서 거래의 상대방에게만 주장가능한 권리이므로 거래 상대방이 아닌 제3자에게는 효력이 미치지 않는 권리다. 부동산에 관한 채권인 경우에도 거래 상대방에게만 요구할 수 있을 뿐이며 등기와 같은 공시절차나 방법도 존재하지 않는다. 또한 채권의 종류와 효력은 법률에서 한정하고 있지 않아 다양하게 창설될 수 있으며 법에 규정되어 있는 채권이라도 원칙적으로 변형되는 것이 허용된다(임의법규성).[2]

---

2 물권과 채권을 표로 정리해 보면 다음과 같다.

물 권	채 권
1. 물건에 대한 직접적인 지배(지배권)	1. 타인에 대한 일정사항의 요구(청구권)
2. 물건(부동산)에 대한 사용·수익 등	2. 금전적 청구 등
3. 절대권으로 모든 사람에게 영향을 미친다.	3. 상대권으로 특정인에게만 영향을 미친다.
4. 등기로서 공시해야 효력발생	4. 공시 없어도 효력발생

2) 부동산 물권

(1) 물권의 종류

물권의 종류는 민법 제185조(물권법정주의)에 의해 법률 또는 관습법에 한하여 인정된다(종류의 한정). 민법상 물권의 종류는 점유권과 본권인 소유권, 제한물권(용익물권, 담보물권)으로 구분된다. 용익물권은 물권을 사용할 수 있는 권리(지상권, 지역권, 전세권)를 말하며 담보물권은 특정 채권의 채무불이행 등의 사유가 발생한 경우 그 이행을 담보하기 위해 설정되는 권리(유치권, 질권, 저당권)를 말한다.[3] 담보물권 중 질권의 경우에는 동산에만 인정되는 물권이기 때문에 부동산 물권과 관련성이 희박하나, 여기서는 함께 설명하고자 한다.

물권의 종류(8가지)

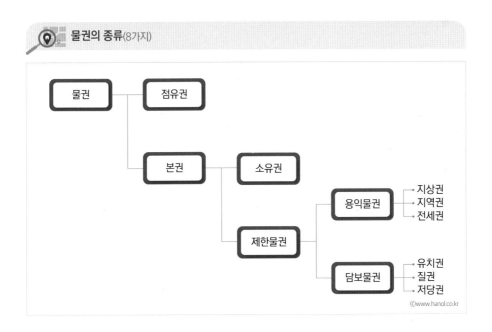

©www.hanol.co.kr

물 권	채 권
5. 권리종류의 한정성(물권법정주의)	5. 권리종류의 다양성
6. 강행법규성	6. 임의법규성

3   담보물권이라 함은 채권을 담보하기 위하여 채무자가 변제할 때까지 타인의 물건을 점유하여 유치하거나 담보물권이 설정된 물건의 매각대금에서 다른 채권자보다 우선변제를 받는 등의 권리를 행사할 수 있는 권리를 말한다. 민법상의 유치권, 질권 및 저당권을 이른바 전형적 담보물권이라고 하며, 판례나 특별법에 의한 양도담보와 가등기담보 등을 비전형적 담보물권이라고 한다.

❶ 점유권

물건을 사실상 지배하고 있는 경우에 점유권이 인정된다. 이는 사회질서를 유지하고 거래의 안전을 보호하기 위하여 인정되고 있는 권리로서, 남의 물건을 훔친 도둑도 그 물건의 점유자로 인정되고 그의 점유로 일단 보호된다.[4] 도둑맞은 물건의 원소유자는 일정한 법적 청구절차에 의하여 자기의 소유물을 돌려받아야 하며 자력구제는 현행범이 아닌 한 허용되지 않는다.[5] 왜냐하면 도둑이 훔친 물건이라도 일단 그 절도자의 점유가 안정된 점유상태가 성립하면 점유자가 점유물에 대하여 행사하는 권리는 적법하게 보유하는 것으로 추정되기 때문이다(제200조). 또한 점유자는 소유의 의사로 선의, 평온 및 공연하게 점유한 것으로 추정된다(197조). 이 추정과 관련하여 취득시효가 인정된다. 우리 민법은 부동산거래의 안전을 보호하기 위해 타인의 물건도 일정기간 점유하면 그 소유권을 취득할 수 있는 취득시효를 인정한다(민법 제245조 부동산 취득시효). ㉮ 20년간 소유의 의사(자주점유)로 평온·공연하게 부동산을 점유하는 자는 등기함으로써 그 소유권을 취득하고(점유취득시효), ㉯ 부동산의 소유자로 등기한 자가 10년간 소유의 의사(자주점유)로 평온·공연하게 선의이며 과실 없이 그 부동산을 점유하면 바로 소유권을 취득한다(등기부취득시효).[6] 이 취득시효의 요건으로 중요한 것이 「점유」인 것이다.

등기부취득시효와 점유취득시효 요건의 차이

종류	점유기간	소유의사	평온·공연	선의·무과실	기타요건	소유권취득 요건
등기부취득시효	10년	필요	필요	필요	등기	기간 경과만으로
점유취득시효	20년	필요	필요	불필요	X	등기하여야

❷ 소유권

소유권이란 법률의 범위 내에서 소유물을 사용·수익·처분할 수 있는 권리를 말

---

4 점유자가 점유의 침탈을 당하거나 방해를 받은 때에는 물건의 반환 또는 방해의 제거와 손해배상을 청구할 수 있고 점유의 방해를 받을 염려가 있으면 방해예방 또는 손해배상의 담보를 청구할 수 있다(제204조, 제205조, 제206조).

5 즉 점유자는 자신의 점유를 부당하게 침해당하거나 방해받을 당시에만 자력으로 이를 방위할 수 있다(제209조).

6 한편 동산에 관하여도 취득시효가 인정된다. 즉, 10년간 소유의 의사로 평온·공연하게 동산을 점유하면 그 소유권을 취득하고, 그 점유가 선의이며 과실 없이 개시된 경우에는 5년을 경과하면 그 소유권을 취득할 수 있다(제246조 동산취득시효).

한다(제211조). 다시 말해 소유권이란 전면적이고 배타적으로 물건을 지배할 수 있는 기본적 물권이자 완전한 물권이다. 그러나 이러한 소유권도 절대적인 것은 아니며 그 행사에 있어서 법률에 의하여 일정한 제한을 받게 된다.[7] 부동산 소유권은 일반적으로 타인과의 거래를 통하여 취득하지만 취득시효나 매장물 발견 등으로 취득한다(민법 제254조).[8]

③ 지상권

지상권이란 용익물권으로서 다른 사람의 토지 위에 건물, 공작물 및 나무 등을 소유하기 위하여 그 토지를 사용하는 권리를 말한다(제279조). 지상권의 존속기간은 석조 등 견고한 건물이나 수목의 소유를 위해서는 30년, 기타의 건물은 15년, 건물 이외의 공작물은 5년 이상 보장된다(제280조). 지상권은 일정한 목적을 위하여 타인의 토지를 빌려 쓰는 권리이나, 임차권과는 달리 하나의 물권이기 때문에 지상권자는 토지소유자의 동의가 없어도 자기 마음대로 그 권리를 양도하거나 그 토지를 임대할 수도 있다(제282조). 이와 같이 물권인 지상권은 지주에게 상대적으로 불리하기 때문에 현실에서는 지상권의 설정보다 채권계약인 임대차가 많이 이용된다.

④ 지역권

지역권도 용익물권의 일종으로 자기토지의 편리와 이익을 위하여 타인의 토지를 이용하는 권리를 말한다(제291조). 편익을 받는 토지를 요역지, 편익을 제공하는 토지를 승역지라 한다. 지역권은 요역지소유권과 함께 이전되고 요역지와 분리하여 양도하거나 다른 권리(저당권 등)의 목적으로 할 수 없다(제292조).[9]

⑤ 전세권

전세권(傳貰權)도 용익물권으로서 전세금을 지급하고 타인의 부동산을 점유하여 사용·수익하고, 전세가 끝나 그 부동산을 반환할 때 전세금을 돌려받을 수 있는 권리를 말하며(제303조), 전세권을 설정하려면 부동산등기를 하여야 한다. 등기 없이 성

---

7   상린관계규정(제216조 내지 제244조), 공법상의 「토지공개념」 등이 그것이다.

8   이 외에도 소유권 취득의 요건으로 선의취득이 있지만 이는 동산에 한하여 인정되므로 여기서는 생략한다.

9   지역권의 내용으로는 인수지역권(引水地役權), 용수지역권(用水地役權) 및 통행지역권(通行地役權) 등이 있다.

립하는 채권적 전세(임차권)와는 구별된다.[10] 현실에서는 부동산 소유자들이 오히려 전세권설정을 회피하고 채권계약인 임대차를 주로 이용하는 결과를 낳아 그 활용이 거의 없었다. 따라서 임차인의 법적 보호를 위하여 주택임대차보호법과 상가임대차보호법이 별도로 제정되어 시행되고 있다.

❻ 유치권

유치권이라 함은 타인의 물건이나 유가증권을 점유하고 있는 자가 그 물건(부동산·동산)이나 유가증권에 대한 채권을 변제받을 때까지 그 물건이나 유가증권을 유치함으로써(제320조) 채권변제를 간접적으로 강제하는 권리이다. 예컨대 건물의 수리를 맡긴 경우 수리업자가 수리비를 받을 때까지 건물을 점유하고 내주지 않고 유치할 수 있다.[11]

❼ 저당권

저당권이라 함은 채무자 또는 제3자(물상보증인)가 점유를 이전하지 않고 채무담보로 제공한 부동산에 대하여 다른 채권자보다 자기채권의 우선변제를 받을 권리를 말한다(제360조). 예컨대 가옥을 담보로 잡고 돈을 빌려준 은행(채권자)이 가옥의 사용은 채무자에게 그대로 두나, 변제기에 채무자가 채무이행을 하지 않으면 가옥을 경매하여 다른 채권자가 있어도 저당권자인 은행이 우선적으로 변제를 받을 수 있다.

저당권은 담보할 채무의 최고액만을 정하고 채무의 확정을 장내에 보류하여 이를 설정할 수 있는데(제366조) 이를 근저당권이라고 하며, 은행거래 등의 현실에서는 근저당이 많이 활용되고 있다. 이에 관하여는 후설한다.

❽ 질권

질권이라 함은 채권자가 채권의 담보로 채무자 또는 제3자(물상보증인)로부터 받은 「동산」을 유치하고 채무를 변제받지 못할 때에는 그 물건을 경매하여 그 물건의 대

---

10   원래 전세권은 차임지급방법이 전세금이라는 특수한 형태로 이루어지던 채권계약인 관습을 민법이 전세권자를 두텁게 보호하기 위하여 물권으로 규정한 것이다. 실 경제계에서 사용되는 임대차의 일종인 전세는 임대차 보증금을 일시에 지급한다는 의미로서 전세(全貰)를 의미하는 것이고 물권법상의 전세는 傳貰(전세)라는 용어로서 서로 혼동하지 말아야 한다.

11   유치권자는 채권전부의 변제를 받을 때까지 유치물 전부를 유치할 수 있을 뿐만 아니라(제321조), 채무자가 끝까지 변제하지 않으면 채권을 변제하기 위해 유치물을 경매할 수는 있으나(제322조), 그 경매대금에서 우선변제를 받을 권리는 없다.

금으로부터 다른 채권자에 우선하여 변제받을 수 있는 권리를 말한다(제329조). 질권은 계약에 의하여 설정되는 약정담보물권이라는 점에서 저당권과 같으나 목적물을 채권자가 점유하지 않는 저당권과 달리 질권은 담보물을 점유하고 있게 된다(따라서 유치적 효력이 있다).[12] 질권은 동산뿐만이 아니라 권리에 대하여도 설정할 수 있으나(권리질권), 부동산을 대상으로 할 수는 없다(부동산 질권금지).

⑨ 기타의 물권

이 외에도 판례나 관습법상 인정되는 물권으로는 양도담보(가등기담보), 분묘기지권, 관습법상의 법정지상권 등이 있다.

"양도담보"라 함은 채권을 담보하기 위하여 담보제공자(채무자)가 담보물의 소유권이나 재산권 자체를 채권자에게 양도해 주고(소유권 양도의 형식으로 담보하는 방법) 채무자가 채무를 변제하면 채권자에게 양도한 권리를 돌려받지만, 이행기에 채무변제를 못하면 채권자가 채권담보로 양도받은 권리를 가지고 변제에 충당할 수 있는 비전형담보를 말한다. 양도담보는 관행상 이용되고 있으며, 판례도 이를 인정하였다. "가등기담보"라 함은 이행기에 채무를 변제하지 아니할 경우 부동산의 소유권 등을 채권자에게 이전할 것을 약정하는 대물변제예약을 하고 그 소유권이전청구권을 보전하기 위한 가등기를 하여 두는 비전형담보(담보방식을 가등기 형식으로 하는 방법)를 말한다. 양도담보나 가등기담보 모두 비용이 적게 들고 절차가 간편하다는 점에서 널리 이용되었지만 채권자의 폭리를 인정하는 것이 되어 채무자에게 매우 불리한 담보방식이었는데, 정부에서는 이를 규제하기 위해 「가등기담보 등에 관한 법률」을 제정하여 정산·청산 절차를 밟게 하고 있다.

한편 "분묘기지권"은 타인의 토지 위에 묘지를 설치한 때 일정한 요건을 갖추면 지상권과 유사한 관습법상 물권을 인정받는 권리이다. 보건위생상 위해(危害) 방지, 국토의 효율적 이용 등을 목적으로 「장사 등에 관한 법률」을 제정하여 권리인정을 제한하고 있다.

---

12 예컨대 반지를 맡기고 돈을 빌린 경우 채권자는 채무변제를 받을 때까지 그 반지를 유치할 수 있고 채무자가 끝까지 변제하지 않으면 반지를 경매하여 우선변제를 받을 수 있는 권리가 바로 질권이다.

물권의 종류와 내용

구분	종류			내용
법정물권	점유권			소유권과 무관하게 물건을 사실상 지배하는 경우 인정되는 권리
	본권	소유권		법률의 허용범위 내에서 그 소유물을 사용·수익·처분할 권리
		제한물권	용익물권 전세권	대가를 지불하고 타인의 부동산(토지·건물)을 사용·수익하는 권리
			용익물권 지상권	타인의 토지를 사용할 수 있는 권리
			용익물권 지역권	타인의 토지를 자기의 토지의 편익에 이용하는 권리
			담보물권 저당권	채무의 담보로 제공된 부동산(토지·건물)을 관념상 지배하다가 채무변제가 없을 경우 그 부동산에서 우선변제를 받을 권리
			담보물권 유치권	타인의 물건을 우연히 점유한 자가 그 물건에 발생한 채무의 변제를 받을 때까지 유치할 수 있는 권리(시계수리비용 변제)
			담보물권 질권	채무의 담보로 제공된 동산을 점유하고 있다가 채무변제가 없을 경우 그 동산에서 우선변제를 받는 권리(전당포)
관습법상 물권	분묘기지권			타인의 토지 위에 묘지를 설치한 때 일정한 요건을 갖추면 지상권과 유사한 관습법상 물권을 인정받는 권리
	관습법상 법정지상권			동일한 소유자에 속하던 토지와 건물의 소유가 분리된 경우 특약이 없는 한 건물 소유자가 토지 위에 갖게 되는 관습법상 권리
	양도담보			채권담보의 목적으로 물건의 소유권을 이전하고 채무불이행 시 그 목적물로부터 우선변제를 받는 권리

(2) 공유·합유·총유의 차이

여러 사람이 하나의 물건을 함께 소유하는 것을 「공동소유」라고 하는데, 그 유형으로는 공유, 합유, 총유의 3가지가 있다. 가장 일반적이고 기본적인 공동소유형태는 "공유"로서 공동소유자 각자가 지분을 가지고 그 지분을 마음대로 처분할 수 있고, 공유물의 분할청구도 자유로우며, 공유자가 각 지분을 등기할 수 있는 형태이다. 수인이 조합체로서 물건을 소유하는 것이 "합유"이고 각 합유자의 지분은 존재하지만 지분의 처분에 제한이 있으며, 등기는 합유자 전원의 명의로 등기하여야 한다(제271조). 한편 법인 아닌 사단의 사원이 집합체로서 소유하는 것을 "총유"라 하고 총유자들은 지분이 존재하지 않고 분할청구도 불가능하며, 등기는 권리능력 없는 사단 자체의 명의로 등기한다(제275조).

공유·합유·총유의 비교

구분	공유	합유	총유
개념	2인 이상이 동일한 물건을 공동 소유하는 형태	2인 이상이 일정한 목적을 위해 결합하였지만 단체로서 독립성을 갖추지 못한 경우의 소유형태	법인 아닌 사단(종중·교회)으로서 단체의 독립성은 강하지만 단독소유가 되지 못한 소유형태
결합의 형태	공동소유자의 인적결합이 없다.	조합체	권리능력 없는 사단
지분 존재	존재	존재	부존재
지분 처분	처분 자유	처분제한	-
분할청구	분할청구 자유	분할제한(조합체가 존재하는 한 분할불가. 단 조합체 해산 시 분할가능)	분할 불가
목적물의 사용	지분비율로 사용가능	조합계약에 의함	정과 및 규약에 따름
목적물 변경·처분	공유자 전원 동의 필요	합유자 전원 동의 필요	사원총회 결의 필요
등기방식	공유자가 각 지분을 등기	합유자 전원 명의로 등기	권리능력 없는 사단 자체의 명의로 등기

(3) 일물일권주의

하나의 물건 위에 하나의 물권만이 성립한다는 원칙을 말한다. 단 소유권과 제한 물권처럼 서로 내용이 다른 물권은 하나의 물건 위에 동시에 존재할 수 있다(소유권과 지역권, 지상권과 저당권 등의 관계). 예컨대 소유권자 A가 자신의 부동산에 저당권을 설정해 주고 은행 B에게서 금전을 빌렸다면, A의 부동산에는 소유권과 저당권이 함께 존재하는 것이다. 물권은 하나의 독립된 물건의 전부에 대해서 성립한다. 따라서 물건의 일부에만 물권이 존재할 수는 없다.[13]

---

13 다만 물건의 일부나 집합물도 사회적 수요가 있고, 공시방법이 가능하면 하나의 물건으로 취급하여 물권이 성립될 수 있다. 예컨대 1필 토지의 일부를 시효취득하는 경우 물권의 대상이 될 수 있으며, 물건의 집단 내지 집합물은 특별법상 공시(등기)를 전제로 하나의 물건으로 인정될 수 있다. 즉, 소유권 등기한 수목의 집단(입목에 관한 법률), 공장저당, 공장재단 등을 하나의 부동산으로 볼 수 있다.

(4) 물권의 우선적 효력

❶ 물권 상호 간의 우선적 효력

1개의 물건에 대하여 여러 개의 물권이 성립한 경우(예컨대 A 소유의 건물에 B의 전세권과 C과 D의 저당권이 함께 설정되어 있는 경우) 어떤 권리를 우선할 것인가가 문제이다.

동종의 물권은 하나의 물건에 성립될 수 없다. 예컨대 하나의 물건에 지상권이 설정되어 있다면, 다른 지상권이 성립할 수 없다. 그리고 하나의 부동산에 소유권이 또 다른 소유권과 함께 성립할 수는 없다. 이 경우 법원에서 진정 소유권을 판정받을 수 있다. 다만 공동소유관계에서 지분이 인정되는 공유나 합유의 경우는 지분의 비율로 소유권이 인정된다. 일견 보기에는 소유자가 여러 명인 것으로 인정되지만, 실제로는 공동소유자 각자의 지분을 모두 합하여 하나의 소유권이 인정되는 것이다.

한편 동일한 내용의 물권이 동시에 성립(예컨대 1순위 저당권, 2순위 저당권)하더라도 앞의 물권의 내용인 지배(1순위 저당권)를 해치지 않는다면 뒤의 물권(2순위 저당권)이 성립할 수 있다.[14]

소유권과 제한물권(용익물권·담보물권)이 동시에 성립한 경우 제한물권이 항상 소유권에 우선한다. 종류가 서로 다른 제한물권 상호 간에는 먼저 성립한 물권이 나중에 성립한 물권보다 우선한다. 예컨대 A 소유의 부동산에 B가 저당권을 가진 뒤, C가 전세권을 가지게 된 경우 B와 C 사이에는 먼저 성립한 권리인 저당권이 우선하게 된다.

점유권은 다른 물권과 병존할 수 있으며, 점유권과 다른 물권 간에는 권리의 우열 문제가 발생하지 않는다.

❷ 채권에 우선하는 효력

ⓐ 원칙

어떤 물건에 관하여 물권과 채권이 성립하는 경우에는, 그 성립의 선후와는 관계 없이, '물권이 원칙적으로 채권에 우선'한다. 물권은 물건을 직접 지배하나, 채권은

---

14 우리 법에서는 저당권의 순위에 따라 내용이 서로 다른 물권으로 인정한다고 보아야 한다. 즉, 1번 저당권은 2번 저당권과 내용이 서로 다른 물권인 것이다.

채무자의 행위를 통하여 간접적으로 물건에 청구할 수 있는 권리일 뿐이기 때문이다. 예컨대 소유자 A가 임차인 B에게 임대하고 있는 토지를 승계인 C에게 매각하여 C가 소유권을 취득한 경우 임차권자인 B는 새로운 소유권자 C에 대하여 임차권에 기한 사용을 주장할 수 없게 된다(매매는 임대차를 깨트린다).

부동산 A의 소유권자 B가 C(채권자)에게서 금전을 빌린 뒤, D에게 다시 금전을 빌리고 담보로 자신의 부동산에 저당권을 설정해 준 경우(이 경우 D는 채권을 가지면서 동시에 물권도 함께 가지고 있으므로 물권자라 한다) 부동산 A의 경락대금에서 저당권자 D(물권자)가 채권자 C에 우선해서 자신의 권리를 먼저 주장할 수 있게 된다.

ⓑ 예 외

㉠ 부동산물권의 변동을 청구하는 채권은 가등기를 갖추고 있으면 물권에 우선하는 효력이 인정된다. ㉡ 부동산임차권이 공시방법(등기)을 갖추고 있는 때에는 그 후에 성립하는 물권에 우선한다. 또한 임차권이 주택임대차보호법이나 상가건물임대차보호법에 의한 대항요건을 갖춘 경우에도 같다. ㉢ 근로기준법 제37조 제2항의 임금우선채권, 조세우선특권(국세기본법 제35조 제1항 제3호 등), 임대차에서의 소액보증금에 대한 우선특권(주택임대차보호법, 상가건물임대차보호법) 등은 법률이 특별한 이유로 일정한 채권에 대하여 저당권 등의 물권에 우선하는 효력을 부여하고 있기도 하다.

3) 채권의 종류

물권법정주의에 따라 물권의 종류가 제한되어 있는 것에 반해, 채권은 다양한 종류가 존재할 수 있다. 특히 외부에 권리의 공시가 요건이 되지 않기 때문에 다양한 형태의 채권이 생성되고, 변경될 수 있는 것이다. 채권의 발행주체별(국채, 지방채, 특수금융채, 회사채, 사채 등), 보증 유무별(보증채, 무보증채, 담보부채 등), 원금상환 형태별(만기상환채, 분할상환채 등), 이자지급방법별(이표채, 할인채, 복리채, 단리채, 거치채 등), 근거법령별(회사채, 민사채 등) 다양하게 분류해 볼 수 있다. 이 외에도 민법상 여러 채권이 존재하고 있고, 이러한 민법상 채권이 법에 저촉되지 않는 한 새로운 내용의 채권이 계약자유의 원칙상 발생하고 변형되어 나타나고 있어서 채권의 종류나 개수를 파악한다는 것은 무의미할 뿐만 아니라 불가능하다.

제4강

공시와
공신력

부동산거래 입문

제4강

공시와 공신력

I 등기와 공시

1 공시의 원칙

부동산등기제도의 목적은 부동산에 관한 권리관계를 공시하기 위한 것이므로 누구나 원하는 경우에는 일정한 수수료를 납부하고 등기부를 열람하거나 등본의 교부 또는 우송을 청구할 수 있다.

물권은 배타성에서 기인하는 일물일권주의 때문에 어떤 물건에 대하여 양립할 수 없는 2 개의 물권이 동시에 성립할 수는 없다. 따라서 물권의 존재와 그 내용은 외부에서 쉽게 인식할 수 있도록 할 필요가 있다. 특히 부동산은 동산과 달리 권리자와 함께 이동할 수 있는 성질의 것이 아니므로 누구의 소유에 속하는 것인지를 쉽게 파악하기 어렵다. 그렇다고 부동산을 거래할 때마다 권리자가 누구인지 일일이 찾아가서 확인하고 거래한다는 것도 번거로운 일이다. 이러한 이유로 공적장부를 만들어 여기에 부동산에 관한 일체의 권리관계를 기재하고 쉽게 열람케 함으로써 부동산에 관한 권리관계를 확인할 수 있도록 하는데, 이를 「공시의 원칙」이라 한다.

공시의 원칙을 강제하기 위하여 공시방법을 갖추지 않으면 당사자 사이에서도 물권변동이 생기지 않는 것으로 하는 성립요건주의(형식주의)를 취하고 있다. 따라서 부동산이나 동산의 물권변동은 등기라는 공시방법을 갖추어야 한다.[1] 부동산의 공시방법은 등기이고, 동산의 공시방법은 점유(의 이전)이다.

물권변동의 공시방법으로서 등기

매매계약
채권행위

＋

소유권 이전합의
물권행위
(등기)

→

소유권 이전
물권변동

©www.hanol.co.kr

2 부동산 등기의 개념

1) 등기의 의의

등기란 등기부라는 공적장부에 일정한 사항을 기재하는 것 또는 기재된 것을 말한다. 일반적으로 등기에는 부동산등기, 입목등기, 법인등기, 선박등기 등 여러 가지가 있다. 그 가운데 부동산등기란 부동산의 권리관계를 공시하기 위하여 국가에서 등기부라는 공적인 장부를 비치하고, 등기공무원으로 하여금 부동산의 표시와 권리관계의 변동을 기재하도록 하는 것이다.

2) 등기부

우리나라는 개개의 부동산 1개마다 등기부가 1개씩 편철되어 있다. 부동산에 관한 등기부에는 토지등기부와 건물등기부의 2가지가 있다. 각 등기부는 1개의 부동

1 　일명 구법시대라고 하는 일제침략기의 민법에서는 등기가 대항요건으로 작용하였다(프랑스, 일본의 경우). 즉 거래가 있을 경우 당사자 사이에는 의사합치만으로 물권변동이 일어났지만, 제3자에게 대항하고 주장하기 위해서는 등기하여야 효력이 발생하는 이원주의를 택하였다(등기의 대항요건주의). 이 경우 거래의 안전이 문제될 여지가 많았고, 대한민국이 건국된 이후에는 당사자 사이에서든 제3자에 대한 관계에서든 등기가 있어야 물권변동이 일어나는 것으로 변경하였다(등기의 성립요건주의). 이에 따르면 물권변동이 확일화되어 거래의 안전을 보호하게 되었다(독일, 스위스 등).

산을 단위로 하여 편성되며, 1개의 부동산에 대하여 하나의 용지를 사용한다. 1등기용지는 등기번호란, 표제부, 갑구, 을구로 구성되어 있다.

토지의 경우에 토지가 하나냐 둘이냐 하는 구별은 필지를 기준으로 하여 정한다. 토지는 원래 연속되는 것이므로 인위적으로 금을 그어서 나누어 지번을 매기고 지번 하나가 1개의 필지가 된다. 이 토지 1필지가 1개의 부동산이 된다. 따라서 큰 토지도 있고 작은 토지도 있으며 1개의 토지가 분필이 되면 여러 개의 부동산이 되고 반대로 여러 개의 토지가 합필되면 1개의 부동산이 된다.

건물은 토지에 붙어 있는 것이지만 별개의 부동산으로 취급하여 별도의 건물등기부가 있다. 건물이 한 동이냐 두 동이냐 하는 것은 일반관념에 따라 결정되지만 요즈음은 아파트와 같은 집합건물이 많이 생겨서 외관상 1동의 건물이지만 각 세대마다 구분(구분소유)하여 독립한 등기부(구분등기)가 구성되어 있다.

🔍 집합건물 등기부등본 1

등기부 등본 (말소사항 포함) - 집합건물

[집합건물] 서울특별시 양천구 ●동 961의 1필지 ●●●● 하이페리온2 제203동 제20층 제2001호　　　　고유번호 ●01-2006-003682

【 표 　 제 　 부 】		(1동의 건물의 표시)		
표시번호	접　수	소재지번,건물명칭 및 번호	건　물　내　역	등기원인 및 기타사항
1	2006년12월19일	서울특별시 양천구 ●동 961, 961-1 ●●● 하이페리온2 제203동	철근콘크리트구조 (철근)콘크리트지붕 33층 공동주택 1층　198.933㎡ 2층　581.274㎡ 3층　581.274㎡ 4층　581.274㎡ 5층　581.274㎡ 6층　581.274㎡ 7층　581.274㎡ 8층　581.274㎡ 9층　581.274㎡ 10층　581.274㎡ 11층　581.274㎡ 12층　581.274㎡ 13층　581.274㎡ 14층　581.274㎡ 15층　581.274㎡ 16층　581.274㎡ 17층　581.274㎡ 18층　581.274㎡ 19층　581.274㎡ 20층　580.749㎡ 21층　581.274㎡ 22층　581.274㎡	도면편철장 제 4책 23장

열람일시 : 2007년08월17일 오후 2시2분59초　　　　1/4

집합건물 등기부등본 2

[집합건물] 서울특별시 양천구	1필지		제203동 제20층 제2001호		고유번호	003682

표시번호	접 수	소재지번,건물명칭 및 번호	건 물 내 역	등기원인 및 기타사항
			23층 581.274㎡ 24층 581.274㎡ 25층 581.274㎡ 26층 581.274㎡ 27층 581.274㎡ 28층 581.274㎡ 29층 581.274㎡ 30층 581.274㎡ 31층 581.274㎡ 32층 512.060㎡ 33층 324.987㎡	

(대지권의 목적인 토지의 표시)

표시번호	소 재 지 번	지 목	면 적	등기원인 및 기타사항
1	1. 서울특별시 양천구 2. 서울특별시 양천구	대 대	10184.6㎡ 13705㎡	2006년12월19일

【 표 제 부 】 (전유부분의 건물의 표시)

표시번호	접 수	건물번호	건 물 내 역	등기원인 및 기타사항
1	2006년12월19일	제20층 제2001호	철근콘크리트조 119.523㎡	도면편철장 제 4책 23장

열람일시 : 2007년　　　오후 2시2분59초

2/4

집합건물 등기부등본 3

[집합건물] 서울특별시 양천구	1필지	제203동 제20층 제2001호	고유번호	003682

(대지권의 표시)

표시번호	대지권종류	대지권비율	등기원인 및 기타사항
1	1. 2 소유권대지권	23889.6분의 22.667	2006년11월30일 대지권 2006년12월19일

【 갑 　 구 】 (소유권에 관한 사항)

순위번호	등 기 목 적	접 수	등 기 원 인	권 리 자 및 기 타 사 항
1	소유권보존	2006년12월19일 제102873호		소유자 주식회사코리아원　110111-1148249 　서울 양천구 목동 907-18 유니코빌딩 6층
2	소유권이전	2006년12월19일 제102878호	2006년12월14일 신탁	수탁자 대한토지신탁주식회사　110111-1492513 　서울 강남구 대치3동 944-31
				신탁 신탁원부　제2012호
3	소유권이전	2007년1월31일 제9033호	2007년1월29일 신탁재산의귀속	소유자 주식회사코리아원　110111-1148249 　서울 양천구 목동 907-18 유니코빌딩 6층
				2번 신탁등기말소 원인 신탁재산의 귀속
4	소유권이전	2007년1월31일 제9082호	2002년11월29일 매매	소유자　　　　　　　2****** 　부천시　　　　　　　1604-902

열람일시 : 2007년　　　2시2분59초

3/4

집합건물 등기부등본 4

[집합건물] 서울특별시 양천구 　　　1필지 　　　제203동 제20층 제2001호 　　　　고유번호 　　003682

【　　　을　　　구　　】			（ 소유권 이외의 권리에 관한 사항 ）	
순위번호	등 기 목 적	접　　수	등 기 원 인	권 리 자 및 기 타 사 항
~~1~~	~~근저당권설정~~	~~2006년12월19일~~ ~~제102577호~~	~~2006년12월15일~~ ~~설정계약~~	~~채권최고액　금40,000,000,000원~~ ~~채무자　주식회사코리아원~~ 　~~서울 양천구 목동 907-18 유니코빌딩 6층~~ ~~근저당권자　현대건설주식회사　110111-0007909~~ 　~~서울 종로구 계동 140-2~~ ~~공동담보목록　제2006-167호~~
2	1번근저당권설정등기말소	2007년1월31일 제8984호	2007년1월29일 일부포기	
3	근저당권설정	2007년1월31일 제9136호	2007년1월8일 설정계약	채권최고액　금676,800,000원 채무자 　부천시　　　　　　　　　　1604-902 근저당권자　주식회사신한은행　110111-0012809 　서울 중구 태평로2가 120

— 이 하 여 백 —

관할등기소　서울남부지방법원 등기과

* 본 등기부는 열람용이므로 출력하신 등기부는 법적인 효력이 없습니다.
* 실선으로 그어진 부분은 말소사항을 표시함. * 등기부에 기록된 사항이 없는 갑구 또는 을구는 생략함. * 등기부는 컬러 또는 흑백으로 출력 가능함.
열람일시 : 2007년　　　　2시2분59초　　　　　　　　　　　　　4/4

3) 등기부의 구성

등기부는 등기번호란, 표제부, 갑구, 을구의 네부분으로 구성되어 있다.

❶ 등기번호란: 등기번호란에는 토지나 건물대지의 지번이 기재되어 있다.

❷ 표제부: 부동산의 표시, 즉 소재지, 크기, 구조 등 사실관계를 기재한다. 표제부는 표시란과 표시번호란으로 되어 있다. "표시란"에는 부동산의 상황과 그 변경에 관한 사항이 기재되어 있다. "표시번호란"에는 표시란에 등기한 순서가 기재된다.

등기 표제부 표시란에 기재되는 사항의 예

* 소재지: 예) 강원도 강릉시 내곡동 00번지,
* 면　적: 예) 330m²,
* 용　도: 예) 대지, 임야, 주택, 창고 등,
* 구　조: 예) 2층 목조

❸ 갑 구: 갑구도 사항란과 순위번호란으로 되어 있다. "순위번호란"에는 각 사항란의 기재의 순서를 표시하는 번호가 기재되어 있다. "사항란"에는 「소유권」에 관한 사항이 기재되어 있다. 즉, 소유권의 보존, 이전, 변경, 처분제한, 소멸 등이 기재되어 있다. 맨 처음 기재되어 있는 것이 소유권보존등기이고, 소유권이전등기가 계속되어 간다. 각 등기사항 중 변경된 것이 있으면 예컨대 소유자의 주소 변경 등은 변경등기(부기등기)를 한다.

만약에 소유권에 관한 분쟁이 발생하여 소송이 제기된 경우에는 법원은 등기부에 미리 등기를 하여 당해 부동산에 관하여 재판이 계속되고 있음을 공시한다.

❹ 을 구: 을구도 갑구와 마찬가지로 사항란과 순위번호란으로 되어 있다. 그러나 갑구와 달리 사항란에는 「소유권 이외」의 권리에 관한 권리, 즉 저당권, 지상권 등의 설정이나 소멸에 관한 사항이 기재되어 있다. 을구의 "순위번호란"에도 각 사항란의 기재의 순서를 기재한다.

일반적인 저당권의 설정과 달리 근저당권의 설정등기는 채권의 최고액을 등기하고 이 금액의 한도로 부동산 가격에서 담보책임을 지게 되므로 실제의 채권액이 얼마인가는 따로 파악하여야 한다.

Ⅱ 등기할 권리

"등기할 권리"는 우선 부동산에 성립될 수 있는 권리로서 소유권, 지상권, 지역권, 전세권, 저당권이 이에 해당한다. 그리고 임대인의 동의를 얻은 경우에는 임차권도 등기할 수 있다. 한편 물권 중 점유권과 유치권은 현재 점유 또는 유치하고 있는 사실상태를 보호하는 권리이므로 등기 자체가 필요 없고, 질권은 동산만을 대상으로 하는 권리이므로 등기할 수 없다.

등기할 권리의 종류와 "등기의 종류"는 서로 다르다. 예컨대, 등기할 권리인 저당권을 등기하려면 우선 저당권 설정등기를 하고, 저당권이 이전되면 저당권 이전등기를 해야 한다. 그런데 이 저당권이 압류된 경우에는 저당권압류등기가 이루어지게

될 것이다. 저당권의 원인채권이 소멸하면 저당권의 존재이유가 소멸하게 되고, 당해 저당권이 무효가 되므로 저당권 말소등기를 하게 된다.[2]

 등기의 절차

1 서 언

등기는 원칙적으로 당사자의 신청에 의하여 이루어지며, 등기권리자(예컨대 매수인)와 등기의무자(예컨대 매도인)가 공동으로 신청하는 것이 원칙이다. 등기를 신청하려면 기본적으로 다음과 같은 서류를 제출하여야 한다.

🔍 등기신청 시 제출서류

① 등기 신청서
② 등기원인을 증명하는 서면
③ 등기의무자의 권리에 관한 등기필증
④ 대리에 의한 경우 대리권한을 증명하는 서면
⑤ 소유권보존 또는 이전의 경우 신청인의 주소를 증명하는 서면
⑥ 인감증명서

---

2 공동신청주의

등기사무는 법원조직법에 따라 지방법원과 지방법원지원이 관할하며, 지방법원은 자신의 관할구역 내에서 등기사무의 일부를 처리케 하기 위하여 지방법원지원 외에 따로 등기소를 둘 수 있도록 되어 있다.

---

2   이처럼 저당권은 등기할 권리이지만 저당권의 설정·변경·압류·소멸 등은 등기의 종류에 해당한다. 등기의 종류에 대해서는 뒤에서 설명한다.

등기는 원칙적으로 등기권리자와 등기의무자가 반드시 서면으로 부동산의 소재지를 관할하는 법원 등기과나 등기소에 신청하여야 하며, 이를 「공동신청주의」라고 한다. 통상 법무사가 양쪽의 위임을 받아서 처리하는 것이 관례로 되어 있으나 행정서사는 등기사무를 대행하지 못한다. 그러나 판결에 의한 등기나 상속에 의한 등기는 승소한 등기권리자 또는 등기의무자나 상속권자가 단독으로 신청할 수 있다. 또한 경매에 의한 등기는 경락받은 자가 단독으로, 공용징수의 경우에는 국가가 일방적으로 등기를 신청한다.

등기신청이 있으면 등기공무원은 이를 순서대로 접수하여 등기부에 기재하도록 하고 있으며, 등기신청서류에 형식적인 결함이 있는 경우에는 등기신청을 각하할 수 있으나(형식적 심사권), 실질적 심사권은 없다.

여기서 "형식적 심사권"이란 등기신청 서류에 대한 형식적인 오류나 불비가 있는지만 판단하는 권한을 말한다. 예컨대 매매를 원인으로 하는 소유권이전등기 신청에 대해서는 그 매매서류에 과오가 없는지, 등기신청서류상의 오류가 없는지 등 형식적 요건을 파악하는 권한을 말한다.

한편 "실질적 심사권"이란 예컨대 앞의 예에서 형식적 서류형식뿐만 아니라 당해 매매서류의 원인인 매매행위가 실제 존재하는지, 혹시 탈법이나 위법을 위해 증여로 이전되는 경우인데 세금을 탈루하기 위해 매매로 위장하여 등기 신청한 것은 아닌지 등 실질적인 권리변동내용까지 조사할 수 있는 권한을 가지는 경우를 말한다.

3 등시신청 시 주의점

계약(매매, 증여, 교환 등)을 원인으로 하여 소유권이전등기를 하는 경우에는 등기원인을 증명하는 서면(계약서)에 부동산 소재지를 관할하는 시장, 구청장, 군수의 검인을 받아 제출하여야 하는 경우가 있다. 그리고 계약 이외의 사유로 등기하는 경우에는 그 사유를 증명하는 서류를 제출하여야 한다. 예컨대, 상속등기의 경우에는 피상속인이 사망하였다는 사실을 입증하기 위하여 가족관계등록부를 제출하여야 한다. 또한 재판에서 승소하여 소유권을 이전하는 등기를 위하여는 당해 판결문을 입증서류로 제출하여야 한다.

부동산의 과세시가 표준액이 500만 원 이상인 경우에는 주택채권을 매입하여야 하고, 등기원인에 대하여 제3자의 허가, 동의 또는 승낙을 받을 것이 요구되는 경우에는 이를 증명하는 서면(토지 등 거래계약허가증, 농지취득자격증명, 택지취득허가증 등)을 첨부하여야 한다.

등기필증을 분실했을 때에는 등기의무자가 직접 등기소에 출석하여 주민등록증 등으로 본인임을 등기공무원에게 확인시키고 등기하거나, 변호사 또는 법무사가 본인임을 확인하거나 등기신청서 또는 위임장에 공증인의 공증을 받아야 한다.

Ⅳ 등기의 종류

등기의 종류는 아래와 같다. "예고등기"란 해당부동산이 소유권말소 및 소유권회복 등에 관해 소송 중이라고 제3자에게 미리 알려주는 등기를 말한다. 그런데 예고등기는 2011년 3월에 폐지되었음에도 불구하고 일부 출판물에서는 아직도 예고등기에 관하여 설명을 하고 있다. 그동안 예고등기의 병폐가 심해서 여러 가지 혼란이 있었던바 이러한 폐해를 제거하기 위해 폐지되었음에 주의하여야 한다.

1 소유권보존등기

소유권보존등기는 등기가 되어 있지 않은 부동산에 관하여 소유자가 등기신청을 함으로써 처음으로 행하여지는 소유권의 등기를 말한다. 예를 들면, 건물을 신축하고서 처음으로 그 건물의 소유자가 하는 등기이다. 보존등기를 신청하면 등기공무원은 새로운 등기용지를 마련하여 표제부에 부동산의 상황, 즉 소재지, 지번, 지목, 면적(이상 토지), 건물의 종류, 건물의 구조, 면적(이상 건물)을 기재하고, 갑구에 소유자의 이름을 기입한다. 이와 같이하여 보존등기가 행하여지면, 그 뒤의 부동산에 관한 권리변동은 모두 이를 기초로 하여 이루어진다.

소유권보존등기에는 다음과 같은 서류를 제출하여야 한다. 한편 소유권이전등기 시에 필요한 등기필증은 보존등기 시에는 존재하지 않아 구비서류에 해당하지 않는다.

> **소유권보존등기 신청시 제출서류**
>
> ① 등기 신청서 부본
> ② 소유자의 주민등록등(초)본
> ③ 등록세 납부영수필 통지서와 영수필 확인서
> ④ 미등기 토지의 토지대장등본 또는 미등기 건물의 건축물관리대장등본
> ⑤ 동일한 대지상에 수개의 건물이 있거나 구분건물인 경우에는 건물도면
> ⑥ 등기사무를 대행시키는 경우에는 위임장

2 소유권이전등기

동산과는 달리 집이나 토지와 같은 부동산의 경우에는 이를 실제로 넘겨받는 것만으로는 소유권을 취득할 수 없고 반드시 이전등기를 하여야 한다. 반대로 실제로 집이나 토지를 넘겨받지 않더라도 등기를 넘겨받으면 소유권을 취득하게 되는데, 이와 같이 부동산의 소유권을 넘겨받는 등기를 이전등기라 한다. 따라서 여러 명의 매수자가 있는 이중매매의 경우에 소유권을 취득하는 사람은 제일 먼저 계약을 하거나 대금을 지급한 사람이 아니라 제일 먼저 이전등기를 하는 사람이다.

부동산에 관한 물권변동은 반드시 실제 권리자의 이름으로만 등기하여야 한다(부동산실명제도). 토지거래허가지역으로 지정된 곳에서는 반드시 관할관청의 사전허가를 얻어야 하고, 허가를 얻지 못하면 계약이 무효가 되므로 이전등기도 할 수 없다. 종전에는 부동산이 여러 차례 전전 매매된 후 부동산의 소유자인 최초의 매도인으로부터 최후의 매수인으로 직접 이전등기가 이루어지고 중간에 있던 전매자들은 등기부상으로는 전혀 나타나지 않는 형태의 중간생략등기가 많이 활용되었다. 그러나 최근에 부동산투기억제를 위하여 마련된 부동산등기특별조치법에 의하여 중간생략등기가 규제되어 일정한 징벌이 규정되어 있다.

소유권이전등기를 신청함에는 다음과 같은 서류를 제출하여야 한다. 단 소유권보존등기할 때와 차이는 등기원인을 증명하는 서면과 등기필증 그리고 등기의무자 관련서류가 추가된다는 점이다.

> **소유권이전등기 시 제출 서류**
>
> ① 등기 신청서 부본
> ② 등기원인을 증명하는 서면(매매계약서, 증여계약서 등)
> ③ 등기필증
> ④ 등기의무자의 인감증명서
> ⑤ 등록세납부영수필 확인서
> ⑥ 토지대장등본이나 건축물관리대장등본
> ⑦ 등기의무자 및 등기권리자의 주민등록등본
> ⑧ 등기사무를 대행시키는 경우에는 위임장

3 말소등기

당초에는 등기원인이 있었는데 후에 그 원인이 없어지는 경우, 예컨대 매매대금을 나중에 주기로 하고 먼저 등기를 넘겨주었는데 후에 대금을 지급하지 않아 매매계약을 해제한 경우 혹은 돈을 빌려주고 저당권등기 혹은 가등기를 하였는데 후에 빌린 돈을 다 갚은 경우 그 등기는 법률상 아무런 원인이 없으므로 그 자체로 무효이다.

그러나 등기부상에 등기가 남아 있으면 그 내용을 모르는 제3자가 피해를 볼 수 있고, 실제의 권리자가 권리행사에 장해가 되기도 한다. 이에 법률상 아무런 원인이 없는 등기는 이를 말소할 수 있도록 하고 있고 이러한 말소도 등기를 하여야 하는데 이를 말소등기라 한다. 절차상 말소등기를 하고 당해 말소사항을 지우는 것을 주말(朱抹)이라고 한다. 한편 무효인 등기를 말소하는데 명의인이 협조해 주지 않을 경우에는 부득이 그 등기명의인을 상대로 무효등기의 말소청구소송을 제기하여야 한다.

4 가압류등기

금전채권이나 금전으로 환산할 수 있는 채권에 책임 있는 자의 동산이나 부동산에 대해 강제집행을 보전하기 위한 절차로서 판결의 집행을 할 수 없거나 현저히 곤란할 염려가 있는 때에 일정한 절차에 따라 행한다.

5 가처분등기

거래에 있어서 금전채권 이외의 특정물의 급여나 인도를 목적으로 하는 청구권을 보전하기 위하여 행하는 등기이다. 처분금지 가처분등기는 어느 소유자가 부동산을 양도 기타 처분행위를 못 하게 하는 등기로서 이에 위반하여 양도 기타 처분할 경우에는 소유자와 상대방 사이는 유효하나 그 유효를 가지고 가처분 채권자에게 주장하지 못 한다.

6 가등기

가등기는 소유권, 지상권, 전세권, 저당권 또는 임차권의 설정, 이전, 변경 또는 소멸의 청구권을 보전하려고 할 때 이용된다.

장래 본등기를 하기 위한 준비로서 하는 등기이므로 가등기 자체로 소유권이전의 효력은 없으나 순위보전의 효력이 있어 가등기 후에 된 등기는 가등기에 기한 본등기 권리자에게 대항할 수 없다. 그러나 최근에는 채권담보의 목적으로 가등기를 이용하고 있다.[3]

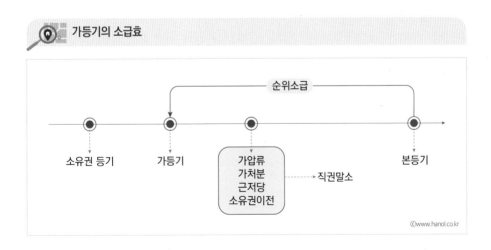

가등기의 소급효

---

3 가등기에 관하여는 부동산의 권리파악에서 자세히 후설한다.

7 근저당 설정등기

1) 근저당권

근저당이란 계속적인 거래관계에서 생기는 다수의 채무를 장래의 결산기에 확정될 일정의 한도액(등기상 채권최고액)까지 담보할 목적으로 설정되는 것으로서 이는 장래 증감·변동하는 채권을 결산기에 일정한도액까지 담보하는 데 그 특질이 있다. 이때 증감, 변동하는 채권의 원인은 당좌대월계약, 어음할인계약, 상호계산계약 등 계속적 계약관계에서 발생한다.

그런데 거래 중 피담보채권액이 채권최고액을 넘거나 변제 등으로 0이 되더라도 근저당권은 소멸되지 않는다. 근저당권은 저당권의 일종으로 점유를 이전해 주지 않아 금융수단으로의 작용이 크다.

저당권과 근저당권의 비교

구 분	저당권	근저당권
담보되는 채권	특정한 채권	불특정 다수의 채권
담보의 범위	특정된 피담보채권의 금액	증감·변동하는 채권의 최고 금액까지

2) 설정과 등기

근저당권 설정계약은 당사자의 합의에 의하고, 그 후에 등기를 함으로써 담보력이 강화된다. 등기 시 채권최고액은 반드시 기재되어야지만 그 기간에 대한 등기는 자유롭다.

3) 효력

근저당권을 실행하려면 채권이 확정되고 변제기가 도래하여야 한다. 결산기가 되면 피담보채권이 확정되므로 기한의 유예가 없는 한 원칙적으로 그때 변제기가 된다.

피담보채권의 범위는 최고액을 한도로 결산기에 현실로 존재하는 채권액의 전부

에 미친다. 이자는 최고액 중에 산입되는 것으로 간주되므로 원본과 이자를 합한 것
이 최고액을 넘으면 초과부분은 담보되지 못하므로 금융거래계에서는 채권최고액
을 피담보채권액보다 2~3할 정도를 가산하여 채권채고액을 정한다.

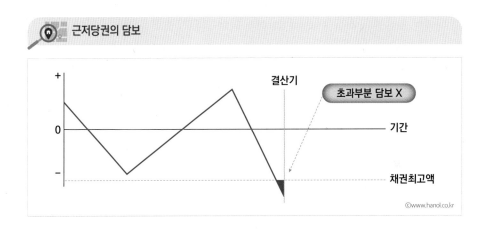

근저당권의 담보

 등기의 효력과 공신력

1 부동산등기의 효력

　현행 민법은 부동산물권변동에 관하여 성립요건주의를 채택하고 있으므로 부동
산의 거래관계에서 당사자의 약정에 의한 물권변동의 경우 예컨대 부동산 매매계약
을 체결하여 매매대금을 지급하고 부동산을 인도받아 현재 사용하고 있다 하더라
도 등기를 하지 않으면 완전한 소유권을 취득하지 못한다(등기의 성립요건주의). 그러나
예외적으로 당사자의 약정에 의하지 않은 물권변동의 경우, 즉 상속, 공용징수, 판
결, 경매 기타 「법률의 규정」에 의한 부동산에 관한 물권의 취득은 등기를 요하지
않으나 등기를 하지 아니하면 이를 처분한다거나 제3자에 대하여 자신의 권리를 주
장하지 못한다(등기의 대항요건주의). 그러므로 일반적으로 부동산에 관한 대표적인 권리
인 소유권이나 저당권 등은 이를 등기하지 않으면 아무런 효력도 발생하지 않는다.

일반적으로 등기를 하게 되면 ① 부동산물권의 변동을 가져오는 권리변동적 효력, ② 제3자에게 대항할 수 있는 대항적 효력, ③ 등기의 전후에 의하여 순위가 확정되는 순위확정적 효력, ④ 등기의 내용대로의 실체적 권리관계가 존재하는 것으로 추정되는 추정적 효력 및 ⑤ 부동산의 소유자로 등기된 자가 10년간 자주점유를 한 때에는 소유권을 취득(등기부취득시효)하게 되는 점유적 효력을 가지게 된다.

이러한 등기는 일반적으로 본등기라고 하고 그에 비해 가등기를 하는 경우가 있는데 가등기는 순위보존의 효력만을 가지고 있어 가등기 후 본등기를 하게 되면 본등기의 순위가 가등기한 때로 소급하여 인정된다. 이 효력은 매우 강력해서 여타의 등기에 미치는 영향이 매우 크다.

2 공신력의 부존재

앞서 설명한 등기의 효력은 모두 추정적 기능이므로 반대의 증거가 제시될 경우 추정의 효과는 번복된다. 즉, 등기된 내용을 믿고 거래한 당사자는 등기된 내용과 다른 반대의 증거가 나타나면 자신의 권리를 잃을 위험에 처할 수도 있게 된다. 등기와 같은 공시방법은 그 내용이 실체적 권리관계와 일치하는 것이 보통이나 그렇지 않은 경우도 있을 수 있다(예컨대 甲의 소유토지가 乙의 소유로 등기된 경우, 甲의 소유물인 자전거를 乙이 빌려 타고 다니면서 자기 소유물이라고 주장하는 경우). 이와 같이 잘못된 공시가 있는 경우 이를 진실한 공시로 믿고 거래한 자를 보호하여야 한다는 것이 공신의 원칙이다. 우리 민법은 동산의 점유에는 공신력(公信力)을 인정하나(동산의 선의취득), 부동산의 등기에는 공신력을 인정하지 않고 있는데 그 때문에 부동산거래가 어렵다는 인식을 가지게 되는 것이다.

등기의 공신력 인정여부와 관련된 문제

이러한 부동산 등기의 공신력결여는 우리 물권법의 커다란 맹점이라 하겠으며 이에 대한 개선은 시급한 과제라고 할 수 있지만, 제도적인 개선은 현재로서는 요원한 것이기 때문에 이러한 결함에 대한 대비로서 보다 심도 있는 권리파악을 통하여 위험도를 줄여나갈 필요가 있다.

 부동산등기 특례제도

1 서 언

부동산등기제도는 부동산에 관한 권리관계를 공시하기 위한 제도이므로, 등기부에 나타나 있는 권리관계와 실제의 권리관계가 반드시 일치하여야 하고 이를 그대로 공시하는 것이 이상적이다. 그러나 그동안 우리나라에서는 부동산등기법의 미비한 점을 악용하여 등기신청을 아예 하지 않거나, 부실하게 하거나, 허위로 하는 방법 등을 통하여 부동산투기, 각종 세금탈루, 불법적인 재산은닉 등의 수단으로 이용되어 부정과 부조리의 원인이 되었을 뿐만 아니라 부동산가격의 폭등으로 인한 주택문제 등 각종 문제가 야기되었다.

이 같은 문제를 해결하고 등기된 권리와 실제의 권리관계를 일치시킴으로써 등기제도 본래의 목적을 달성하기 위하여 부동산등기특별조치법과 부동산실권리자명의등기에 관한 법률(부동산실명법) 등이 제정되었다.

2 부동산등기 특별조치법

1) 소유권이전등기 신청의무

부동산등기특별조치법에서는 부동산거래에 대한 실체적 권리관계에 부합하는 등기를 하도록 등기의무를 규정하고 있다.

부동산의 소유권이전을 내용으로 하는 계약을 체결한 자(A)는 일정한 기간 내에

소유권이전등기를 신청할 의무가 있다. 즉, ⓐ 유상계약[4]의 경우에는 반대급부의 이행이 완료된 날부터, ⓑ 무상계약[5]의 경우에는 계약의 효력이 발생한 날부터 「60일 이내」에 소유권이전등기를 신청할 의무가 있다.[6]

위의 자(A)가 위에서 정한 날 「이후」 당해 부동산을 제3자(B)에게 소유권을 이전하는 계약이나 당사자 지위를 이전하는 계약을 체결하고자 할 때에는 제3자(B)와 계약을 체결하기 전에 먼저 체결된 계약에 따라 소유권이전등기를 신청하여야 한다.[7] 그리고 위의 자(A)가 위에서 정한 날 「전에」 그 부동산에 대하여 다시 제3자와 소유권이전 계약을 체결한 때에는 위에서 정한 날부터 60일 이내에 먼저 체결된 계약에 따라 소유권이전등기를 신청하여야 한다.[8]

2) 소유권보존등기 신청의무

소유권보존등기가 되지 않은 부동산에 대하여 소유권이전을 내용으로 하는 계약을 체결한 자는 ⓐ 부동산등기법(제130조, 제131조)에 의하여 소유권보존등기를 신청할 수 있었음에도 이를 하지 아니한 채 소유권이전계약을 체결한 경우에는 그 계약을 체결한 날부터,[9] ⓑ 소유권이전계약을 체결한 후에 부동산등기법에 의한 소유권보존등기를 신청할 수 있게 된 경우에는 소유권보존등기를 신청할 수 있게 된 날부터 60일 이내에 소유권보존등기부터 먼저 신청하여야 한다.[10]

3) 벌 칙

위에서 설명한 등기신청의무를 위반하거나 기타 다른 위법행위가 행해진 경우에는 과태료가 부과되거나 형사처벌을 받게 된다.

---

4 계약당사자가 서로 대가적인 채무를 부담하는 경우를 유상계약이라고 한다. 매매계약, 교환계약 등이 이에 해당한다.

5 계약당사자의 일방만이 채무를 부담하는 경우를 무상계약이라고 한다. 증여계약 등이 이에 해당한다.

6 부동산등기특별조치법 제2조 제1항.

7 부동산등기특별조치법 제2조 제2항.

8 부동산등기특별조치법 제2조 제3항.

9 부동산등기법 제130조·제131조.

10 부동산등기법 제2조 제5항.

등기권리자가 상당한 사유 없이 등기신청의무를 해태한 때에는 해태한 날 당시의 그 부동산에 대한 등록세액의 5배 이하의 과태료를 부과한다. 과태료는 원칙적으로 등기를 함으로써 이익을 얻게 되는 등기권리자에게 부과하되 등기를 제때 신청하지 못한 원인이 등기의무자의 책임 있는 사유에 의한 경우에는 등기의무자에게 부과한다.[11]

(1) 3년 이하의 징역 또는 1억 원 이하의 벌금

동법 제8조에 규정되어 있는 사유는 ⓐ 조세부과를 면하려 하거나, 다른 시점 간의 가격변동에 따른 이득을 얻으려 하거나, 소유권 등 권리변동을 규제하는 법령의 제한을 회피할 목적으로 미등기전매를 한 경우, ⓑ 등기신청서에 등기원인을 허위로 기재한 경우를 말한다.

(2) 1년 이하의 징역이나 3천만 원 이하의 벌금

조세부과를 면하려 하거나, 다른 시점 간의 가격변동에 따른 이득을 얻으려 하거나, 소유권 등 권리변동을 규제하는 법령의 제한을 회피할 목적 외의 사유로 부동산소유권이전을 내용으로 하는 계약을 체결한 자가 그 계약서에 검인을 받지 않은 상태에서 다시 제3자와 부동산소유권이전을 내용으로 하는 계약이나 당사자의 지위를 이전하는 계약을 체결한 경우(미검인 전매행위)가 이에 해당한다.[12]

(3) 양벌규정

법인의 대표자나 법인 또는 개인의 대리인, 사용인, 그 밖의 종업원이 법인 또는 개인의 업무에 관하여 위의 위반행위를 하면 당해 행위자를 벌하는 외에 그 법인 또는 개인에게도 해당 조문의 벌금형을 과(科)

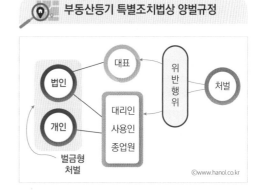

부동산등기 특별조치법상 양벌규정

---

11 부동산등기법 제11조.

12 부동산등기법 제9조.

한다. 다만, 법인 또는 개인이 그 위반행위를 방지하기 위하여 해당 업무에 관하여 상당한 주의와 감독을 게을리하지 아니한 경우에는 그러하지 아니하다.

3 부동산실권리자명의등기에 관한 법률

부동산실권리자명의등기에 관한 법률(부동산실명법)에서는 명의신탁과 장기미등기부동산에 대한 규제를 하고 있다.

1) 명의신탁

명의신탁(名義信託)이란 실질적으로는 자신이 보유하고 있는 부동산을 타인의 이름을 빌려 등기하는 것을 의미한다.

(1) 입법취지

명의신탁을 이용하여 부동산투기, 탈세, 재산은닉 등이 커다란 사회문제가 되면서 부동산실명법을 제정하여 부동산에 관한 권리를 자기 이름으로 등기하도록 함으로써 명의신탁을 이용한 부동산투기를 몰아내어 부동산 거래질서를 바로잡아 부동산 가격이 안정되도록 하고 명의신탁을 이용한 각종 부정과 부조리를 제거하고자 하는 것이 부동산실명제의 도입취지이다.

(2) 주요내용

본 법률은 1995. 7. 1.부터 시행되었으며 모든 부동산은 실권리자의 명의로만 등기하도록 규정하고 있다. 따라서 명의신탁을 이용하여 다른 사람의 이름으로 등기할 수 없고, 반드시 실권리자 이름으로만 등기하여야 한다. 만약 실권리자 명의로 등기하지 않을 경우 형사처벌을 받게 되고 과징금이 부과된다.

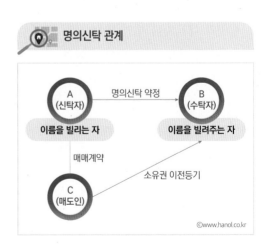

명의신탁 관계

❶ 민사관계

명의신탁을 하는 경우에는 명의신탁자와 명의수탁자 간의 약정은 무효가 되고 이 약정에 기한 등기도 무효이다. 그러나 명의수탁자가 부동산을 제3자에게 양도한 경우 그 제3자가 명의신탁이 있었던 사실을 몰랐다면(선의) 명의신탁자는 자신의 권리를 주장할 수 없다.[13] 즉 명의수탁자와 제3자 간의 권리이전을 무효로 할 수 없는 것에 대한 반사적 효과로서 제3자는 자신이 취득한 소유권을 온전하게 유지할 수 있게 된다. 다만 제3자가 자신의 거래상대방이 명의수탁자라는 사실을 알았다면(악의) 명의신탁자는 자신의 권리를 주장할 수 있을 것이다.[14]

다만, ㉠ 채무의 변제를 담보하기 위하여 채무자의 부동산에 가등기를 설정하거나, ㉡ 부동산에 관한 물권을 채권자가 이전받는 양도담보의 경우와 ㉢ 부동산의 위치와 면적을 특정하여 2인 이상이 구분소유하기로 하는 약정을 하고 당해 구분소유자의 공유로 등기하는 경우 그리고 ㉣ 신탁법과 신탁업법에 의해 신탁재산인 사실을 등기하는 경우에는 명의신탁으로 보지 않는다.

한편 ㉠ 종중(宗中)부동산의 명의신탁, ㉡ 부부간의 명의신탁 또는 ㉢ 종교단체의 명의로 산하 조직이 보유한 부동산에 관한 명의신탁에 의해 등기를 한 경우에는 조세부과를 면하거나 강제집행 또는 법령상의 제한을 회피하기 위한 목적이 아닌 한 예외를 인정한다.[15]

❷ 형벌과 행정처벌

실명등기의무를 위반한 경우에는 실권리자인 명의신탁자에 대하여 부동산 가액의 30%에 해당하는 과징금이 부과되고, 과징금부과 후에도 실명으로 등기하지 않으면 과징금부과 후 1년 경과 시 10%, 2년 경과 시 다시 20%의 이행강제금[16]이 부과된다.

본 법 시행일인 1995. 7. 1. 이후에 명의신탁을 한 경우에는 명의신탁자에게 5년

---

13 부동산실권리자명의등기에 관한 법률 제4조 제2항.

14 부동산실권리자명의등기에 관한 법률 제4조 제2항의 반대해석의 결과.

15 부동산실권리자명의등기에 관한 법률 제8조.

16 「이행강제금」이란 의무의 불이행 시에 일정액수의 금전이 부과될 것임을 의무자에게 미리 통지함으로써 심리적 압박을 주어 행정상 의무이행의 확보를 도모하는 간접적 강제수단을 말한다.

이하의 징역이나 2억 원 이하의 벌금에 처하고, 명의수탁자에게는 3년 이하의 징역이나 1억 원 이하의 벌금에 처한다.

명의신탁을 교사 또는 방조한 경우에도 처벌된다. 여기서 "교사"란 명의신탁의 의사가 없는 타인을 부추겨 명의신탁을 하도록 하는 행위를 말하며, "방조"란 타인이 명의신탁을 하는 것을 돕는 행위를 말한다.

❸ 양벌규정

법인 또는 단체의 대표자나 법인·단체 또는 개인의 대리인·사용인 및 그 밖의 종업원이 그 법인·단체 또는 개인의 업무에 관하여 금융실명법의 위반행위를 하면 당해 행위자를 벌하는 외에 법인·단체 또는 개인에게도 해당 조문의 벌금형을 과한다. 다만, 법인·단체 또는 개인이 그 위반행위를 방지하기 위하여 해당 업무에 관하여 상당한 주의와 감독을 게을리하지 아니한 경우에는 그러하지 아니하다.[17]

2) 장기미등기

장기미등기란 매매나 증여에 의하여(상속에 의한 경우는 제외된다) 부동산을 취득하고도 등기를 이전하지 않은 채로 원소유자가 앞으로 장기간(3년 이상) 방치하여 두는 것을 말한다.

현행 부동산등기특별조치법에서는 부동산을 취득하고 60일 내에 등기를 이전하지 않을 경우 등록세액의 5배까지 과태료[18]를 부과하도록 되어 있다. 여기에 추가하여 부동산실명법에서 정하는 취득일로부터 3년 내에 등기를 이전하지 않는 경우에는 명의신탁의 경우와 동일하게 과징금, 이행강제금, 형사처분을 부과하도록 규정하고 있다.[19]

---

17 부동산실권리자명의등기에 관한 법률 제122조의2. 2016. 1. 신설.

18 「과태료」란 일정한 의무를 이행하지 않거나 가벼운 벌칙을 위반한 사람에게 부담시켜 국가에 납부하게 하는 금전으로 형법상 벌칙이 아니므로 납부자에게 전과가 남지 않고 과태료의 납부사유가 대부분 경미한 법규 위반이므로 재판을 거치지 않고 부과된다.

19 부동산실권리자명의등기에 관한 법률 제10조.

부동산거래
입문

제5강

등기 외
공적장부

부동산거래 입문

제5강

등기 외 공적장부

거래대상인 부동산의 상태를 명확하게 파악하기 위해서는 여러 가지 행정서류를 반드시 점검하여야 한다. 예컨대 토지이용계획확인서, 등기부등본, 토지대장, 임야대장, 건축물관리대장, 지적도, 임야도, 공시지가확인서 등이 그것이다. 이하에서는 앞에서 이미 설명한 등기부등본을 제외한 나머지에 대하여 간단하게 설명하고자 한다.

🔍 부동산 관련 공적장부의 종류와 기재사항

공적장부	중요 기재사항	발급기관
토지이용계획확인서	부동산의 용도지역, 지구 등의 도시관리계획사항과 가타 개발관련법의 적용사항 등의 표시	관할시·군·구청
토지 및 건물의 등기	부동산의 물권에 관한 내용표시	관할 등기소
토지대장, 임야대장, 건축물관리대장	부동산의 위치, 면적, 지목, 소유자, 건물구조 및 용도 등	관할시·군·구청
지적도, 임야도	지적 및 임야의 각종 계획 표시	관할시·군·구청
공시지가 확인서	90년 이후의 공시지가 내용 표시	관할 동사무소

 I ## 토지이용계획 확인서

토지를 거래하고자 하는 사람은 반드시 토지이용계획 확인서를 발급받아 토지이용에 대한 내용을 확인하여야 한다. 예컨대 개발제한구역이나 군사보호시설 등의 제한구역이 있을 경우 개발이 불가능하기 때문이며, 농업진흥(보호)구역이나 보전임지로 되어 있을 경우에는 주택을 신축할 수 없기 때문이다.

1 용도 및 성격

　토지이용계획 확인서란 해당 토지의 용도에 대한 성격을 알려주는 확인서로서 그 토지를 어떻게 이용할 수 있고 또 어떠한 규제를 받는지에 대한 내용을 자세히 설명해 주고 있는 인허가 관청의 공인된 서류를 말한다. 따라서 거래하고자 하는 토지에 적용되는 규제여부를 확인하여 자신이 원하는 용도로 활용이 가능한지를 반드시 확인한 후 거래하여야 할 것이다.

2 확인서 기재내용

　토지이용계획 확인서의 기재내용은 크게 다음과 같은 3가지로 분류하여 표시한다.[1] 부동산거래를 하고자 하는 당사자는 이 확인서에 기재되어 있는 내용을 전문가적인 수준까지는 아니라도 거래대상인 부동산이 어떤 규제를 받고 있는지를 인식할 수 있을 정도는 알고 있어야 할 것이다.

　첫째, 당해 토지의 소재지와 지번, 지목, 면적과 같은 부동산의 상태를 표시하고 있다.

　둘째, 당해 시·군의 도시계획의 용도를 구체화하는 도시관리계획에 관한 내용으로 21개 용도지역 및 27개 지구, 4개 용도구역 그리고 개발계획수립의 여부, 도시계획시설, 지구단위계획구역, 기타 등의 내용을 표시하고 있다.

　셋째, 기타 계획으로 군사시설보호법, 농지법, 산림법, 자연공원법, 수도법, 하천법, 문화재관리법, 전원개발법 등의 용도지역에 관한 내용을 표시하고 있다.

3 도시관리계획 관련 기재내용

　도시관리계획의 기재내용은 시·군의 20년간의 장기적인 도시기본계획에서 도시의 발전계획공간의 용도를 구체화하는 계획으로서, 토지의 활용에 대한 용도를 표

1　국토의 계획 및 이용에 관한 법률 제36조 이하에서 규정하고 있다.

토지이용계획 확인서

토 지 이 용 계 획 확 인 서					처리기간 1일

신청인	성 명		주 소	우 (전화:)	

대상지	토지소재지			지 번	지 목	면적(㎡)
	시·군·구	읍·면	리·동		대	165.00

확인내용	1	도시관리계획	용 도 지 역	도시지역, 제2종일반주거지역[이하 공란]			
			용 도 지 구	해당없음			
			용 도 구 역	해당없음			
			도시계획시설	해당없음			
			지구단위계획구역	해당없음			
			기 타	개발밀도관리구역() 기반시설부담구역() 개발행위허가제한지역() 도시개발구역() 재개발구역() 도시계획입안사항()			
	2	군사시설	군사시설보호구역() 해군기지구역() 해당없음(●) 군용항공기지구역[비행안전구역()] 기지보호구역()	7	하 천	하천구역() 하천예정지() 연안구역() 댐건설예정지역() 해당없음(●)	
	3	농 지	농업진흥구역() 농업보호구역() 해당없음(●)	8	문 화 재	문화재() 문화재보호구역() 해당없음(●)	
	4	산 림	보전임지[생산()·공익()] 해당없음(●)	9	전원개발	전원개발사업구역[발전소()·변전소()] 전원개발사업예정구역() 해당없음(●)	
	5	자연공원	공원구역() 공원보호구역() 해당없음(●)	10	토지거래	허가구역() 해당없음(●)	
	6	수 도	상수원보호구역() 수질보전특별대책지역() 수변구역() 해당없음(●)	11	개발사업	택지개발예정지구() 해당없음(●) 산업단지[국가()·지방()·농공()]	
	12	기 타	해당없음				

국토의계획및이용에관한법률 제132조제1항의 규정에 의하여 귀하의 신청토지에 대한 현재의 토지이용계획사항을 위와 같이 확인합니다.

2005년 8월 12일

관 악 구 청 장

축척 1/1,200

수수료
관악구 1000원
2005년08월12일
SKA001
111903765

시하고 있다.[2]

"용도지역"은 도시지역(주거지역, 상업지역, 공업지역, 녹지역), 관리지역, 농림지역, 자연환경보전지역으로 나뉘며, "용도지구"는 경관지구, 미관지구, 고도지구, 방화지구, 방재

지구, 보존지구, 시설보호지구, 취락지구, 개발진흥지구, 특정용도제한지구로 나뉜다. 또한 "용도구역"은 개발제한 구역, 도시자연 공원구역, 시가화 조정구역, 수산자원 보호구역으로 나누어진다.

이 외에도 "지구단위계획구역"은 제1종 지구단위계획구역, 제2종 지구단위계획구역으로 표시하고, "기타사항"으로는 개발밀도 관리구역, 기반시설 부담구역, 개발행위 허가제한구역, 도시개발구역, 재개발구역, 도시계획 입안사항, 건축제한 지역으로 표시한다.

 ## II 토지대장과 임야대장

1 용도 및 성격

토지대장과 임야대장은 등기부등본과 차이가 있다. 즉, 등기부등본은 부동산에 관한 권리관계의 변동사항을 기재하는 공적장부로서 당사자가 법원에 신청함으로써 기재되는 반면에 토지대장이나 임야대장은 국가에서 과세를 목적으로 토지에 관한 사실상의 상황을 명확하게 하기 위해 시·군·구가 직접 등록하는 공적장부이다.

---

2 용도지역, 용도지구, 용도구역에 관하여는 토지의 종류에 관한 설명에서 이미 설명하였다.

2 대장의 기재내용

「토지대장」은 토지에 대한 기초사항이 기재된 공부로서 토지의 소재지, 면적, 토지 등급에 따른 개별공시지가, 소유자 및 인적사항이 기재된다. 「임야대장」은 토지대장 이후에 만들어진 장부로서 토지대장 및 지적도에 등재되지 않은 임야나 정부가 임야 대장에 등록할 필요가 있다고 인정한 토지를 등록하는 공부를 말하는 것으로서 임 야의 소재지, 면적, 임야등급, 개별공시지가, 소유자 등에 대한 사항이 기재된다.

3 대장확인 시 검토사항

토지대장과 임야대장의 지번은 구별해야 한다. 임야대장의 지번은 숫자 앞에 "산" 을 표기해서 토지대장의 지번과 혼동을 방지한다. 토지대장의 개별 공시지가는 취 득세, 등록세, 양도세 등 각종 세금의 산정기초가 된다.

한편 토지대장과 임야대장상 토지의 「사실상 상태」, 즉 면적이나 구조 등의 내용 이 등기부상의 기재내용과 일치하지 않는 경우 토지대장이나 임야대장의 내용이 기 준이 된다. 그러나 소유권을 비롯한 권리관계에 있어서는 등기부등본의 기재가 우 선하여 기준이 된다.

일반적으로 평지는 토지대장에 등록하지만, 수림지, 암석지, 자갈땅, 모래땅, 습지, 황무지, 간척지 등은 임야대장에 등록하게 된다. 그리고 토지의 면적은 지표면적으 로 파악하지만, 임야의 면적은 지표면적이 아닌 공중에서 내려다본 수평의 투영면 적으로 파악한다.

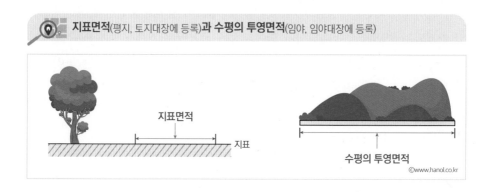

지표면적(평지, 토지대장에 등록)**과 수평의 투영면적**(임야, 임야대장에 등록)

지표면적

지표

수평의 투영면적

©www.hanol.co.kr

토지대장

고유번호	4794025027 - 10001 - 0000		**토지 대장**		도면번호	1	발급번호	20110604-0002-0001
토지소재	경상북도 울릉군 울릉읍 독도리				장 번 호	1-1	처리시각	00시 07분 12초
지 번	1	축 척	1:1000		비 고		작 성 자	인터넷민원

토지표시				소유자			
지목	면적(㎡)		사 유	변동일자	주소		
				변동원인	성명 또는 명칭		등록번호
(05)임야	3320		(72)2005년 09월 21일 축척변경 완료	1996년 11월 13일			
				(05)성명(명칭)변경	국(해양수산부)		275-******
			--- 이하 여백 ---	2008년 07월 11일			
				(05)성명(명칭)변경	국(국토해양부)		275-******
					--- 이하 여백 ---		

등급수정 년월일								
토지등급 (기준수확량등급)								
개별공시지가기준일	2007년 01월 01일	2008년 01월 01일	2009년 01월 01일	2010년 01월 01일	2011년 01월 01일			용도지역 등
개별공시지가(원/㎡)	329	391	432	453	484			

토지 대장에 의하여 작성한 열람본입니다.

2011년 06월 07일

경상북도 울릉군수

임야대장

고유번호	4165040022 - 20263 - 0000		**임야 대장**		도면번호	3	발급번호	20130826-0591-0001
토지소재	경기도 포천시 관인면 삼율리				장 번 호	1-1	처리시각	23시 44분 30초
지 번	산 263	축 척	1:6000		비 고		작 성 자	인터넷민원

토지표시				소유자			
지 목	면 적(㎡)		사 유	변동일자	주소		
				변동원인	성명 또는 명칭		등록번호
(05)임야	36198		(47)1963년 12월 09일 지적복구	1978년 12월 30일	176		
				(05)성명(명칭)변경	최광은 외 5인		570227-1******
(05)임야	36198		(50)2003년 10월 19일 포천군에서 행정구역명칭변경	1990년 09월 28일	176		
				(03)소유권이전	파주최씨좌랑공관인파종회		114149-3******
			--- 이하 여백 ---		--- 이하 여백 ---		

등급수정 년월일	1976. 07. 01. 수정	1984. 07. 01. 수정	1985. 07. 01. 수정	1989. 01. 01. 수정	1990. 01. 01. 수정			
토지등급 (기준수확량등급)	12	4	32	60	68			
개별공시지가기준일	2009년 01월 01일	2010년 01월 01일	2011년 01월 01일	2012년 01월 01일	2013년 01월 01일			용도지역 등
개별공시지가(원/㎡)	1610	1610	1610	1710	1810			

임야 대장에 의하여 작성한 열람본입니다.

2013년 08월 27일

경기도 포천시장

III   건축물 관리대장

1   의 의

건축물 관리대장은 건축물의 소재지, 번호, 종류, 구조, 면적, 소유자의 인적사항 등을 기재하여 건축물의 상황을 등록하는 공적장부이다. 건축물 관리대장은 과세의 기본이 되는 공부로서 시·군·구청에 비치되어 있다.[3]

2   대장확인 시 검토사항

건축물관리대장은 건축물의 상황을 표시하는 공적장부로서 건물에 관한 권리관계를 공시하는 등기부등본과 다르다. 건축물관리대장에 기재된 상태를 기초로 등기부에 등록하게 되므로 건축물의 상황에 변동이 생긴 경우(예컨대 증축) 건축물 대장을 먼저 변경한 후 등기를 변경하여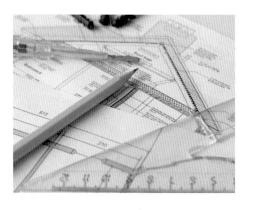야 한다. 그리고 등기부에 기재된 부동산의 표시가 건축물 대장과 일치하지 않는 경우 그 소유자는 부동산 표시의 변경등기를 반드시 먼저 해야만 다른 등기를 신청할 수 있다.[4] 그리고 미등기 건물에 대한 소유권보존등기를 하는 경우 건축물관리대장 등본을 제출해야만 등기를 할 수 있다.[5]

---

3   지방세법 제196조 및 동 시행규칙 제81조.

4   부동산등기법 제56조.

5   부동산등기법 제131조.

1/2

고유번호				접수번호	
2720010200-1-07020006		**일 반 건 축 물 대 장**		20110604 - 39994553	

대지위치	대구광역시 남구 봉덕동			지 번	702-6	명칭 및 번호	봉덕3동 주민센터	특이사항	
대지면적	620.4㎡	연면적	996.94㎡	지 역		지구		구 역	
건축면적	368.63㎡	용적률산정용 연면적	996.94㎡	주구조	철근콘크리트	주용도	제1종근린생활시설-지역 자치센터	층 수	지하 1층/지상 4층
건폐율	59.42%	용적률	160.69%	높이	17.6m	지붕	평스라브	부속건축물	

건 축 물 현 황						소 유 자 현 황			
구분	층별	구조	용도	면적(㎡)		성명(명칭) 주민등록번호 (부동산등기용등록번호)	주소	소유권 지분	변 동 일 자 변 동 원 인
주1	1층	철근콘크리트구조	지역자치센터-민원실	249.35		대구광역시 남구청장	대구광역시 남구 봉덕동 565-5	/	2010.10.15 소유자등록
주1	2층	철근콘크리트구조	지역자치센터-대회의실	324.6					
주1	3층	철근콘크리트구조	지역자치센터-주민체력단련실	286.58		대구광역시남구		1/1	2010.12.20 소유권보존
주1	4층	철근콘크리트구조	지역자치센터-예비군동대	136.41					
		- 이하여백 -				- 이하여백 - ※ 이 건축물대장은 현소유자만 표시한 것입니다.			

이 등(초)본은 건축물대장의 원본내용과 틀림없음을 증명합니다.
담당자 : 민원정보과   전화번호 : 053 - 664 - 2314
2011년 06월 04일

대구광역시 남구청장

IV 지적도

1 종 류

지적도는 토지의 경계와 위치를 표시하기 위해 각 필지마다 경계선과 지목을 기재한 평면도를 말한다. 임야도는 토지가 임야(산)일 때 지적도 대신 발급받는 서류이다. 또한 도시계획확인 도면은 해당 토지에 대한 도시계획이 어떻게 이루어지는지를 표시한 도면을 말한다.

2 대장상 기재내용

1) 지적도

지적도는 해당 토지의 행정구역과 소재지, 지번, 경계선, 지목, 축척 등을 수록하고 토지의 형상이나 위치, 접면, 도로폭 등을 기재한다.

2) 임야도

임야도는 해당 임야의 소재지, 지번, 경계, 지목, 축척 등을 기재한다.

3) 지적도의 작성

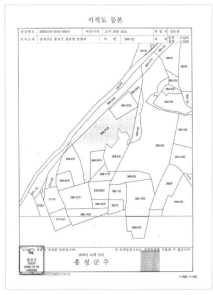

지적도

지적도는 국내에서는 '지적공사'라는 기관에서 측량한 도면으로 지적경계를 확인할 수 있는 장부로서 실제토지의 현황과 지적도의 상황이 불일치할 경우 반드시 지적공사를 통하여 측량할 필요가 있다. 지적도에 표시된 지목은 토지의 주된 목적이나 용도에 따라 「공간정보의 구축 및 관리 등에 관한 법률」 시행령 제58조에서 규정한 토지의 지목은 총 28종이다.[6]

3 대장확인 시 검토사항

지적도에는 지목이 명기되어 있으며 토지의 모양을 알 수 있어 당해 토지의 이용과 관련하여 반드시 지적도를 확인해야 한다. 주변에 도로가 없는 토지는 맹지로서 주의해야 하고 당해 맹지의 이용을 위한 진입로가 타인의 토지라면 사전에 통행허가를 받아야 맹지의 사용을 위한 인허가가 가능함에 유의하여야 한다. 그리고 지적도는 축척 비율에 따라 실제거리와 지적도상의 길이에 주의하여야 한다.[7]

---

6   이에 관한 설명은 부동산 개념에서 전술하였다.

7   한편 임야 개발 시 경사도가 15도가 넘어가면 개발허가가 어려워지고 개발비용도 급격하게 증가한다고 한다.

Ⅴ 공시지가 확인서

'공시지가'란 공적기관에서 '공시한 토지가격'을 말한다. 공시지가에는 '표준지공시지가'와 '개별공시지가'가 있다. 공시지가 확인서는 관할 동사무소에서 발급받을 수 있다.

1 표준지공시지가

표준지공시지가라 함은 "건설교통부장관이 조사, 평가하여 공시한 표준지의 단위면적당 가격"을 말한다.[8] 표준지공시지가는 건설교통부장관이 결정·공고한다. 그런데 표준지공시지가는 어떤 지역 안에 있는 개별 토지를 전부 다 평가하는 것은 아니고 그 지역 안에 있는 토지 중 표준적인 토지(표준지)를 선정하여 그에 대한 가격을 평가하여 공시하는 것이다.

표준지공시지가는 개별토지평가의 기준이 된다. 표준지공시지가를 기준으로 개별토지의 공시지가(개별공시지가)를 산출한다. 즉, 표준지의 공시지가를 토대로 해서 그 주변에 있는 다른 토지들의 가격을 결정한다.

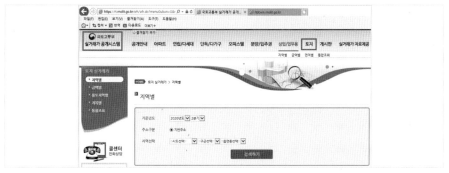

토지 실거래가 확인방법: 국토교통부 실거래가 공개시스템(https://rt.molit.go.kr)

---

8   부동산가격공시 및 감정평가에 관한 법률 제2조.

2 개별공시지가

개별공시지가란 "개별토지의 단위면적당 가격"을 말한다. 개별공시지가는 시장·군수·구청장이 결정하여 고시한다. 참고로 과거에는 부동산에 대한 각종 세금이 개별공시지가를 기준으로 하여 부과되었다. 그런데 2007년부터는 부동산에 관한 세금이 실거래가액을 기준으로 부과된다. "실거래가액"이란 매도자와 매수자가 그 토지를 거래하면서 실제로 주고받은 금액을 말한다.

공시지가 확인서

[별지 제4호의7서식]<개정 96 · 8 · 2>

개별공시지가 확인서

처리기간	
즉 시	

신청인	성 명 (법 인)		주민등록번호 (사업자등록번호)	
	주 소		(전화번호 :)	

용 도	

신청대상토지			확인내용	
가격기준 연도 (기준일)	토지소재지	지 번	개별공시지가 (원/㎡)	비 고

지가공시및토지등의평가에관한법률시행규칙 제4조의6의 규정에 의하여 귀하의 신청에 대한 개별공시지가를 위와 같이 확인합니다	수수료 시 · 군 · 구의 조례에 의함.

년 월 일

시장 · 군수 · 구청장 ㊞

30301-17711민
96.4.12 제정

210mm×297mm
(신문용지 54g/㎡)

부동산거래
입문

제6강

부동산
권리의 파악

부동산거래 입문

제6강

부동산 권리의 파악

 I **권리파악의 필요성과 종류**

1 권리파악의 필요성과 대상

부동산의 권리파악은 현재 외관상 부동산의 소유자로 보이는 자가 진정한 소유자인지의 여부를 확인하고 소유권자에게서 권리를 부여받았다는 제한물권자가 실제 정당한 권리자인지의 여부를 판단하기 위해 필요하다. 특히나 등기된 사항에 대해 공신력을 부정하고 있고 다만 추정력만 부여되고 있기 때문에, 등기부상 소유자를 진정한 소유자라고 믿고 부동산을 매수하거나 임차했는데 진정한 권리자라고 주장하는 자가 나타나 소송을 통해 승소하게 되면 등기를 믿고 매수한 자나 임차한 자는 자신의 소유권이나 임차권을 잃게 된다. 최근에는 사기나 위조된 등기사항 관련 서류를 이용한 경제범죄가 지속적으로 일어나고 있고, 범죄수법이 날로 교묘해지는 현실을 감안할 때, 한순간의 방심으로 자신의 큰 재산을 잃을 위험이 항상 도사리고 있다고 할 수 있다.

이러한 불법적인 범죄의 대상이 아니더라도 특정 부동산을 임차하기 위해 보증금을 결정할 때, 당해 부동산에 자신보다 앞선 물권자나 대항력을 갖춘 임차인의 현황을 파악해 보아야 할 필요도 있다. 예컨대 시가 2억 5천만 원인 아파트를 임차하고자 하는데 건물주인이 이미 은행에서 1억 5천만 원을 대출받아 저당권이 설정되어 있다면, 나머지 1억 원 이하로 보증금을 지급해야 자신의 보증금을 잃을 염려가 없을 것이다.

　이처럼 부동산거래에 있어서 당해 부동산에 관련된 권리상태가 어떻게 되어 있으며, 그 부동산을 거래하다가 발생될 수 있는 위험을 미리 파악해 보고, 최악의 상황에 빠질 경우 본인에게 미칠 위험을 최소한으로 줄일 수 있는 방안을 미리 마련하는 지혜가 필요한 것이다. 위험도에 따라 극단적인 경우에는 거래자체를 시작하지 않는 것이 현명한 상황일 수도 있다. 즉, 부동산거래에 있어서 위험을 최소한으로 줄이고 새로운 위험발생을 사전에 차단하기 위해서는 거래에 앞서 충분한 권리분석이 필수인 것이다.

2　부동산 권리의 종류

　부동산 관련 권리는 등기부등본에 기재되어 있는지 여부에 따라 공시된 권리(외부로 알려진 권리)와 미공시 권리(숨어 있는 권리)로 편의상 구분하여 살펴본다. 공시되는 권리는 등기되어야 효력이 발생하는 권리와 관련된 권리들이고, 미공시 권리는 등기되지 않아도 권리의 주장이 가능한 권리를 말한다. 특히 등기되지 않아도 당사자가 권리를 주장할 수 있는 경우에 대한 파악이 실무상 어렵고 부동산거래 시 불측의 위험이 발생하는 영역의 대부분이 이들 권리와 관련되어 있다고 해도 과언이 아니다.

　외부로 알려진 권리의 파악

　부동산에 관한 권리로서 등기된 경우에는 당해 등기를 발급받아 파악해 보면 쉽게 외부에서 그 권리의 존재를 인식할 수 있다.

　등기의 우선순위는 등기용지 중 갑구나 을구의 같은 구 내에서의 권리는 등기의 순위번호에 따라 선후의 우선순위가 결정되지만, 다른 구 사이의 권리는 접수번호에 의해 결정된다.

1 갑구에 기재되는 권리

갑구에는 소유권 및 소유권에 관한 보존·이전에 관한 사항이 기재되며 또한 소유권에 관한 가등기·가압류·가처분 등기 그리고 소유권의 경매에 관한 등기 등이 기재된다.

1) 소유권 및 가등기

"소유권"은 법률의 범위 내에서 소유자가 부동산을 사용·수익·처분할 수 있는 권리이다. 그리고 "소유권이전 가등기"는 장차 소유권이전 등기의 순위를 보전하기 위해 미리 해두는 등기를 말한다. 가등기 후에 본등기를 하면 본등기의 순위가 가등기를 한 시점으로 소급되므로 가등기 이후 본등기 시까지 사이에 이루어진 다른 등기보다 권리의 순서가 우선하게 된다. 가등기에는 순수한 순위보전을 위한 가등기가 대부분이지만 채무의 담보를 위한 방편으로 사용되는 가등기도 가능하다.

> **가등기 기한 본등기의 순위소급**
>
> 순위소급
>
> 소유권 등기 　 가등기 　 가압류 가처분 근저당 소유권이전 → 직권말소 　 본등기
>
> ©www.hanol.co.kr

과거 채무담보를 위한 소유권이전 가등기가 악용된 적이 있었다. 채권자들이 폭리를 취하는 편법적 수단으로 가등기담보가 이용되는 것을 규제하기 위해 「가등기담보 등에 관한 법률」이 제정되었다. 동법에 의하면 채무액을 초과하는 담보물을 가등기담보의 대상으로 할 경우 일정한 정산절차(청산절차)를 밟아서 담보물의 소유관계를 정리하도록 규정하고 있다.

가등기가 되어 있는 부동산을 거래하고자 하는 사람은 그것이 순수한 순위보전을 위한 가등기인지 담보적 기능을 하는 가등기인지를 명확히 하여 거래 후 불이익을 사전에 차단할 필요가 있다.

2) 가압류와 가처분

"가압류(假押留)"란 금전 또는 금전으로 환산할 수 있는 청구권을 그대로 두면 장차 강제집행이 불가능·곤란하게 될 경우 미리 채무자의 재산을 압류하여 그 변경을 금지함으로써 장래의 강제집행을 대비하는 절차를 말한다. "가처분"이란 금전채권 이외의 특정물의 급여·인도를 목적으로 하는 청구권에 대한 집행을 보전하기 위하여 또는 다툼이 있는 권리관계에 대하여 임시의 지위를 정하기 위해 법원이 행하는 일시적인 명령을 말한다.

양자의 공통점은 제소전 절차의 성격을 기지며 재판은 문서재판과 긴급재판(원·피고의 변론 없이 하는 재판)으로 진행한다는 점이다.[1] 양자의 차이점은 다음과 같다. 가압류는 금전채권을 보전하기 위한 절차로서 채무자의 재산에 대한 강제집행을 보전하기 위해(대비해서) 채무자의 재산을 임시로 압류하는 법원의 처분을 말한다. 즉, 가압류가 된 재산에 대해서는 채무자의 소유권 행사가 제한을 받게 된다. 가처분은 금전 이외의 권리를 보전하기 위해 소송적 해결이나 강제집행이 가능할 때까지 잠정적으로 행하는 처분이다. 특히 부동산과 관련하여서는 처분금지가처분과 점유이전금지 가처분 등이 많이 사용된다.

가압류나 가처분의 등기가 존재하는 부동산을 목적으로 거래하고자 하는 자는 그 원인관계를 명확히 파악하고 거래 후 자신이 복잡한 법률관계에 휩쓸리지 않도록 사전에 차단하거나 거래 자체를 중단하여야 한다.

3) 경매기입등기

경매기입등기의 원인은 강제경매와 임의경매가 있다. 경매개시결정이 있으면 법원은 즉시 경매목적부동산의 압류를 명하여 등기소에 경매기입등기(등기부 갑구에 "강제경

---

1   최근 채권자의 가처분과 가압류의 남발로 채무자의 변론을 듣고 내용을 확인한 후 인정 여부를 결정하는 경우가 많아졌다.

매" 또는 "임의경매"로 표기)를 촉탁하고 채무자 및 부동산소유자에게 경매개시결정문을 송달한다.

"강제경매"는 채권자가 채무자에게 빌려준 돈을 받기 위해 집행권원(=채무명의)에 의한 강제집행을 신청함으로써 진행되는 경매이다. 강제경매는 저당권 등 담보물권을 가지지 못한 일반채권자가 법원의 판결[2] 등을 받아 진행하는 경매라고 말할 수 있다.

"임의경매"는 채무자가 돈을 빌리면서 담보(저당권 등)로 제공한 부동산을 법원에 강제집행을 의뢰하여 낙찰대금에서 채권회수를 위해 담보권을 행사하여 진행되는 경매이다. 즉, 임의경매는 채권자가 저당권 등 담보물권을 가진 경우 담보물권을 실행하여 경매를 통해 현금화하여 자신의 채권을 회수하는 것이다.[3]

2 을구에 기재되는 권리

1) 물권

을구에 등기되는 권리는 소유권 이외의 물권으로는 저당권(근저당권 포함), 전세권(채권적 전세가 아니다), 지상권, 지역권, 권리질권 등이 있다. 이 권리들의 설정·이전·변경·말소의 등기가 이루어지는 것이 을구이다.

부동산 거래 시 이러한 등기가 이루어져 있다면, 거래 후에 이러한 권리의 제한을 받는 권리를 취득하게 됨을 인식하여야 한다. 예컨대 저당권이 설정되어 있는 부동산을 구입했다면 그 저당권의 제한을 받는 소유권을 취득한 것이다.

---

2   집행권원에는 판결, 공증, 인낙조서(주로 사기와 결부), 화해조서(당사자 간 합의), 조정조서(판사와 당사자 간 합의) 등이 있다.

3   두 경매의 차이점을 살펴보면 ① "집행권원(채무명의)의 필요"여부에서 차이가 있다. 즉, 「강제집행」에 있어서는 집행권원이 필요하며 또한 집행권원의 정본에 집행문을 부여받아야만 강제집행을 신청할 수 있다. 하지만 「임의경매」는 집행권원을 요구하지 않으며 다만 담보권의 존재를 증명하는 서류와 채권이 존재하는 서류만 내면 된다. 그래서 임의경매는 집행권원에 의해서 경매가 이루지는 경매절차가 아니므로 집행권원의 유무를 따지는 청구이의의 소를 제기할 수 없고 채무부존재확인의 소나 저당권말소등기청구의 소를 제기하여 따지게 된다. 그리고 ② "공신력의 효력"유무에서도 차이가 있다. 「강제경매」는 경매절차가 정상적으로 진행되어서 낙찰자가 매각대금을 완납하면 낙찰자에게 소유권이 넘어가고 경매대상부동산의 원 소유자는 다른 방법으로 권리를 구제받아야 한다. 그래서 강제경매는 일단 유효하게 경매절차가 완료된 경우 훗날 그 집행권원에 표상된 실제상의 청구권이 당초부터 부존재 또는 무효라든가 경매절차 완결 시까지 변제 등의 사유로 인해 소멸되거나 재심으로 집행권원이 폐기된 경우라 하더라도 경매절차가 유효한 한 매수인이 유효하게 목적물의 소유권을 취득할 수 있다. 하지만 「임의경매」의 경우에는 경매절차가 정상적으로 진행되어 낙찰자가 대금을 완납하더라도 경매개시결정 전부터 담보권의 부존재 또는 무효였다면 낙찰자가 대금을 완납하더라도 소유권을 취득할 수 없는 경우가 있다.

2) 등기된 임차권

임차권은 채권으로, 기본적으로 등기를 요건으로 하지 않지만 임대인의 동의를 얻어 등기한 경우 물권과 같은 대등한 대항력을 갖게 된다(임차권의 물권화). 즉 물권에서와 같은 우선적 효력을 갖고 여타의 물권과 우열을 다투게 된다.

 ## Ⅲ 숨어 있는 권리의 파악

등기부등본에 등기되지 않아도 권리행사가 가능하거나 등기 자체가 불가능하거나(점유권·유치권), 등기와 다른 요건을 갖춘 경우 등기된 것과 동등한 효력을 갖는 권리(취득시효)에 대해서는 실제 권리 자체와 권리자를 찾아 그에 대비하기가 쉽지 않다. 부동산을 취득하거나 빌리려는 사람은 당해 부동산에 숨어 있는 "보이지 않는 권리"를 철저하게 파악하지 못하면 최악의 경우 부동산의 거래 목적을 달성할 수 없는 상황에 처할 수도 있다.

1 점유권

점유권이란 물건에 대한 사실상 지배상태에 일정한 법률적 지위를 부여하는 권리로서 물건을 사실상 지배하고 있는 상태에 주어지는 권리이다. 이러한 점유를 정당화시켜 주는 법률상의 권리가 존재하느냐를 묻지 않고 사실적 지배상태를 보호하는 것이 점유제도이다. 예컨대 부동산을 점유하고 있다면 그 부동산의 소유자로서 점유하는 경우이든(소유자로서 점유), 빌려서 점유하는 경우이든(임차인으로서 점유), 타인의 보관을 부탁받아 점유하는 경우이든(수치인으로서 점유) 혹은 훔치거나 정당한 권원 없이 점유하는 경우이든(불법점유) 그 원인을 묻지 않고 점유권을 인정한다. 이는 점유권이 거래의 안전을 위한 제도이기 때문이다. 즉, 일단 그 원인을 불문하고 점유권을 인정하고 그 점유권에 정당한 원인이 있느냐 없느냐는 차후의 문제로서 다루게 된다.

점유권은 등기하지 않아도 권리행사가 가능하므로 부동산을 거래하고자 하는 사람은 거래의 상대방이 직접 부동산을 점유하고 있지 않은 상태라면 당해 거래에 신중을 기해야 한다. ⓐ 우선 그 점유자를 배제하기 위해서 "보상이 필요한지를 파악"하여야 한다. 소유자와 대등한 관계인 계약관계를 통하여 형성된 점유권이라면 보상금을 지급하여야 점유를 이전받을 수 있지만, 불법점유나 대항력이 없는 임차의 경우는 보상금 지급 없이도 점유이전을 청구(명도소송)할 수 있다.

ⓑ (전술한 점유의 효과로 나타나는) 취득시효가 인정되기 위해서는 우선 점유자가 점유취득의 요건을 갖추었는지의 여부를 파악하여야 한다. 그런데 부동산거래에서 등기부취득시효는 등기부에 등기되어 있으므로 파악하기가 쉽지만, 점유취득시효는 등기되어 있지 않으므로 취득시효 완성여부에 대한 파악이 용이하지 않다. 부동산거래시 취득시효의 요건을 충족한 점유자가 있다면 그 점유자를 배제시키고 점유를 이전받기는 불가능해진다.

2 유치권

유치권은 소유자의 의사와 무관하게 성립하고 법률요건이 완성되면 자동적으로 성립되는 법정담보물권이다. 유치권이 존재하는 부동산을 거래하고자 하는 사람은 그 유치권의 원인이 되는 법률관계가 해결되기 전에는 거래를 중단하는 것이 좋다. 실제 유치권 행사로 국민 경제적·법률적 문제가 많이 발생한다.[4]

유치권은 부동산과 일정한 법률관계(견련관계)가 있어야 성립할 수 있다. 즉, 부동산 공사비청구(대부분의 유치권발생원인이 된다), 수선비청구(인테리어 공사비), 비용(부동산 관리에 필요한 비용) 상환청구, 매매대금 미지급 등과 같이 거래 목적인 부동산과 관련성이 있어야 한다. 그리고 부동산은 불법점유가 아니어야 하고, 유치권자가 지배권을 유지하고 있어야 한다.

동산유치권은 유치권자가 동산을 직접 지배하여 점유하고 있기 때문에 제3자가

---

4   최진배 외 8인, 「알기 쉬운 부동산」, 경성대학교 출판부, 2014년, 79-80면 참조. 유치권은 20세기 "법학의 실수"라고 할 수 있다고 한다. 그만큼 유치권이 사회에 미치는 경제적·법률적 악영향이 많다는 뜻일 것이다.

불측의 손해를 입을 위험이 적다. 반면 부동산유치권은 유치권자가 직접 지배하고 있기는 하지만 직접 점유하고 있을 필요도 없고 또 등기될 수도 없어 외부의 제3자가 불측의 피해를 볼 위험이 매우 크다.

3 특수지역권

특수지역권이란 어느 지역의 주민이 집합체의 관계로 각자가 타인의 토지에 초목·야생물 및 토사의 채취·방목 기타의 수익을 하는 권리를 말한다.[5] 이 권리는 중세 이후 성문법이 아닌 관습법·판례 등에서 인정되는 권리로서 등기할 필요도 없이 인정되는 권리이다. 특수지역권이 성립되면 토지소유자라도 그 특수지역권에 따르는 금전적 보상을 해주어야 그 토지를 자기 의도대로 사용할 수 있다.

4 분묘기지권

타인의 토지에 분묘를 설치한 자가 그 분묘를 지키고 봉양할 수 있는 권리를 등기 없이도 자동적으로 취득하게 되는데 이를 관습법상 분묘기지권(慣習法上의 墳墓基地權)이라고 한다. 분묘기지권은 관습법에 의해 형성되어 존속기한도 없어서 분묘가 존속하는 동안 지속적으로 유지되어 해당 토지의 소유권이나 사용권이 배제되는 권리이다.

타인의 토지 위에 승낙을 받아 설치한 경우에는 설치 즉시 분묘기지권이 성립한다. 한편 과거에는 타인의 토지에 허락 없이 분묘를 설치하더라도 20년간 평온·공연하게 점유한 경우에도 시효취득으로 인한 분묘기지권이 성립하였지만, 2001년 1월 「장사 등에 관한 법률」이 제정되면서 허락 없는 분묘기지권은 인정되지 않고 있다.[6] 한편 자기 토지 위에 분묘를 설치한 후 이장하겠다는 특약 없이 토지를 타인에게 양도한 경우 매도인의 하자담보책임과는 별개로 분묘기지권이 성립한다.[7]

---

5   민법 제302조.

6   장사 등에 관한 법률 제27조.

7   대법원 1967. 10. 12. 선고 67다1920 판결 등 참조.

5 법정지상권

토지와 그 토지 위의 건물·입목이 동일한 소유자의 소유에 속한 상태에서 일정한 원인으로 인해[8] 토지와 건물·입목의 소유가 분리된 때에는 토지 위의 건물·입목의 소유권자는 토지에 대한 법정지상권을 갖게 된다. 물론 법정지상권이 성립하게 되면 존속기간이나 지료는 당사자의 합의나 재판(판결)에 의해 결정된다.

법정지상권은 등기 없이도 인정되는 권리이므로 당해 토지의 취득자는 그러한 제한을 받는 권리를 취득하게 되는 것이다.

6 대항력 갖춘 임차권

임차권은 원칙적으로 채권이므로 등기하지 못하므로 물권처럼 대항력을 갖지 못한다. 다만 임대인의 동의를 얻은 경우는 등기가 가능하지만 임대인의 동의를 얻는 것이 쉬운 일이 아니다. 그러나 사회적 약자를 보호한다는 취지에서 1984년 주택임대차보호법, 2002년 상가건물임대차보호법이 시행되면서 일정한 요건(건물의 인도와 주민등록·사업자등록의 이전 그리고 확정일자)을 갖춘 경우 등기하지 않아도 대항력과 우선변제력을 가지게 되어 물권과 같은 효력을 발휘할 수 있도록 하였다.[9] 사회적 약자인 임차인과 영세상인을 보호하기 위해 마련된 임대차보호법들은 보증금의 일정 한도 내에서 채권인 임차권이 물권화하는 것을 인정한 것으로 부동산 관련 거래 시 권리분석에 있어서 반드시 확인해야 할 내용들이다.

---

8 그 원인에는 전세권을 설정한 후 토지 소유자가 변경된 경우, 가등기가 실행된 경우, 입목법상 경매가 진행된 경우, 법정지상권 배제 특약 없이 매각한 경우 등이 있다.

9 2014년 이후 주택임대차보호법과 상가건물임대차보호법에서 위와 같은 대항요건과 우선변제요건을 갖춘 임대차 관련 정보를 파악하는 방법을 마련하고 있는 것이 사실이다. 그 내용과 문제점은 임대차보호법에서 항을 바꾸어 파악해보고자 한다.

부동산거래
입문

제7강

부동산
계약과 거래제한

제7강

부동산 계약과 거래제한

 I 계약의 유형과 분류

1 전형계약·비전형계약

1) 전형계약

민법 제3편 제3장에 규정되어 있는 계약을 「전형계약」이라 하고, 그 밖의 계약을 '비전형계약'이라고 한다. 전형계약이 법률적으로 특별한 의미가 있는 것은 아니고, 거래계에서 빈번하게 발생하기 때문에 법이 그 유형을 정형화한 것으로[1] 법률상 각각 특별한 이름이 붙여져 있다고 해서 이를 「유명계약」이라고도 부른다.

2) 비전형계약

「비전형계약」은 민법에서 규정되지 않았으나 산업구조 변화 등으로 실무에서 많이 행하여지고 있는 새로운 계약유형을 의미하며[2] 법률상 그러한 특별한 이름이 없다고 해서 '무명계약'이라고도 일컫는다. 신종 계약은 일상의 활동이나 거래의 생활 사실과 영역에 기초하여 발생하고 있으며, 신종 계약유형의 증가는 각 생활영역의 특수성에 맞는 독자적인 이익형량 및 개념표지설정의 필요성을 증가시킨다고 할 수

---

1   민법상 규정된 전형계약은 증여, 매매, 교환, 소비대차, 사용대차, 임대차, 위임, 임치, 도급, 고용, 조합, 종신정기금, 화해, 여행, 현상광고, 여행계약 등이다.

2   비전형계약의 예로는 예금계약, 의료계약, 리스계약, 중개계약, 리스, 팩토링, 프랜차이징, 노하우 계약 등이 있다.

있다. 흔히, 계약을 체결하고 계약서를 작성할 때 계약의 명칭을 붙이는데, 이때 민법이 규정한 전형계약 명칭대로 정확히 명칭을 붙이지 않아도 계약의 성립에는 아무런 지장이 없다.

3) 혼합계약

어떤 전형계약에 속하는 사항과 어느 전형계약에도 속하지 않는 사항이 혼합되어서 계약의 내용을 이루고 있는 경우가 「혼합계약」이다. 예컨대 가정교사로서 일하면서(고용) 그 대가로서 방을 사용하는(임대차) 계약(전형계약과 전형계약의 혼합)이나 손님으로부터 팁을 받을 수 있는 기회를 주는 대가로서 일정한 노무를 제공(접대 또는 봉사)하는 계약(전형계약과 비전형계약의 혼합)과 같은 경우가 이에 해당한다.

2 쌍무계약·편무계약

1) 쌍무계약

계약의 각 당사자가 서로 대가적 의미를 가지는 채무를 부담하는 계약이 쌍무계약이다. 바꾸어 말하면 각 당사자가 상대방으로 하여금 일정한 급부를 할 것을 약속하게 함과 동시에, 자기도 그 대가로서 교환적으로 급부할 것을 약속하는 계약이다. 전형계약 가운데서 매매, 교환, 임대차, 고용, 도급 등이 대표적인 쌍무계약이다.[3]

그러나 쌍방이 부담하는 채무가 대가적 의미를 갖는 것이면 충분하고 그 채무 내용인 급부가 객관적·경제적으로 동등한 가치를 가져야 하는 것은 아니다. 서로의 급부가 의존관계를 갖고 있어야 하므로 쌍방의 채무부담이 교환적 원인관계에 있는 것을 가리킨다.

---

3   또한 소비대차, 위임, 임치도 유상(有償)인 때에는 역시 쌍무계약이다.

2) 편무계약

당사자 일방만이 채무를 부담하거나 또는 쌍방이 채무를 부담하더라도 채무가 서로 대가적 의미를 갖지 않는 계약을 「편무계약」이라고 한다. 전형계약 가운데서 증여, 사용대차가 이에 속한다.[4]

3) 구별실익

앞에서 본 바와 같이 쌍무계약과 편무계약의 차이는 있지만, 계약을 체결하면서 당사자는 자신이 맺은 계약이 '편무계약'인지 '쌍무계약'인지 그 의미를 명확히 이해하면서 계약을 체결할 필요는 없다. 다만 그 구별실익은 동시이행의 항변권(제536조), 위험부담(제537조·제538조) 등이 쌍무계약에만 적용된다는 점이다.

3 유상계약·무상계약

1) 유상계약

유상계약은 계약당사자가 서로 대가적 의미 있는 「재산상의 출연(出捐: 재산을 내어놓음)」을 하는 계약이다. 이러한 재산상 출연의 상호의존관계는 각 당사자가 서로 채무를 부담하는 쌍무계약에 있어서는 필연적으로 있게 된다. 즉, 쌍무계약은 모두 유상계약이다.

민법의 전형계약 가운데서 매매, 교환, 임대차, 고용, 도급 등은 유상계약이다.

2) 무상계약

무상계약은 계약당사자의 일방만이 급부를 할 뿐이라든가 쌍방 당사자가 급부를 하더라도 그 급부 사이에 대가적 의미 있는 의존관계가 없는 계약이다. 예컨대, 증여·사용대차는 무상계약이다.[5]

---

4 그리고 소비대차, 위임, 임치도 무상인 때에는 편무계약이다.

5 또한 소비대차·위임·임치·종신정기금은 대상자에 의하여 유상 또는 무상계약이 될 수 있다.

주의할 것은, 부담부 증여에 있어서는 수증자도 재산상의 출연을 하게 되나, 그것은 증여자의 재산상의 출연과 「대등」한 입장에서 하는 재산상의 출연은 아니므로 역시 무상계약이다.[6] 구별실익은 민법상 유상계약에 관하여는 매매에 관한 규정이 준용된다는 점이다.

3) 유상계약·무상계약과 쌍무계약·편무계약 관계

쌍무계약은 모두 유상계약이다. 한편 모든 유상계약이 쌍무계약은 아니다.[7] 그러나 우리 생활에서 일반적으로 접할 수 있는 대부분의 계약은 유상계약일 때 쌍무계약이고, 무상계약일 때 편무계약으로 이해하면 무방하다.

4 낙성계약·요물계약

1) 낙성계약

계약은 당사자의 합의만으로 성립하느냐 또는 그 밖에 특별한 법률사실이 있어야만 성립하느냐에 의하여 낙성계약, 요물계약으로 구별된다. 「낙성계약」은 당사자의 합의만으로 성립하는 계약이다. 민법상으로 전형계약은 현상광고를 제외하고는 모두 낙성계약에 속한다.

2) 요물계약

「요물계약」은 당사자의 합의 이외에 당사자의 일방이 물건의 인도나 기타의 급부를 하여야만 성립하는 계약이다. 「실천계약」이라고도 부른다. 민법의 전형계약 중 요물계약이라고 할 수 있는 것은 현상광고뿐이다. 즉, 응모자가 특정의 행위를 완료함으로써 승낙한 것이 되고 계약은 성립하므로 요물계약이라고 할 수 있다(민법 제675조).

---

6   그러나 완전히 무상은 아니므로 부담의 한도에서 부담책임에 관한 규정이 준용된다(민법 제559조 제2항).

7   예컨대, 편무계약에 있어서도 계약의 성립 시에 출연이 행하여지는 경우(즉, 요물계약인 때) 역시 재산상의 출연인 급부는 대가적 의미를 가지고 의존관계에 서게 되므로 유상계약이 될 수 있다.

역사적으로는 요물계약이 낙성계약에 선행하였지만 계약자유의 원칙을 취하고 있는 현대법에서는 낙성계약이 주류를 이루고 있다.

5 계속적 계약·일시적 계약

민법은 「계속적 계약」이라는 유형을 특별히 규정하고 있지는 않다. 그러나 계속적 계약관계에는 여러 특질이 있고, 또한 이를 둘러싸고 여러 가지 법률문제가 제기되므로 「계속적 계약」과 「일시적 계약」을 구별하는 것은 의미가 있다. 이 분류는 급부가 '어떤 시점에서' 이루어지느냐, 또는 '어떤 시간 동안' 계속해서 이루어지느냐에 있다. 즉, 급부의 실현이 "시간적 계속성"을 갖느냐의 여부를 표준으로 하는 구별이다.

채무가 "특정 시점"에서 급부를 이행하는 것을 목적으로 하는 계약을 「일시적 계약관계」라고 하고 그 계약관계는 이행기가 도래한 때에는 이행되어야 하며 그 이행으로 소멸한다. 이에 반하여 「계속적 계약관계」에 있어서는 "일정한 기간" 동안 급부를 이행하는 것을 목적으로 하는 계약이다. 계속적 계약관계에 있어서는 이행기가 도래하여 이행함으로써 계약관계가 종료하는 것이 아니라 그 기간 내내 계약관계가 지속되어 기간이 경과되어야 계약관계가 소멸하게 된다. 민법의 전형계약 중 소비대차, 사용대차, 임대차, 고용, 위임, 임치 등이 계속적 계약에 속한다.[8]

6 계속적 공급계약과 분할공급계약

1) 계속적 공급계약

일정한 기간을 정하여 또는 일정한 정함이 없는 기간 동안(예컨대, 수요가 있는 동안) 종

---

8   그러나 급부의 계속성이란 상대적 개념이다. 예컨대, 임대차, 사용대차에서 책을 1일 대차한다든가, 5시간 동안 노무를 제공하는 고용계약을 맺었다든가 하는 경우에는 이를 계속적 채권관계로서 특별히 다루어야 할 필요는 없을 것이다. 반면에 증여라고 해서 언제나 일시적 채권관계가 성립할 뿐이라고 할 수도 없다. 정기증여(민법 제560조)라는 것이 있기 때문이다. 결국, 계속적 채권관계냐 아니냐는 그때그때 체결된 계약이 계속적 채권관계로서의 특질을 갖추고 있느냐를 구체적으로 검토할 필요가 있다.

류로서 정하여지는 가스, 물, 전기 등을 일정한 대가를 받고서 계속적으로 공급할 것을 약정하는 때에 성립하는 계약이 「계속적 공급계약」이다. 이는 여러 가지 점에서 일시적 계약관계인 보통의 매매와는 다르고 계속적 계약관계로서의 특질을 가진다고 본다. 계속적 공급계약과 구별하여야 할 것에 "분할공급계약"과 회귀적 급부를 내용으로 하는 "회귀적 채권관계"가 있다.

2) 분할공급계약

「분할공급계약」은 예컨대 자동차 수리를 위한 부품 1만 개의 매매에 있어서 매월 1천 개씩 10개월 동안 공급하기로 약정하는 것과 같이 매매목적물의 분량은 처음부터 확정되어 있고 일정량의 물품을 일정기간 동안 각각 나누어 공급하기로 하는 계약을 말한다. 이는 하나의 매매계약이고 그 이행방법이 특수할 뿐이므로 분할공급계약은 계속적 계약관계도 아니며 회귀적 계약관계도 아니다.

3) 회귀적 공급계약

회귀적 공급계약, 예컨대 사무실에 매주 월요일마다 정수기 물을 5통 공급받는 것과 같이 일정한 시기(매일 또는 매주 등)에 반복적으로 급부할 것을 내용으로 하는 계약을 '회귀적 공급계약'이라 한다. 이는 일종의 계속적 공급계약이라고 보아야 할 것이다.

7 예약과 본계약

「예약」은 장차 체결할지도 모를 계약, 즉 본계약을 위하여 미리 상대방을 구속해둘 필요가 있는 경우에 행하여지며, 이 예약에 의하여 상대방은 본계약을 맺을 의무를 부담하게 된다.[9]

---

9   이에 관하여는 자세히 후설한다.

Ⅱ 부동산거래의 제한

1 계약자유의 원칙

당사자가 자유롭게 선택한 상대방과 법률관계의 내용을 자유롭게 합의하고, 법이 그 합의를 법적 구속력 있는 것으로 승인하는 것이 원칙이다. 즉, 당사자의 합의가 있다면 법은 가능한 한 그 합의를 존중하여 당사자의 의사를 존중하고자 하는 것이 원칙이다.

계약자유의 원칙의 구체적인 내용은 ① 계약체결의 자유(계약체결 여부 및 어떤 계약을 체결한 것인가의 자유), ② 상대방선택의 자유(누구와 계약을 체결할 것인지를 결정할 수 있는 자유), ③ 내용결정의 자유(당사자의 계약내용결정 및 변경·보충할 수 있는 자유), ④ 방식결정의 자유(방식선택의 자유) 등으로 이루어져 있다.

그러나 계약의 공정성을 확보하면서 형평 등 계약정의의 실현을 위해 계약자유의 원칙을 제한할 필요가 있다.[10]

2 부동산의 취득제한

1) 농지취득제한과 농지취득자격증명

농지는 자기의 농업경영에 이용하거나 이용할 자가 아니면 이를 소유하지 못한다 (농지법 제6조 제1항). 농지를 취득하고자 하는 자는 농지의 소재지를 관할하는 "시·구·읍·면장"으로부터 농지취득자격증명을 발급받아야 한다. 농지취득자격증명을 발급

---

10 계약자유의 원칙을 제한하는 경우를 개관해 보면 다음과 같다.
① 계약체결의 자유에 대한 제한 - 계약체결 강제(체약강제): 공익적 독점기업(우편·통신·운송·수도·전기 등)과 공공적 직무(공증인·치과의사·의사·약사 등), 사법상 지상물매수청구권(민법 제285조 제2항)
② 내용결정의 자유제한 - 반사회질서 법률행위 무효, 규제된 계약(어떤 물건에 관하여 공정가격을 정하는 것) 등
③ 상대방 선택의 자유에 대한 제한 - 주택의 우선공급, 취업보호대상자 채용의무(국가유공자 예우 등에 관한 법률)
④ 방식의 자유의 제한 - 서면에 의하지 않은 증여계약 해제, 검인계약서(부동산등기특별조치법), 건설공사의 도급계약(건설업법) 등
⑤ 계약의 효력 등에 대한 제한 - 국가의 증명, 허가, 신고 등

받아 농지를 취득하는 자가 그 소유권에 관한 등기를 신청할 때에는 그 증명을 첨부하여야 한다.

🔍 농지취득자격증명

NO.9
[별지 제8호서식]

제 호							
농 지 취 득 자 격 ☐ 증 명 ☐ 증명신청서 반려통지서							
농 지 취득자 (신청인)	①성 명 (명 칭)			②주민등록번호 (법인등록번호)			
	③주 소	시 구 동 도 시·군 읍·면 리 번지					
	④연 락 처			⑤전 화 번 호			
취 득 농지의 표 시	⑥소 재 지			⑦지번	⑧지목	⑨면적(㎡)	
⑩증명발급 또는 신청서 반려							
⑪신청서 반려사유							
⑫ 취 득 목 적							

귀하의 농지취득자격증명신청에 대하여 농지법 제8조 및 동법시행령 제10조제2항의 규정에 의하여 위와 같이 농지취득자격 ☐ 증명을 발급합니다.
☐ 증명신청서를 반려합니다.

년 월 일

시장·구청장·읍장·면장 ㊞

27272 - 30811일
'95. 11. 10. 제정

210㎜ × 297㎜
(인쇄용지(2급) 60 g /㎡)

2) 금융회사 등의 부동산 취득

종합금융회사, 여신전문금융회사, 신용협동조합 등은 업무용 부동산의 구입이나 담보권의 실행으로 인한 일시적 취득을 제외하고 부동산을 매입하거나 소유하지 못하게 금지하고 있다.

3 부동산 처분의 제한

1) 주택분양관련 권리 등

주택법에 따라 건설·공급되는 주택을 공급받거나 공급받게 하기 위하여 주택을 공급받을 수 있는 지위, 주택상환사채, 입주자저축 증서, 그 밖에 주택을 공급받을 수 있는 증서 또는 지위를 거래하는 것이 금지된다.[11]

2) 학교재산법에 의한 학교재산

학교교육에 직접 사용되는 재산의 처분이 금지된다. 학교교육에 직접 사용되는 학교법인의 재산 중 교지, 실습 또는 연구시설, 기타 교육에 직접 사용되는 시설 설비 및 교재 교구는 이를 매도하거나 담보에 제공할 수 없다.[12]

3) 전통사찰의 사찰재산

전통사찰의 주지가 경내지에서의 건조물의 신축·증축·개축 또는 폐지를 하거나 동산 또는 부동산의 대여·양도·변경 또는 담보의 제공에 해당하는 행위를 하고자 할 때에는 문화체육부장관의 허가를 받아야 한다.[13]

---

11 주택법 제39조.

12 사립학교법 제28조 제2항.

13 전통사찰보존법 제6조 제1항.

4) 임대주택의 매각

임대주택 중 국가나 지방자치단체의 재정으로 건설하는 임대주택이나 국민주택기금의 자금으로 건설한 임대주택은 임대의무기간이 경과하여야 매각이 가능하다.[14]

4 부동산거래의 허가 등

1) 토지거래허가

국토교통부장관 또는 시·도지사는 국토의 이용 및 관리에 관한 계획의 원활한 수립과 집행, 합리적인 토지 이용 등을 위하여 토지의 투기적인 거래가 성행하거나 지가(地價)가 급격히 상승하는 지역과 그러한 우려가 있는 지역에 대해서는 5년 이내의 기간을 정하여 토지거래계약에 관한 허가구역으로 지정할 수 있다.[15] 이러한 허가를 받지 않은 경우에는 일정한 벌칙이 적용된다.[16]

토지거래계약허가신청서

---

14 임대주택법 제16조에 의하면 다음과 같은 경우 제한이 있다.
1) 건설임대주택 중 국가나 지방자치단체의 재정으로 건설하는 임대주택 또는 국민주택기금의 자금을 지원받아 영구적인 임대를 목적으로 건설한 임대주택은 그 임대주택의 임대개시일부터 50년
2) 건설임대주택 중 국가나 지방자치단체의 재정과 국민주택기금의 자금을 지원받아 건설되는 임대주택은 임대개시일부터 30년, 장기전세주택은 그 임대주택의 임대개시일부터 20년
3) 건설임대주택 중 임대 조건을 신고할 때 임대차 계약기간을 10년 이상으로 정하여 신고한 주택은 그 임대주택의 임대개시일부터 10년
4) 위에 해당하지 아니하는 건설임대주택 및 매입임대주택은 임대 개시일부터 5년

15 부동산 거래신고 등에 관한 법률 제10조. 그리고 허가구역 안에 있는 토지에 관한 소유권·지상권(소유권·지상권의 취득을 목적으로 하는 권리를 포함한다)을 이전 또는 설정(대가를 받고 이전 또는 설정하는 경우에 한한다)하는 계약(예약을 포함)을 체결하고자 하는 당사자는 공동으로 시장·군수 또는 구청장의 허가를 받아야 한다(부동산 거래신고 등에 관한 법률 제11조).

16 토지거래허가에 관하여는 국토의 계획 및 이용에 관한 법률 제118조에서 규정하고 있던 것을 2017. 1. 20.부터 시행된 "부동산거래신고 등에 관한 법률" 제11조로 근거 법령을 변경하였다.

2) 외국인의 토지거래

외국인·외국정부 또는 국제기구는 대한민국 안의 토지를 취득하는 계약을 체결한 경우에는 계약체결일부터 60일 이내에 시장·군수 또는 구청장에게 신고하여야 한다.[17]

3) 부동산거래신고

거래당사자는 일정한 유형[18]의 매매계약을 체결한 때에는 부동산 등의 실제 거래가격 등을 거래계약의 체결일부터 60일 이내에 매매대상 부동산(권리에 관한 매매계약의 경우에는 그 권리의 대상인 부동산) 소재지의 관할 시장·군수 또는 구청장에게 공동으로 신고하여야 한다.[19]

신고의무자는 기본적으로 거래당사자 공동으로 하여야 하지만 일방이 신고를 거부할 경우 단독으로 신고할 수 있고, 거래 일방이 국가·지방자치단체 등일 경우에는 국가·지방자치단체 등이 신고하여야 한다. 또는 공인중개사가 거래중개를 한

[부동산거래계약 신고필증 양식]

부동산거래계약 신고필증

---

17 외국인 등이 취득하고자 하는 토지가 다음과 같은 경우 토지취득계약을 체결하기 전에 시장·군수 또는 구청장의 허가가 있어야 한다(부동산 거래신고 등에 관한 법률 제9조).
1) 군사시설보호법 제2조 제2호의 규정에 의한 군사시설보호구역, 해군기지법 제3조의 규정에 의한 해군기지구역, 군용항공기지법 제2조 제9호의 규정에 의한 기지보호구역 기타 국방목적을 위하여 외국인 등의 토지취득을 특별히 제한할 필요가 있는 지역으로서 대통령령으로 정하는 지역.
2) 문화재보호법 제2조 제2항의 규정에 의한 지정문화재와 이를 위한 보호물 또는 보호구역.

18 이에 해당하는 것으로 ① 부동산의 매매계약, ② 택지개발촉진법, 주택법 등의 법률에 따른 부동산에 대한 공급계약, ③ 택지개발촉진법, 주택법 등의 법률에 따른 부동산에 대한 공급계약을 통하여 부동산을 공급받는 자로 선정된 지위의 매매계약, ④ 도시 및 주거환경정비법 제48조에 따른 관리처분계획의 인가로 취득한 입주자로 선정된 지위의 매매계약을 말한다(부동산거래신고 등에 관한 법률 제3조).

19 부동산거래신고 등에 관한 법률 제3조 제1항.

경우 공인중개사가 신고하여야 한다.[20]

　신고받은 관청은 신고필증을 지체 없이 발급하여야 하고, 부동산거래 신고인이 이 신고필증을 발급받은 때에 아래에서 설명하는 검인을 받은 것으로 본다.[21]

4) 검인계약서제도

　계약을 원인으로 부동산의 소유권을 이전하기 위해서는 등기가 필수적이며, 등기하기 위해서는 검인을 받은 계약서를 제출하여야 한다. 검인계약서제도는 부동산투기 등의 탈법행위를 방지하기 위하여 계약을 원인으로 하여 소유권이전등기를 신청할 때는 부동산의 소재지를 관할하는 시장·구청장·군수 등의 검인을 받은 계약서를 제출하여야만 등기신청을 받아주는 제도이다.[22] 부동산 매매계약서에 검인을 받기위해서는 다음의 사항이 반드시 기재되어야 한다.

① 매도인·매수인의 당사자
② 매매목적물에 관한 사항
③ 계약 연월일
④ 대금 및 지급일자 등 지급에 관한 사항 또는 평가액 및 그 차액의 정산에 관한 사항
⑤ 부동산중개업자가 있을 때에는 부동산중개업자
⑥ 계약의 조건이나 기한이 있을 때에는 그 조건 또는 기한

　확정판결 등에 의하여 소유권이전등기를 하는 경우, 즉 등기원인을 증명하는 서면이 집행력 있는 판결문 또는 판결과 같은 효력을 갖는 조서일 때에는 그 서면에 검인을 받아야 한다.[23]

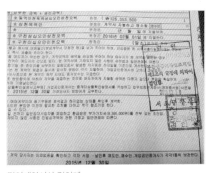

검인계약서상 검인례

20　부동산거래신고 등에 관한 법률 제3조 제3항.
21　부동산거래신고 등에 관한 법률 제3조 제5항.
22　부동산등기특별조치법 제3조 제1항.
23　부동산등기특별조치법 제3조 제2항.

제8강

부동산
매매계약

제8강

부동산매매계약

I 부동산매매의 의의

부동산은 일반적으로 재산적 가치가 매우 크기 때문에 거래를 함에 있어서 상당한 주의를 요한다. 부동산을 거래함에서 매도인과 매수인이 어떤 조건으로 특정 부동산을 사고팔겠다는 의사의 합치만 있으면 계약은 성립함이 원칙이다. 그러므로 계약서를 작성한다거나 또는 계약금을 지불해야만 계약이 성립되는 것이 아니다.

그러나 후일의 분쟁의 소지를 없애고 거래의 내용을 명확히 하기 위하여 매매계약서를 작성하는 것이 일반적인 관행으로 되어 있다. 부동산 거래의 실태를 보면 매매계약서를 작성하면서 부동산 거래대금의 10%를 계약금으로 지급하고 나머지 대금은 중도금과 잔금으로 나누어 수차례에 걸쳐 지급하고, 잔금을 지급함과 동시에 부동산등기에 필요한 모든 서류를 넘겨받는 것으로 거래가 이루어지고 있다.

🔍 매매계약의 성립과 이행과정

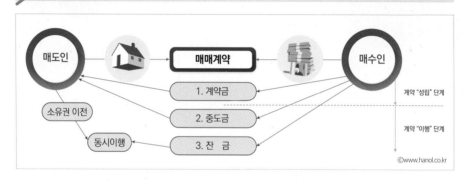

II 부동산매매계약의 성립

매도인과 매수인 간의 부동산 매매계약은 양 당사자의 합의만 있으면 자유로이 정할 수 있으나 신중을 기하여야 한다. 매매는 낙성계약이므로 매도인의 재산권이전과 매수인의 대금지급에 관하여 합의가 있으면 유효하게 성립한다. 부동산매매계약은 당사자·목적물·가격·이행시기·기타 이행조건 등에 대한 당사자 간의 합의가 있으면 성립한다. 계약서는 반드시 필요한 것이 아니며, 매매계약서는 매매계약이 존재하였다는 증거에 불과하다.

 III 계약금

1 계약금의 의미

계약금은 매매계약을 맺을 때 당사자 일방이 상대방에게 교부하는 금전 기타의 물건을 말한다. 계약금 계약은 금전 기타의 물건을 교부하는 요물계약으로 매매계약과는 별개의 계약으로 매매 등의 주된 계약에 종된 계약이다.[1]

2 계약금의 성질

1) 계약금은 증거금이다.

계약체결의 증거로서의 의미를 갖는 계약금이다. 즉, 계약금이 교부되면 적어도 어떤 계약이 있었다는 증거가 된다. 계약금은 언제나 증거금(증약금)으로서의 기능을 한다.

---

1 매매계약에 한하지 않으며 임대차 등의 유상계약에도 이를 준용한다. 계약금은 내금, 선금, 착수금, 보증금, 해약금, 약정금, 예약금 등의 용어로도 사용되고 있다.

2) 계약금은 해약금으로 추정된다.

계약의 해제권을 보류하는 성질을 갖는 것을 말한다. 즉, 계약금을 교부한 자는 그것을 포기함으로써, 그리고 이를 받은 자는 배액을 상환함으로써 계약을 해제할 수 있다. 실제의 거래에 있어서 주고받은 계약금의 성질이 무엇인지 불분명한 경우 당사자 간에 특약이 없으면 계약금을 해약금으로 추정하고 있다.

3) 특약 시 위약금이 될 수 있다.

당사자 일방의 채무불이행에 대한 손해배상의 예정금으로서 성질을 갖는 계약금이다. 이와 같은 계약금이 위약금으로 되기 위해서는 당사자 간의 특약이 필요하다.

3　해약금에 기한 해약의 효력

1) 계약의 해제방법

당사자 일방이 이행에 착수하기 전까지 교부자는 이를 포기하고, 수령자는 그 배액을 상환하여 매매계약을 해제할 수 있다. 따라서 교부자가 해제권을 행사하면 당연히 포기하는 것이 되므로 별도의 의사표시가 필요 없지만, 수령자는 반드시 현실적으로 배액을 상환하거나 배액의 이행제공이 있어야만 해제할 수 있다.[2]

2) 해제의 효과

해약금에 의한 해제로 채권관계는 소급하여 소멸한다. ㉮ 해약금에 의한 해제는 당사자 일방의 이행이 있기 전에만 가능하므로 원상회복문제가 발생하지 않는다. ㉯ 손해배상청구권이 발생하지 않는다.[3]

---

2 즉 수령자는 단순한 해제의 의사표시만으로는 해제가 이루어졌음을 주장할 수 없다.

3 계약이 체결된 후 상대방이 계약을 이행하지 않을 때에는 계약금계약에 의한 계약의 해제를 주장할 수도 있지만, 채무불이행을 이유로 계약해제를 할 수도 있다. 이 경우 해약금에 기한 해제권의 행사로 계약이 해제되는 것이 아니므로 다른 특약이 없는 한 손해배상 및 계약금의 반환 등의 원상회복도 청구가 가능하게 된다.

IV 계약금 반환과 계약비용

1 계약금 반환

계약이 이행된 때에는 계약금은 해약금의 의의를 상실하고 계약금 수령자는 이를 교부자에게 반환하여야 한다. 다만 교부된 것이 금전이므로 대금의 일부로 충당됨이 거래의 관행이다.[4]

2 계약비용

원칙적으로 매매계약에 있어서 재산권이전채무의 이행비용은 매도인이 부담한다. 그리고 계약비용은 당사자 쌍방이 균분하여 부담한다. 단 부동산등기비용은 보통 매수인이 부담한다.

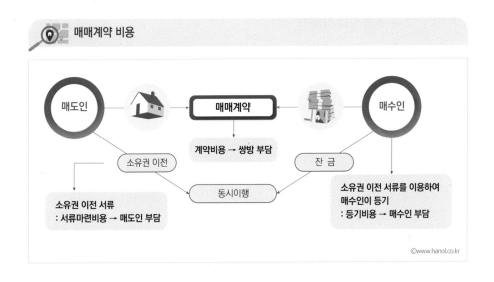

매매계약 비용

4　채무불이행을 이유로 해제된 경우에도 계약금이 손해배상의 예정으로서의 성질을 가지는 경우가 아니라면 계약금은 반환되어야 한다. 다만 해약권을 행사한 자가 수령자인 경우에는 손해배상청구권에서 이를 상계할 수 있다. 계약이 처음부터 무효이거나 후에 취소된 경우 또는 합의해제된 경우에도 다른 특약이 없는 한 계약금은 반환되어야 한다.

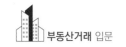
 부동산 매매계약의 효력

1 일반적 효력

1) 매도인과 매수인의 의무

매도인은 매매의 목적인 부동산의 "소유권"과 목적물인 "부동산"을 매수인에게 이전하고, 매수인으로 하여금 이를 완전히 향수시키는 데 필요한 모든 행위를 하여야 한다. 즉, 부동산 자체의 인도와 이전등기에 협력하여야 한다.[5]

한편 매수인은 이행기까지 대금을 지급하여야 한다. 매매에서 당사자 일방에 대한 의무이행기간이 있는 경우 상대방의 의무이행에 대하여도 동일한 기한이 있는 것으로 추정한다.[6] 이는 목적물의 인도와 대금지급은 동시에 교환적으로 이루어지기 때문이다.[7]

2) 매수인의 대금지급거절권

매수인은 동시이행의 항변권을 가지는 동안 자기의 대금지급의무를 거절할 수 있다(민법 제536조). 그리고 매매의 목적물에 대하여 권리를 주장하는 제3자가 있는 경우 매수인이 매수한 권리의 전부나 일부를 잃을 염려가 있는 때에는 매수인은 그 위험의 한도에서 대금의 전부나 일부의 지급을 거절할 수 있다(불안의 항변). 이 경우 지급기일을 넘기더라도 이행지체에 빠지지 않는다.[8]

---

5   대판 2006. 11. 23. 2006다44401. 한편 종물은 주물의 처분에 따르므로(제100조 제2항), 특약이 없는 한 매도인은 종물 또는 종된 권리를 주물과 함께 이전하여야 한다. 과실은 이를 수취할 권리를 갖는 자에게 귀속하지만, 매매계약이 있은 후 목적물의 인도 이전에 발생하는 과실은 매도인에게 귀속된다(제587조 전단).

6   민법 제585조.

7   매매목적물의 인도와 동시에 대금을 지급할 경우 별도의 약정이나 관습이 없는 한 목적물 인도장소가 곧 대금지급장소이다(민법 제586조). 그러나 매수인이 이미 목적물을 인도받고 난 후에는 매수인은 매도인의 현주소 또는 현영업소에서 대금지급하는 것이 원칙이다(민법 제467조 제2항).

8   그러나 매도인이 상당한 담보를 제공한 때에는 매수인은 대금의 지급을 거절할 수 없다. 한편 매수인이 거절권을 행사하는 경우에 매도인은 매수인에 대하여 대금공탁의 청구가 가능하다(민법 제589조).

3) 매수인의 목적물수령의무

현행법상 규정은 없지만 매수인의 목적물을 수령할 의무가 있다는 것이 다수설이다.

4) 매도인의 담보책임

중고자동차를 구입하였더니 엔진부분이 고장이 나 있다든가, 조성된 택지가 업자가 제시한 면적에 못 미치는 등 매매에 있어서 매수인이 취득하는 권리 또는 권리의 객체인 물건에 하자 내지 불완전한 점이 있는 때에 매도인의 잘못과 관계없이 매수인을 보호하기 위해 매도인에게 일정한 책임을 지우는데 그것이 매도인의 담보책임이다. 매도인의 담보책임의 내용으로 ① 매수인은 매매 목적물의 수량이 부족한 경우 대금감액을 청구할 수 있고(대금감액청구권) ② 계약의 목적을 달성할 수 없을 경우 계약을 해제할 수 있으며(계약해제권) ③ 매수인에게 손해가 발생한 경우 손해배상을 청구할 수 있다(손해배상청구권).

2 쌍무계약의 특수한 효력

쌍무계약의 특수한 효력으로 민법이 규정하고 있는 것으로 동시이행의 항변권과 위험부담이 있다.

1) 동시이행의 항변권

(1) 의 의

쌍무계약에서 상대방이 채무의 이행을 제공할 때까지 자기의 채무의 이행을 거절할 수 있는 제도를 말한다.[9] 예컨대, 갑(매도인)과 을(매수인)이 부동산 매매계약을 체결한 경우, 갑은 부동산을 인도한다는 채무를 가지고 을은 대금을 지급한다는 채무를 부담하는데 매도인의 입장에서는 대금의 지급이 있을 때까지 부동산의 인도를 거

---

9   민법 제536조.

절할 수 있고, 매수인의 입장에서는 부동산의 인도가 있을 때까지 대금의 지급을 거절할 수 있다. 이처럼 상대방이 이행할 때까지 자기 채무의 이행을 거절할 수 있는 권리가 동시이행의 항변권이다.[10]

이 제도는 서로 대가적 채무를 부담하고 있는 당사자 사이의 공평을 기하기 위한 것이다.[11]

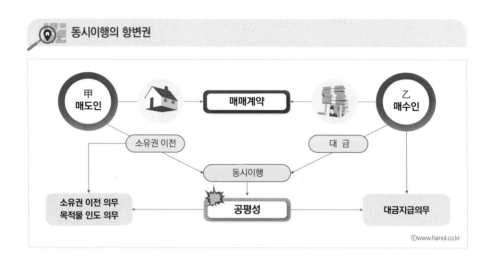

(2) 항변권의 효력

동시이행의 항변권은 청구를 받은 자가 이를 행사하지 않으면 항변권의 효과가 발생하지 않지만, 일단 행사되면 상대방의 이행의 제공이 있을 때까지 일시적으로 상대방의 청구권 작용을 저지하여 이행을 거절할 수 있다(연기적 항변권).[12]

동시이행의 항변권은 당사자 일방이 주장할 때 비로소 효력이 생기며, 법원이 직권으로 이를 판단할 수 없다. 즉, 동시이행의 항변권은 당사자가 이를 원용(소송상 주장)

---

10 성립요건은 3가지이다. 즉, ㉠ 서로 대가적 의미를 가진 쌍무계약상의 채무이어야 한다. ㉡ 상대방의 채무가 변제기에 있어야 한다. ㉢ 상대방이 채무를 이행하지 않으면서 자기의 채무의 이행을 청구하여야 한다.

11 김상용, 「채권각론(개정판)」, 법문사, 2006, 86-87면. 즉 대가적 채무는 상환으로 이행되어야 한다는 원칙에 기초한 것으로 쌍무계약의 이행상 견련관계를 정하는 제도로서 대가관계에 있는 쌍방의 채무는 동시에 이행되는 것이 공평하고 또 신의에 적합하다는 이유에서 인정되는 것이다.

12 따라서 상대방의 청구권을 영구적으로 부인하는 것은 아니다. 동시이행의 항변권을 가지는 채무자는 비록 이행기에 이행을 하지 않더라도 채무불이행, 즉 이행지체가 되지 않는다.

하여야 그 인정 여부에 대하여 심리할 수 있는 것이다.[13] 법원은 채무자가 채권자의 이행과 상환으로 이행할 것을 명하는 "상환이행판결"을 내리게 된다.[14]

한편 상대방이 동시이행의 항변권을 가지는 경우에 그 항변권이 붙어 있는 채권을 자동채권(받을 채권)으로 상계하는 것이 금지된다. 만약 이를 허용한다면 상대방은 이유 없이 그의 항변권을 잃게 되기 때문이다.

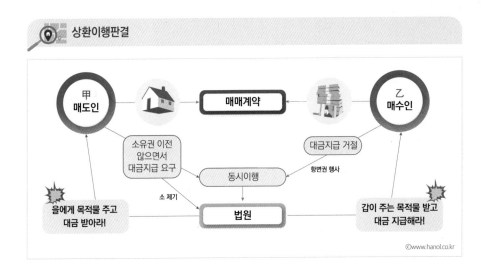

상환이행판결

2) 위험부담

(1) 의의

쌍무계약에서 대가적 의의가 있는 두 채무 중 일방의 채무가 당사자 쌍방의 책임 없는 사유로 이행이 불가능하게 된 경우 상대방의 채무도 이와 운명을 같이하여 소멸하는지의 여부가 위험부담의 문제이다.[15]

여기서 물건인도 채무자가 물건도 잃고 채권자로부터 대가도 받지 못하는 경우를

---

13 대법원 1990. 11. 27. 선고 90다카25222 판결.

14 판결에 기하여 강제집행을 하는 경우에 원고는 강제집행의 개시까지 자기의 채무를 이행한 것을 증명하여야 한다.

15 위험부담은 채무의 후발적 불능에서 일어나는 문제로서 불능은 채무자에게 책임 없는 사유로 생긴 것이어야 한다. 쌍무계약에는 두 개의 채무가 대립하므로 위험에는 "물건의 위험", 즉 물건이 멸실됨으로써 그를 가지지 못하게 되는 불이익과 "대가의 위험", 즉 대가를 못 받게 되는 불이익이 발생할 수 있다. 쌍무계약에서는 "대가위험"을 누가 부담하느냐에 당사자의 이해가 달려 있으므로 통상 위험이라고 하면 "대가위험"을 의미한다.

가리켜 "채무자 위험부담"주의라고 하고 반대로 채권자가 물건도 받지 못하면서 대가를 지급하여야 하는 경우를 "채권자위험부담"주의라고 한다. 이에 관한 입법례로는 채무자주의와 채권자주의 그리고 소유자주의가 있다. 우리 법에서는 채무자위험부담주의를 원칙으로 하고 있다.

(2) 원칙 – 채무자위험부담주의

쌍무계약에서 당사자 일방의 채무가 당사자 쌍방의 책임 없는 사유로 이행할 수 없게 된 경우 채무자는 상대방의 이행을 청구할 수 없게 된다.[16] 즉 채무자는 자기의 채무의 이행을 면하지만, 동시에 상대방에게 반대급부를 청구하지 못한다.[17]

예컨대 공장건물 매매계약에 있어서 A는 건물을 넘겨주어야 하는 의무자(매도인)이고 B는 매매대금을 지급해야 하는 의무자(매수인)인데, 매매계약 후 이행하기 전에 공장건물이 벼락을 맞아 완전히 불타버렸다면 A는 자신의 책임 있는 사유로 건물이 불탄 것이 아니므로 건물을 넘겨주어야 하는 의무를 면한다. 또한 동시에 B에게 매매대금을 청구할 수 없게 된다. 결과적으로 건물화재로 손해를 보게 되는 것은 매도인(건물을 넘겨주어야 하는 채무자) A인 것이다.

위험부담(채무자위험부담주의): 채무자 결정

---

16 민법 제537조.

17 김증한·김학동, 「채권각론(제7판)」, 박영사, 2006, 87-89면.

(3) 예외 - 채권자위험부담주의

위와는 달리 채권자가 위험을 부담하는 경우도 2가지가 있다. ㉠ 이행이 불가능하게 된 것이 채권자에게만 책임이 있는 사유에 의한 때에는 채무자는 반대급부를 청구할 수 있다.[18] 위의 사례에서 매수인인 B가 매매계약 후 건물을 돌아보다가 불을 내는 바람에 부동산 이전이 불가능해진 경우, 건물이전의 채권자인 B의 귀책사유로 인한 이행불능이므로 매도인 A는 여전히 반대급부의 청구를 할 수 있게 된다.

㉡ 채무자가 이행한 것을 채권자가 수령하지 못하고 지체하고 있는 중에 당사자 쌍방의 책임 없는 사유로 이행불능이 된 경우 채권자주의가 적용되어 채무자는 반대급부를 청구할 수 있다.[19] 이는 채권자의 수령지체가 없었더라면 그 후의 채무자의 이행불능은 발생하지 않았을 것이기 때문이다. 위의 사례에서 매도인 A(채무자)가 건물을 넘겨줄 준비를 하고 매수인 B(채권자)에게 이전하려 했지만, 매수인이 아직 잔금을 장만하지 못하고 있는 중에 벼락을 맞아 건물이 불타버린 경우 매도인은 건물을 넘겨주지 못하게 되었지만 매수인에게 그 대금을 청구할 수 있게 된다.

 Ⅵ 부동산 매매계약의 해제

1 의미

계약의 해제란 계약 당사자의 일방적 의사표시에 의하여 유효하게 성립하고 있는 계약의 효력을 소급적으로 소멸시켜 처음부터 없었던 상태로 복귀케 하는 법률효과를 말한다.

---

18 민법 제538조 제1항 단서.
19 민법 제538조 제1항 후단.

2 해제권의 발생

1) 약정해제

약정해제(해제계약 혹은 합의해제)란 기존의 계약당사자들이 계약해소에 관하여 합의하는 것으로서 계약자유의 원칙상 당연히 인정된다. 즉, 형성권의 일종인 해제권의 유무와 관계없이 유효하게 성립한 계약관계를 해소하겠다는 내용을 가진 '새로운 계약'에 의하여 기존의 계약관계가 청산되는 것을 의미한다.[20]

2) 법정해제

해제권을 행사할 수 있는 경우를 법에서 정하고 있는데 이를 법정해제라고 한다. 법정해제권은 이행지체, 이행불능, 불완전이행, 채권자의 수령지체가 있는 경우에 발생한다. 이 외에도 해석상 사정변경을 이유로 하는 경우(판례는 부정한다)를 들 수 있다.[21]

당사자 일방이 채무를 이행하지 아니하는 때에는 상대방은 상당한 기간[22]을 정하여 그 이행을 최고[23]하고 그 기간 내에 이행하지 아니한 때에는 계약을 해제할 수 있다(이행지체로 인한 해제권발생).[24]

채무자의 책임 있는 사유로 이행이 불능하게 된 때에는 채권자는 계약을 해제할 수 있다. 매도인의 매매목적물에 관한 소유권이전의무가 이행불능이 되었다고 할지

---

20 따라서 해제계약은 해제와 성격이 다르므로 민법 제543조 이하(법정해제의 요건)의 해제에 관한 규정은 적용되지 않는다. 다만 행사방법 및 효과에 관하여 특약이 없으면 법정해제권의 규정을 준용한다.

21 약정해제와 법정해제의 관계에 대해 판례는 계약서에 명문으로 위약 시의 법정해제권의 포기 또는 배제를 규정하지 않은 이상 계약당사자 중 어느 일방에 대한 약정해제권의 유보 또는 위약벌에 관한 특약의 유무 등은 채무불이행으로 인한 법정해제권의 성립에 아무런 영향을 미칠 수 없다고 판시하였다(대결 1990. 3. 27. 89다카14110).

22 예컨대, 통상 7일의 유예기간이 필요하더라도 채무자가 10일 정도 걸리는 해외여행 중이라면 최소한 17일 정도의 기간이 상당하다고 판단된다. 본래의 채무보다 과다한 급부를 요구하는 최고에 의해서는 해제권이 생기지 않을 수 있다. 청구의 정도가 과다한 정도가 현저하고 과다한 이행을 하지 않을 경우, 채권자가 수령거절하겠다는 의사가 분명한 경우 해제권은 부정된다. 채무의 일부분만에 대해 이행청구를 한 경우 원칙적으로 청구부분만 최고의 효과가 발생한다.

23 최고(催告)는 타인에게 일정한 행위를 할 것을 요구하는 통지를 말한다. 채무자가 최고에 응하지 않는 경우에는 이행지체의 효과, 시효중단의 효과, 계약해제권의 발생의 효과가 생긴다.

24 민법 제544조. 그러나 채무자가 미리 이행하지 아니할 의사를 표시한 경우와 정기행위(정기행위란 계약의 성질에 의하여 또는 당사자의 의사표시에 의하여 일정한 일시 또는 기간 내에 이행하지 않으면 목적을 달성할 수 없는 계약을 말한다)에 당사자 일방이 그 시기에 이행하지 아니한 때에는 상대방은 위의 최고를 하지 아니하고 계약을 해제할 수 있다.

라도, 그 이행불능이 매수인의 귀책사유에 의한 경우 매수인은 이행불능을 이유로 계약을 해제할 수 없다(이행불능으로 인한 해제권 발생).[25]

채무자가 채무의 이행으로서 일정한 급부를 하였으나 그것이 채무의 내용에 좇은 완전한 급부가 아니라 하자 있는 불완전급부이거나, 혹은 채무이행과 관련된 주의의무·설명의무 등 부수적 의무를 위반하여 채권자에게 손해를 발생케 하였거나, 또는 보호의무에 위반하여 채권자의 생명·신체·건강 기타 재산상의 손해를 발생케 한 경우 해제권이 발생한다(불완전이행으로 인한 해제권발생).[26]

이 외에도 채권자가 수령을 지체하는 경우에도 채무는 계약을 해제할 수 있다. 즉, 부동산의 매수인이 잔금을 마련하지 못해 부동산을 인수해 가지 못하고 있는 기간이 장기에 걸쳐 계속될 경우 부동산 이전의 채무자인 매도인은 채권자의 수령지체를 이유로 계약을 해제할 수 있다(채권자수령지체로 인한 계약해제권발생).

3 해제권의 행사

해제는 계약에 기인하는 채권관계를 소급적으로 소멸시키는 것이므로 ㉮ 아직 이행하지 않은 채무는 이행할 필요가 없고, ㉯ 이미 이행한 채무는 부당이득의 반환(원상회복)을 청구할 수 있게 되며, ㉰ 계약의 해제로 입은 손해가 있으면 배상을 청구할 수 있다.[27]

4 해제권의 소멸

채무불이행으로 인하여 해제권이 발생한 이후에 해제권을 행사하기 전에 채무자가 채무의 내용에 따른 이행을 하게 되면 해제권은 소멸한다. 해제권도 권리이므로

---

25 민법 제546조. 대법원 2002. 4. 26. 선고 2000다50497 판결.

26 불완전이행으로 인한 해제권의 발생에 관하여 민법은 규정을 두고 있지 않으나, 통설은 해제권의 발생을 인정하고 있다. 완전이행이 가능한 경우에는 채권자가 상당한 기간을 정하여 이행의 최고를 하여도 채무자가 이행하지 아니하는 때에는 채권자는 계약을 해제할 수 있고, 완전이행이 불가능한 경우에는 최고함이 없이 계약을 해제할 수 있다.

27 해제의 효과에 대한 학설에 대해서는 지원림, 앞의 책, 1248-1251면 참조.

이를 포기할 수 있다. 해제권은 형성권이므로 10년의 제척기간에 걸리므로 이 기간 내에 행사하지 않으면 소멸한다. 채권자가 해제권을 장기간 행사하지 않고, 상대방에게 해제권을 행사하지 않을 것이라는 신뢰를 가지게 한 경우에는 해제권의 실효로 이를 행사하지 못하게 된다.

그 이외에도 ⓐ 기간의 경과,[28] ⓑ 목적물의 훼손·가공·개조,[29] ⓒ 다수당사자 간 중 1인의 해제권의 소멸(해제권의 불가분성) 등도 해제권 소멸의 사유가 된다.

---

28 해제권의 행사에 관하여 기간이 정해진 경우에는 기간이 경과함으로써 해제권이 소멸한다.

29 해제권자의 고의 또는 과실로 계약의 목적물이 현저히 훼손되거나 이를 반환할 수 없게 된 때, 또는 가공이나 개조로 인하여 다른 종류의 물건으로 변경된 때에는 해제권이 소멸한다.

부동산거래
입문

제9강

민법상
임대차계약

부동산거래 입문

제9강

민법상 임대차계약

 I ## 임대차의 의의 및 성질

민법은 임대차에 관하여 비교적 자세한 규정을 두고 있다.[1] 임대차는 당사자의 일방(임대인)이 상대방에게 목적물을 사용·수익케 할 것을 약정하고, 상대방(임차인)이 이에 대하여 차임을 지급할 것을 약정함으로써 성립하는 계약을 말한다.[2]

임대차의 목적물은 원칙적으로 유체물 가운데에 사용·수익으로 소멸하지 않는 것을 말한다. 유체물이면 동산·부동산을 불문하고 물건의 일부분이라도 가능하다 (자연력은 물건이라도 성질상 임대차의 목적이 될 수 없다). 임대차는 물건의 사용·수익을 목적으로 하는 채권계약으로 낙성·유상·쌍무·불요식의 계약이다. 임대차는 사용·수익의 대가로 차임을 지급하는 것을 필수로 한다. 이때의 차임은 금전에 한하지 않는다.[3]

주택이나 상가건물의 임차인은 물권법상 전세권을 설정하는 것보다 상대적으로 불리한 위치에 놓이게 되고, 임차인을 보호하여 국민 주거생활이나 경제생활의 안

---

1 민법 제618조 내지 제654조.

2 민법 제618조.

3 소비대차, 사용대차, 임대차의 구별

구분	소비대차	사용대차	임대차
목적물	금전 기타 대체물 (대체가능한 소비물)	대체성 유무 불문 물건의 일부도 가능	대체성 유무 불문 물건의 일부도 가능
차임	(원칙) 지급의무 無 (이자부) 지급의무 有	(무조건) 지급의무 無	지급의무 있다.
소유권의 이전	이전된다.	이전되지 않는다.	이전되지 않는다.
반환	동종·동질·동량의 물건(다른 물건) 반환	빌린 목적물 반환	빌린 목적물 반환

정을 보장할 목적으로 제정된 법이 주택임대차보호법·상가건물임대차보호법이다. 여기서는 민법상 임대차 규정을 간단히 보고 이어 특별법으로 주택임대차보호법을 검토해 본다.

참고 빌리는 계약의 종류 및 비교

(1) 대차형계약이란

　소비대차·사용대차·임대차 등의 계약은 한정된 기간 동안 상대방에게 목적물을 이전하여 이용하도록 하는 계약이므로 이를 대차형계약이라 한다.

(2) 대차형계약의 종류

　1) 소비대차계약: 당사자 일방이 금전 기타 대체물의 소유권을 상대방에게 이전할 것을 약정하고, 상대방은 동종·동량·동질의 물건을 반환할 것을 약정함으로써 성립하는 대차형계약이다.

　2) 사용대차계약: 당사자 일방이 상대방에게 사용·수익하게 하기 위하여 목적물을 상대방에게 인도할 것을 약정하고, 상대방은 이를 사용·수익한 후 그 물건을 반환할 것을 약정함으로써 성립하는 계약이며 사용대차는 무상이다.

　3) 임대차계약: 사용대차와 같으나 유상인 점에서 다르다.

II 임대차의 성립

임대차는 임대인이 일정한 물건을 임차인으로 하여금 사용·수익케 할 것과 임차인이 차임을 지급할 것의 2가지 점에 합의가 있어야 한다.

III 임대차의 존속기간

1 기간의 약정이 있는 경우

1) 기간의 제한

임대차의 존속기간에 관한 민법 제651조의 규정은 2013. 12. 26. 헌법재판소에서 위헌으로 결정되어 삭제되었다. 따라서 임대차의 최장기의 제한규정은 존재하지 않는다. 그리고 최단기에 관하여는 민법에 아무런 규정을 두고 있지 않다.[4]

2) 기간의 연장

민법 제651조의 폐지로 인하여 임대차 기간의 연장(임대차의 갱신)에 관한 규정이 존재하지 않는다. 그러나 당사자자치의 원칙에 따라 임대차 기간의 갱신은 자유로이 가능하다. 건물 기타 공작물의 소유 또는 식목·채염을 목적으로 하는 토지임대차에 있어서 ㉠ 임대차 기간이 만료한 경우, ㉡ 건물·수목 기타 지상시설이 현존하는 때에는 임차인은 갱신청구권을 행사할 수 있다.[5]

한편 민법은 "묵시의 갱신(법정갱신)"을 규정하고 있는데 그 요건을 보면 ① 임대차 기간이 만료한 후에도, ② 임차인이 임차물의 사용·수익을 계속하는 경우에, ③ 임대인이 상당한 기간 안에 이의를 제기하지 아니한 때에는 전(前) 임대차와 동일한 조건으로 다시 임대차한 것으로 본다.[6] 그러나 이 경우 기간의 약정이 없는 경우로 되어 당사자는 언제든지 계약을 해지할 수 있다.[7]

---

4 다만 주택임대차보호법 제4조 제1항에 "기간의 정함이 없거나 기간을 2년 미만으로 정한 임대차는 그 기간을 2년으로 본다"고 규정하고 있다(상가건물임대차보호법은 1년).

5 민법 제643조.

6 민법 제639조 제1항.

7 민법 제639조 단서. 전 임대차에 대하여 제3자가 제공한 담보(예컨대, 질권·저당권·보증)는 모두 소멸한다. 그러나 임차인이 제공한 담보는 소멸하지 않는다.

2 **기간의 약정이 없는 경우**

당사자가 언제든지 해지의 통고를 할 수 있다.[8] 그러나 해지의 효력은 부동산임대차에 있어서는 임대인이 해지를 통고한 때에는 6월, 임차인이 한 때에는 1월이 경과하여야 생긴다.[9] 제635조의 규정은 강행규정이므로, 이에 위반하는 약정으로써 임차인에게 불리한 것은 효력이 없다.[10]

 임대차의 효력

1 **임대인의 권리와 의무**

1) 임대인의 권리

임대인은 임차인에게 차임을 청구할 수 있다(차임청구권). 건물 그 밖의 공작물의 임대차나 건물 그 밖의 공작물의 소유 또는 식목·채염·목축을 목적으로 한 토지임대차에서 임차인의 차임연체액이 2기의 차임액에 달하는 때에는, 임대인은 계약을 해지할 수 있다.[11]

2) 임대인의 의무

임대인은 임차인으로 하여금 목적물을 사용·수익케 하기 위하여 목적물을 인도하여야 한다(목적물인도의무).[12] 그리고 임대인은 임대차계약이 존속하는 동안 임차인의 사용·수익에 필요한 수선의무를 진다(수선의무). 임대인의 수선의무 불이행으로 임차

---

8 민법 제635조 제1항.

9 민법 제635조 제2항.

10 민법 제652조.

11 민법 제640조·제641조.

12 민법 제623조.

인이 사용·수익할 수 없었던 경우에는 그 비율로 차임의 전부 또는 일부의 지급을 거절할 수 있다. 임대인이 임대물의 보존에 필요한 행위를 하는 때에는 임차인은 이를 거절하지 못한다.[13] 또한 제3자가 임차인의 사용·수익을 방해하는 때에는 임대인은 임차인을 위하여 방해를 제거해야 할 의무를 부담한다(방해제거의무). 임대차는 유상계약이기 때문에 매매에 관한 규정이 준용되므로,[14] 임대인은 임대물에 하자가 있거나 권리에 하자가 있는 때에는 매도인과 동일한 담보책임을 부담한다(담보책임).

2 임차인의 권리와 의무

1) 임차인의 권리

임차인은 계약 또는 목적물의 성질에 의하여 정하여진 용법으로 이를 사용·수익하여야 한다(목적물의 사용·수익권).[15] 임차인이 이를 위반할 경우 임대인은 위반행위의 정지와 손해배상을 청구할 수 있고, 또한 계약을 해지할 수 있다. 다만, 손해배상청구권은 임대인이 목적물의 반환을 받은 날로부터 6월 안에 행사하여야 한다.[16]

2) 임차인의 의무

임차인은 차임지급의무를 부담한다(차임지급의무). 차임은 반드시 금전이어야 하는 것은 아니며, 그 밖의 물건이라도 상관이 없다.[17] 임차인은 일정한 경우 차임의 감액을 청구할 수 있다(차임감액청구권).[18] 또한 일정한 경우 임대인과 임차인은 차임의 증감

13　민법 제624조. 그러나 임대인이 임차인의 의사에 반하여 보존행위를 하는 경우에 이로 인하여 임차의 목적을 달성할 수 없는 때에는, 임차인은 계약을 해지할 수 있다(민법 제625조).

14　민법 제576조.

15　민법 제654조·제610조 제1항.

16　민법 제654조·제617조.

17　차임의 지급시기에 관하여 약정이 없으면, 동산·건물 및 대지에 대하여는 매월 말에 지급하여야 하고, 대지 이외의 토지에 대하여는 매년 말에 지급하여야 한다(민법 제633조, 후불원칙).

18　임차인의 과실 없이 임차물의 일부가 멸실 그 밖의 사유로 인하여 사용·수익할 수 없게 된 때에는 그 감소한 부분의 비율에 따라, 차임의 감액을 청구할 수 있다(민법 제627①조).

을 청구할 수 있다(차임증감청구권).[19] 이 증감청구권에 관한 규정은 강행규정이다.[20]

임차인은 임차물을 임대인에게 반환할 때까지 선량한 관리자의 주의를 가지고 임차물을 보관하여야 한다(임차물보관의무).[21] 또한 임차물이 수리를 요하거나 임차물에 대하여 권리를 주장하는 자가 있는 때에는, 임차인은 지체 없이 임대인에게 이를 통지하여야 한다(임차인의 통지의무).[22] 그러나 임대인이 이를 미리 안 때에는 그러하지 아니하다.[23]

임차인은 임대인의 동의 없이 임차권을 양도하거나, 임차물을 전대하지 못한다(무단양도·전대금지의무).[24] 그리고 임차인은 임대차가 종료한 때에는 지체 없이 임차물을 임대인에게 반환하여야 한다(임차물반환의무).[25]

---

19 임차물에 대한 공과부담의 증감 그 밖의 경제사정의 변동으로 약정된 차임이 상당성을 잃게 된 경우, 당사자는 차임의 증감을 청구할 수 있다(민법 제628조).

20 민법 제652조. 그러나 제628조는 일시사용을 위한 임대차의 경우에는 적용되지 않는다.

21 민법 제374 참조.

22 민법 제634 본문.

23 민법 제634조 단서.

24 민법 제629조.

25 민법 제654조·제615조.

제10강

임대차보호법

부동산거래 입문

제10강

임대차보호법

I 보호법의 목적과 적용범위

1 목 적

소액임차인을 보호하여 국민 주거생활의 안정을 보장할 목적으로 제정된 법이 주택임대차보호법이고 국민의 경제생활의 안정을 보장할 목적으로 제정된 법이 상가건물임대차보호법이다. 여기서는 주택임대차보호법을 중심으로 설명한다.

2 적용범위

1) 객 체

주택임대차보호법은 주거용 건물의 전부 또는 일부의 임대차에 관하여 이를 적용한다.[1] 주거용 건물인지의 여부는 공부상의 표시만에 의하는 것이 아니라 임대차의 목적, 건물과 임차목적물의 구조와 형태, 임차인의 임차목적물의 이용관계, 임차인이 그곳에서 거주하는지의 여부 등을 고려하여 합목적적으로 판단하여야 한다(판례). 임차주택의 일부가 주거 외의 목적으로 사용되는 경우에는 건물의 주된 용도가 주거용인 경우에만 적용된다. 즉, 비주거용 건물의 일부를 주거용으로 활용하는 경

---

1   주택임대차보호법 제2조.

우에는 적용되지 않는다. 예컨대 공장의 일부를 주거용으로 개조하여 임차한 경우 적용되지 않는다. 건물의 준공검사 여부를 불문하고 적용되며 미등기 주택에도 적용된다.[2] 다만, 일시사용을 위한 임대차임이 명백한 경우에는 주택임대차보호법을 적용하지 아니한다.[3] 상가건물임대차의 경우도 이와 같다.

또한 주택임대차보호법상 개인과 국민주택기금을 재원으로 하는 임대주택을 지원하는 법인(한국토지주택공사와 지방공기업법상 지방공사)이 임차한 후 일정한 자를 입주시킨 경우 임차권을 보호하던 것을 2014년 개정으로 직원용 주택을 임차하는 중소기업의 임차권까지 보호범위를 확대하였다.

2) 동법적용을 위한 보증금 기준

주택임대차보호법상에서는 상가건물임대차 보호법과 달리 동법의 적용에 관한 보증금의 최고액 한도를 따로 규정한 바가 없다. 따라서 주택임대차의 경우는 보증금의 액수와 관계없이 주택임대차보호법의 보호를 받는다. 그러나 상가건물임대차 보호법의 경우는 보증금에 대한 일정한 제한이 있다.[4]

상가건물임대차보호법 적용을 위한 보증금 기준

개정	구 분	보증금 기준
2019년	• 서울특별시 • 수도권정비계획법에 따른 과밀억제권역 및 부산광역시 • 광역시, 세종특별자치시, 파주시, 화성시, 안산시, 용인시, 김포시 및 광주시 • 그 밖의 지역	• 9억 원 • 6억 9천만 원 • 5억 4천만 원 • 3억 7천만 원

보증금 외에 차임이 있는 경우(이른바 월세)에 차임액은 월 단위의 차임에 100을 곱하여 보증금액을 산정한다.[5] 예컨대, 보증금 1억 원에 월 100만 원을 보증금으로 환산하면 2억 원이다(상가건물임대차보호법 제2조 제2항. 2010년 개정).

---

2 대판 전원합의체 2007.6.21. 선고 2004다26133 판결.

3 주택임대차보호법 제11조.

4 상가건물임대차보호법 제2조, 동 시행령 제2조 제1항.

5 주택임대차보호법 시행령 제2조 제2항.

Ⅱ 대항력

물권에 있어서 대항력이란 자신의 권리를 제3자에게 주장할 수 있는 힘을 말한다. 그런데 채권의 경우는 물권의 등기와 같은 대항요건을 갖출 수 없어 이러한 권리가 인정되지 않는다. 물론 임차권도 등기하면 대항력을 갖게 되지만, 임대인의 동의가 있어야만 등기가 가능한데 그 동의를 얻기가 만만치 않다.

등기라는 대항력을 필수요건으로 하는 물권은 대항력이 인정되지 않는 채권에 항상 우선한다. 따라서 채권인 임차권은 항상 물권에 열후의 지위에 있기 때문에 임차인들을 보호하기 위한 방안으로 등기 이외의 방법을 통하여 대항력을 취득할 수 있도록 하고 있다.

참고 임차권의 대항력

소유자 A - ① B 임차인, 보증금 5,000만 원   ② C 1번 저당권자, 5,000만 원
　　　　　 ③ D 2번 저당권자, 2,000만 원   ④ E 일반채권자, 2,000만 원
경매로 넘어간 경우 - 배당순서 C(물권자) → D(물권자) → B, E(채권자들)
　　　　　　　　　 - 임차인에게 과도하게 불리!
이와 같은 경우 임차인을 보호하기 위해 임차인에게 대항력을 갖출 방법을 강구

---

1 등기 외의 방법에 의한 대항력 등의 취득

1) 대항요건과 우선변제요건

주택임차인이 「주택을 인도」(상가 - 상가의 인도)받고, 「주민등록의 이전」(상가 - 사업자등록의 이전)을 마치면 그다음 날부터 제3자에게 임대차의 효력을 주장할 수 있다(대항력의 획득). 그리고 「확정일자」까지 갖춘 임차인은 민사집행법에 의한 경매 또는 국세징수법에 의한 공매 시 임차주택(대지를 포함한다)의 환가대금에서 후순위권리자 기타 채권자보다 우선하여 보증금을 변제받을 권리가 있다(우선변제권의 획득).

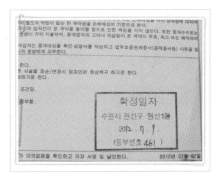

임대차보호법상 대항요건과 우선변제요건

대항요건	주택(상가)인도 + 주민(사업자)등록
우선변제요건	주택(상가)인도 + 주민(사업자)등록 + 확정일자

「주택의 인도」는 임차주택에서 거주하여야 한다는 것이다. 반드시 계약당사자가 거주할 필요는 없고, 계약당사자와 일정한 관계가 있는 자가 거주하는 경우에도 주택의 인도는 있는 것이다.

「주민등록의 이전」은 주소의 이전을 말하는 것으로 부동산등기부상의 주소와 동일한 주소로 이전하여야 한다. 특히

확정일자

공동주택의 경우에는 부동산등기부상의 주소와 주민등록상의 주소가 다른 경우에 대항력을 구비할 수가 없다. 예컨대 신축 중 연립주택 1층 '102호'로 전입신고했지만 준공 후 공적장부상 1층 '101호'로 등재된 경우 대항력을 갖추지 못한다.[6]

「확정일자」는 일정한 시점에 임대인과 임차인의 계약관계가 있다는 사실을 증명하는 것이고, 계약의 내용까지 증명하는 것은 아니다. 현재 동사무소, 법원 또는 등기소, 공증인사무소에서 확정일자를 받을 수 있다. 한편 2015년 9월부터는 확정일자를 법원 인터넷등기소에서도 발급받을 수 있다.

2) 대항력의 발생시기

「대항력의 발생시기」에 관하여는 주택(상가)의 인도(실입주일)와 주민(사업자)등록을 마친 '그다음 날'부터 제3자에 대하여 대항력을 가진다. 여기서 그다음 날은 다음 날 오전 0시를 의미한다. 그 이유는 주택에 대한 동법의 임차권의 대항력과 제3자의

6　신축 중인 주택을 임차, 주민등록을 하면서 건물 외벽표시에 따라 '104동 301호'로 전입신고를 마쳤으나 그 후 위 건물이 건축물관리대장 및 등기부상으로 '에이(A)동 301호'로 표기됨에 따라 주민등록상의 건축물 표시와 등기부상의 건축물 표시가 일치하지 않는 경우 유효한 임대차의 공시방법이 될 수 없다(대법원 2003. 3. 14 선고 2002다66687 판결).

물권 등기(민법상 임차권의 등기 포함)가 같은 날 이루어진 경우 선후관계를 정리하기 위한 것이다. 즉, 등기는 법원에서, 주민등록이전은 동사무소에서 이루어지므로 서로 연계되지 못하므로 이들 간의 선후를 명확하게 하기 위한 방편으로 인정되는 것이다.

또한 대항력을 갖춘 날과 확정일자를 받은 날 중 늦은 날에 우선변제력을 갖추게 된다.

대항력과 우선변제력을 갖추는 날의 파악

실입주일	등록이전	대항력	확정일자	우선변제력
2016. 3. 2.	2016. 3. 3.	2016. 3. 4.	2016. 3. 4.	2016. 3. 4.
2016. 3. 2.	2016. 3. 5.	2016. 3. 6.	2016. 3. 7.	2016. 3. 7.
2016. 3. 2.	2016. 3. 2.	2016. 3. 3.	2016. 3. 2.	2016. 3. 3.

2 임차권등기명령에 의한 대항력 취득

임대차가 종료된 후 보증금을 반환받지 못한 임차인은 임차건물의 소재지를 관할하는 지방법원·지방법원지원 또는 시·군 법원에 「임차권등기명령」을 신청할 수 있다. 임차권등기명령의 집행에 의한 임차권등기가 완료되면 임차인은 대항력 및 우선변제권을 취득한다. 다만, 임차인이 임차권등기 이전에 이미 대항력 또는 우선변제권을 취득한 경우에 그 대항력 또는 우선변제권은 그대로 유지되며, 임차권등기 이후에는 대항요건을 상실하더라도 이미 취득한 대항력 또는 우선변제권을 상실하지 아니한다. 다만 임차권등기명령의 집행에 의한 임차권등기가 경료된 건물을 그 이후에 임차한 임차인은 보증금 중 일정액의 우선변제를 받을 권리가 없다.

3 확정일자부 기재사항 등 정보제공의 범위 규정

임대차계약을 체결하려는 자 등이 임차하려는 주택에 선순위 임대차가 존재하는지, 종전 보증금이 얼마였는지를 잘 알지 못한 채 계약을 체결하고 있는 문제를 해결하기 위해 개정된 주택임대차보호법에 확정일자 부여 및 정보제공 요청권과 관련한 근거규정도 포함됐다. 이에 따라 2014년 개정으로 법률에서 위임한 확정일자부 기재사항, 정보제공의 범위 등을 명확히 규정하여 임차를 하려는 사람이 미리 임대차 정보를 제공받을 수 있게 되었다.

임대차 관련 정보의 파악방법

1. 확정일자 부여 및 정보제공 요청권과 관련한 근거규정(규칙)

   임차를 하려는 사람이 미리 임대차 정보를 제공받을 수 있다.

2. 인터넷등기소, 관할 동사무소에서 파악이 가능하다.

   다만 인터넷등기소에서는 2014년 이후 정보만 제공되고 있다.

   공증인사무실에서 받은 것은 아직 제공하지 못하고 있다.

   (1) 단순 이해관계인: 확정일자 부여일, 차임, 보증금 및 임대차기간

   (2) 임차인, 근저당권자 등 이해관계인: 그 외에 임차인 정보 및 전자보관 계약서

3. 상가의 경우는 세무서나 홈텍스에서 확인이 가능하다.

인터넷 등기소(www.iros.go.kr)

III 보증금의 회수

임대차보호법에서 임차인보호를 위해 임대차 기간을 보장하고, 보증금이나 월세의 증액에 제한을 두며, 보증금의 반환을 확실하게 보장해 줄 수 있는 방법을 마련하고자 노력하고 있다. 임대차 관계가 원만하게 해소되어 보증금을 모두 회수할 수 있다면 임차인으로서는 너무나 정상적이면서도 다행스러운 상황일 것이다. 그러나 부득이한 상황이 발생하여 임대인이 보증금을 완전히 반환해 주지 못하고 임차목적물인 주택이나 상가가 경매로 넘어가게 되는 경우, 임대차보호법은 임차인이 미리 갖추고 있던 대항요건과 우선변제요건에 따라 자신의 보증금을 반환받을 수 있도록 제도적 장치를 마련하고 있다.

임대목적 부동산이 경매된 경우, 임차인은 임차보증금을 2가지 절차에 의하여 회수하게 된다. 첫째, 보증금 중 일정액은 여타의 물권자(대항력을 갖춘 경우에는 임차인보다 앞선 순위의 물권자보다 우선한다)나 채권자보다 우선하여 변제를 받는 방법(최우선변제)과 둘째, 앞에서 변제받은 최우선변제 금액을 제외한 나머지 보증금액을, 최우선변제를 위한 대항요건을 갖추지 못한 경우에는 자신의 보증금액 전부를 우선변제요건에 따라 여타의 물권자·채권자와 대등한 지위에서 우열을 다투어 순서대로 보증금을 배당받게 된다.

1 최우선변제(보증금 중 일정액의 우선변제)

1) 최우선변제 인정을 위한 요건

주택임차인은 보증금 중 일정액(최우선변제금액)을 다른 담보물권자보다 우선하여 변제를 받을 권리가 있다. 최우선변제를 받기 위해서는 ⓐ 임대차보호법상 최우선변제를 위한 소액보증금 범위[7] 이하의 보증금으로 계약이 체결되었어야 하고(소액보증금

---

7   주택임대차보호법 시행령 제10조 제1항, 제11조 제1항(2021. 5. 11. 개정), 상가건물임대차보호법 시행령 제6조·제7조 (2013. 12, 30 개정).

기준), ⓑ「경매신청의 등기 전」에 임차목적물에 대한 주택(상가)의 인도와 주민(사업자) 등록의 이전이 완료되어야 한다(대항력 취득).

다만 보증금 중 일정액의 우선변제를 받을 임차인 및 보증금 중 일정액의 범위와 기준은 주택가액의 2분의 1의 범위(상가도 동일)[8] 안에서 대통령령으로 정한다.[9]

또한 하나의 주택에 임차인이 2명 이상이고 이들이 그 주택에서 가정공동생활을 하는 경우에는 1명의 임차인으로 보아 이들의 각 보증금을 합산하여 계산한다.[10]

법		지역 구분	소액보증금 범위	일정액(최우선변제액)
개정 (10년)	주택	• 서울특별시 • 수도권 중 과밀억제권역(서울 제외) • 광역시(군지역과 인천광역시 제외) 등 • 위 이외의 지역	7,500만 원 이하 6,500만 원 이하 5,500만 원 이하 4,000만 원 이하	2,500만 원 2,200만 원 1,900만 원 1,400만 원
	상가	• 서울시 • 수도권 중 과밀억제권역(서울 제외) • 광역시(군지역과 인천광역시지역 제외) • 기타 지역	5,000만 원 이하 4,500만 원 이하 3,000만 원 이하 2,500만 원 이하	1,500만 원 1,350만 원 900만 원 750만 원
개정 (14년)	주택	• 서울특별시 • 수도권 중 과밀억제권역(서울 제외) • 광역시(군지역과 인천광역시 제외) 등 • 위 이외의 지역	9,500만 원 이하 8,000만 원 이하 6,000만 원 이하 4,500만 원 이하	3,200만 원 2,700만 원 2,000만 원 1,500만 원
	상가	• 서울시 • 수도권 중 과밀억제권역(서울 제외) • 광역시, 안산시, 용인시, 김포시, 광주시 • 기타 지역	6,500만 원 이하 5,500만 원 이하 3,800만 원 이하 3,000만 원 이하	2,200만 원 1,900만 원 1,300만 원 1,000만 원
개정 (16년)	주택	• 서울시 • 수도권 중 과밀억제권역(서울 제외) • 광역시(군지역과 인천광역시지역 제외) • 기타 지역	1억 원 이하 8,000만 원 이하 6,000만 원 이하 5,000만 원 이하	3,400만 원 2,700만 원 2,000만 원 1,700만 원
개정 (18년)	주택	• 서울특별시 • 수도권정비계획법의 과밀억제권역, 세종시, 용인시, 화성시 • 광역시, 안산시, 김포시, 광주시, 파주시 • 그 밖의 지역	1.1억 원 이하 1억 원 이하 6,000만 원 이하 5,000만 원 이하	3,700만 원 3,400만 원 2,000만 원 1,700만 원
개정 (21년)	주택	• 서울특별시 • 수도권정비계획법의 과밀억제권역, 세종시, 용인시, 화성시, 김포시 • 광역시, 안산시, 광주시, 파주시, 이천시, 평택시 • 그 밖의 지역	1.5억 원 이하 1.3억 원 이하 7,000만 원 이하 6,000만 원 이하	5,000만 원 4,300만 원 2,300만 원 2,000만 원

8 　2014년부터는 상가도 2분의 1로 개정되었다.

9 　주택임대차보호법 제8조.

10 　주택임대차보호법 시행령 제3조 제4항. 이것 또한 2014년 1월 개정으로 인정되었다.

2) 경매배상에서 소액보증금 기준 파악 시 주의점

건물주인 임대인의 건물이 경매로 넘어간 경우(주택 및 상가 모두) 임차인이 최우선변제 보호를 받기 위한 소액보증금의 기준은 경매 당시의 기준이나 임대차 계약일 기준에 의하는 것이 아니라 등기상 최선순위 물권의 권리설정일 당시의 소액보증금 기준에 따라 결정됨에 주의하여야 한다.[11]

즉 등기부에 최선순위로 설정된 물권(예컨대 저당권)이 부동산 경매권리분석 시 말소기준으로서의 역할을 하며 그때를 기준으로 소액임차인의 최우선변제 보호금액이 달라진다.[12] 이를테면 같은 시세의 아파트에 같은 날 각각 계약을 하고 세 들어 산다 하더라도 집주인의 최선순위 저당권 설정일자가 언제인지에 따라 최우선변제금액이 달라지게 된다.

서울 소재 주택의 최우선변제를 위한 소액보증금 변화표

연 도	1984	1987	1990	1995	2001	2008	2010	2014	2016	2018	2021
계약서상 보증금액(이하)	300만 원	500만 원	2,000 만 원	3,000 만 원	4,000 만 원	6,000 만 원	7,500 만 원	9,500 만 원	1억 원	1.1억 원	1.5억 원
보장되는 최우선금액	300만 원	500만 원	700만 원	1,200 만 원	1,600 만 원	2,000 만 원	2,500 만 원	3,200 만 원	3,400 만 원	3,700 만 원	5,000 만 원

예컨대 서울에서 2014년에 8천만 원에 주택을 임차한 경우 현재의 임대차보호법에 의하면 소액보증금에 해당하여 최우선변제의 보호를 받을 수 있는 것처럼 보인다. 그러나 건물주의 변제불능으로 2015년 경매에 넘어간 경우, 당해 건물에 설정된 물권(예컨대 저당권)이 2010년에 경료되었다면 소액보증금의 기준도 2010년 소액보증금액을 기준으로 하여 판단하여야 한다. 즉, 2010년 서울 소재 임대차의 소액보증금은 7,500만 원을 기준으로 하여 소액보증금의 대상에서 제외되고 최우선변제는 받을 수 없게 된다(우선변제는 별도로 판단해야 함은 물론이다).

---

11 주택임대차보호법 및 상가건물임대차보호법 각 부칙 4조.

12 이에 관하여는 부동산 권리파악에서 설명한 말소기준이 되는 권리에서 후술한다.

2 우선변제(보증금의 회수)

주택의 인도·주민등록의 이전·확정일자의 대항력을 구비하거나 임차권등기 명령에 의한 등기, 민법에 의한 임대차등기가 있는 경우에는 민사집행법에 의한 경매 또는 국세징수법에 의한 공매 시 임차주택(대지를 포함한다)의 환가대금에서 후순위권리자 기타 채권자보다 우선하여 보증금을 변제받을 권리가 있다. 법적 성질상 채권인 임차권이 물권화하는 경우이다.

임대차보호법 최우선변제와 우선변제의 요건과 효과 비교

유 형	대항요건			대항가능	대항금액
	건물의 인도	등록이전	기타 요건		
최우선변제	주택의 인도	주민등록	**보증금 상한 제한**	누구에게나	일정액만
우선변제	상가의 인도	사업자등록	**확정일자**	후순위자에게	보증금 전액

3 경매신청 시의 특례

현행 민사집행법에 의하면 임차인이 보증금반환청구소송에서 승소한 후 먼저 주택을 비워주어야 경매절차가 진행되도록 규정하고 있는데, 만약 임차인이 위와 같이 경매를 하기 위하여 주택을 비워주게 되면 우선변제권을 상실하기 때문에 다른 채권자들과 동등한 권리밖에 갖지 못하여 임차인에게 매우 불리하다.

1999. 3. 1부터 시행된 주택임대차보호법은 임차인을 보호하기 위하여 임차인이 확정판결을 받고 경매신청을 하면 집을 비워주지 않고 계속 거주하더라도 경매절차가 개시되도록 하고 있다.

4 우선변제권 인정 대상의 확대

개정 전의 경우 우선변제권을 가진 자는 임차인에 한정하였으나, 개정 후에는 보증금반환채권을 양수받은 금융기관까지 확대되었다. 이는 임차인이 전세보증금을 대출받은 다음에 금융기관에 '임차보증금 반환청구권'을 양도받는 방식을 이용하여

보증금대출에 편리를 제공받고 있다. 금융기관이 임대차보호법상 우선변제권을 확보할 수 있어 임차인이 과거의 금리보다 낮은 금리로 더 많은 한도금액을 대출받을 수 있게 하는 취지이다(주택임대차와 상가임대차 모두 공통으로 인정).[13]

IV 존속기간과 차임의 증감

1 존속기간

1) 임대차의 존속기간

주택임대차의 기간의 정함이 없거나 기간을 2년 미만으로 정한 임대차는 그 기간을 2년(상가: 1년)으로 본다. 다만, 임차인이 원할 경우에는 2년 미만으로 정한 기간이 적용된다.[14]

2) 묵시의 갱신과 해지

주택의 임대인이 임대차기간이 만료되기 6개월 전부터 2개월 전(주택임대차보호법 제6조 제1항 전문. 20. 6. 9. 개정)까지에 임차인에 대하여 갱신거절이나 조건변경의 통지를 하지 아니한 경우에는 기간이 만료된 때에 전임대차와 동일한 조건으로 다시 임대차한 것으로 본다. 상가의 경우는 위 기간이 6개월 전부터 1개월 전까지의 기간으로한다(상가건물임대차보호법 제10조 제4항). 주택 임차인이 임대차기간이 끝나기 2개월 전까지(주택임대차보호법 제6조 제1항 후문. 20. 6. 9. 개정) 통지하지 아니한 경우에도 동일한 조건으로 다시 임대차한 것으로 본다. 이 경우 임대차의 존속기간은 주택은 2년으로 보고,

---

13　전세보증금 대출을 위한 자격요건으로는 부부의 합산 소득이 연 6,000만 원 이하이면서 3억 원 이하(서울·수도권) 전세보증금을 대출받는 경우 신청이 가능하다. 목돈 안 드는 전세를 위한 대출상품이 금리 3% 후반 ~ 4% 초반, 최대 3억까지 대출이 가능하게 되었다고 한다.

14　주택임대차보호법 제4조.

상가는 1년으로 본다.[15]

「묵시의 갱신」이 있은 후에는 임차인은 존속기간 2년(주택), 1년(상가)에도 불구하고 언제든지 임대인에 대하여 계약해지의 통지를 할 수 있고, 임대인이 그 통지를 받은 날부터 3월이 경과하면 계약해지의 효력이 발생한다.[16]

2 차임의 증감

1) 차임 또는 보증금의 증감

주택임대차보호법상 약정한 차임 또는 보증금이 임차주택에 관한 조세·공과금 기타 부담의 증감이나 경제사정의 변동으로 인하여 상당하지 아니하게 된 때에는 당사자는 장래에 대하여 그 증감을 청구할 수 있다.[17] 차임 또는 보증금의 증액청구는 약정한 차임 또는 보증금의 5%을 초과하지 못하고,[18] 임대차계약 또는 약정한 차임 또는 보증금의 증액이 있은 후 1년 이내에는 이를 하지 못한다.[19]

한편 상가임대차의 경우 차임 또는 보증금이 임차건물에 관한 조세, 공과금, 그 밖의 부담의 증감이나 「감염병의 예방 및 관리에 관한 법률」 제2조 제2호에 따른 제1급감염병 등에 의한 경제사정의 변동으로 인하여 상당하지 아니하게 된 경우에는 당사자는 장래의 차임 또는 보증금에 대하여 증감을 청구할 수 있다. 그러나 증액의 경우에는 대통령령으로 정하는 기준에 따른 비율(증액청구 당시의 차임 또는 보증금의 5%)을 초과하지 못한다.[20] 또한 증액 청구는 임대차계약 또는 약정한 차임 등의 증액이 있은 후 1년 이내에는 하지 못한다.

---

15 주택임대차보호법 제6조 제2항. 상가건물임대차보호법 제10조 제4항.

16 주택임대차보호법 제6조의2. 상가건물임대차보호법 제10조 제5항.

17 주택임대차보호법 제7조 제1항.

18 주택임대차보호법 제7조 제2항. 다만 특별시·광역시·특별자치시·도 및 특별자치도는 관할 구역 내의 지역별 임대차 시장 여건 등을 고려하여 본문의 범위에서 증액청구의 상한을 조례로 달리 정할 수 있다. <신설 2020. 7. 31.>

19 주택임대차보호법 시행령 제2조.

20 상가건물임대차보호법 제11조 제1항. 그러나 「감염병의 예방 및 관리에 관한 법률」 제2조 제2호에 따른 제1급감염병에 의한 경제사정의 변동으로 차임 등이 감액된 후 임대인이 제1항에 따라 증액을 청구하는 경우에는 증액된 차임 등이 감액 전 차임 등의 금액에 달할 때까지는 같은 항 단서를 적용하지 아니한다(상가건물임대차보호법 제11조 제3항). <신설 2020. 9. 29.>

그러나 감액은 임차인에게 일방적으로 유리하므로 이러한 제한 없이 당사자 간의 합의에 의해 보증금이나 월세를 감액할 수 있다.

2) 보증금의 월세전환

주택임대차보호법에서는 보증금의 전부 또는 일부를 월 단위의 차임으로 전환하는 경우에는 전환되는 금액에 ㉮ 은행법에 따른 은행에서 적용하는 대출금리와 해당 지역의 경제 여건 등을 고려하여 대통령령으로 정하는 비율과 ㉯ 한국은행에서 공시한 기준금리에 대통령령으로 정하는 이율을 더한 비율 중 낮은 비율을 곱한 월차임(月借賃)의 범위를 초과할 수 없다.

한편 상가의 경우는 전환되는 금액에 ㉮ 은행법에 따른 은행의 대출금리 및 해당 지역의 경제 여건 등을 고려하여 대통령령으로 정하는 비율(연 12%)과 ㉯ 한국은행에서 공시한 기준금리에 대통령령으로 정하는 배수를 곱한 비율 중 낮은 비율을 곱한 월차임의 범위를 초과할 수 없다.

보증금의 월세전환 시 비율

주택	㉮대통령령으로 정하는 비율 ㉯한국은행 공시기준금리 + 대통령령이 정하는 비율
상가	㉮대통령령으로 정하는 비율 ㉯한국은행 공시기준금리 X 대통령령이 정하는 비율

V 계약갱신요구권

1 주택의 경우

주택의 경우 계약갱신요구권(갱신청구권)이 2020년 개정으로 인정되게 되었다.[21] 그

---

21 주택임대차보호법 제6조의3(계약갱신 요구 등).

내용은 다음과 같다.

1) 계약갱신요구권의 인정과 거절사유

임대인은 임차인이 임대차기간이 끝나기 6개월 전부터 2개월(20. 7. 31. 신설) 전까지의 기간 이내에 계약갱신을 요구할 경우 정당한 사유 없이 거절하지 못한다.[22] 다만 일정한 경우에는[23] 임대인이 임차인의 계약갱신요구를 거절할 수 있다.

2) 권리행사 횟수

임차인은 계약갱신요구권을 1회에 한하여 행사할 수 있다. 이 경우 갱신되는 임대차의 존속기간은 2년으로 본다.

3) 갱신된 계약의 조건과 차임

갱신되는 임대차는 전 임대차와 동일한 조건으로 다시 계약된 것으로 본다. 다만, 차임과 보증금은 후술하는 바와 같이 주택임대차보호법 제7조(차임의 증감청구권)의 범위에서 증감할 수 있다.

---

22 주택임대차보호법 제6조의3 제1항.

23 주택임대차보호법 제6조의3 제1항 단서.
다음 각 호의 어느 하나에 해당하는 경우에는 임대인이 임차인의 계약갱신요구를 거절할 수 있다.
1. 임차인이 2기의 차임액에 해당하는 금액에 이르도록 차임을 연체한 사실이 있는 경우
2. 임차인이 거짓이나 그 밖의 부정한 방법으로 임차한 경우
3. 서로 합의하여 임대인이 임차인에게 상당한 보상을 제공한 경우
4. 임차인이 임대인의 동의 없이 목적 주택의 전부 또는 일부를 전대(轉貸)한 경우
5. 임차인이 임차한 주택의 전부 또는 일부를 고의나 중대한 과실로 파손한 경우
6. 임차한 주택의 전부 또는 일부가 멸실되어 임대차의 목적을 달성하지 못할 경우
7. 임대인이 다음 각 목의 어느 하나에 해당하는 사유로 목적 주택의 전부 또는 대부분을 철거하거나 재건축하기 위하여 목적 주택의 점유를 회복할 필요가 있는 경우
　가. 임대차계약 체결 당시 공사시기 및 소요기간 등을 포함한 철거 또는 재건축 계획을 임차인에게 구체적으로 고지하고 그 계획에 따르는 경우
　나. 건물이 노후·훼손 또는 일부 멸실되는 등 안전사고의 우려가 있는 경우
　다. 다른 법령에 따라 철거 또는 재건축이 이루어지는 경우
8. 임대인(임대인의 직계존속·직계비속을 포함한다)이 목적 주택에 실제 거주하려는 경우
9. 그 밖에 임차인이 임차인으로서의 의무를 현저히 위반하거나 임대차를 계속하기 어려운 중대한 사유가 있는 경우

4) 갱신계약 후 해지

임차인의 계약갱신요구권의 행사로 갱신되는 임대차의 해지에 관하여는 전술한 묵시적 갱신의 경우 계약의 해지에 관한 규정(동법 제6조의2)이 준용된다.

5) 갱신거절 후 손해배상

임대인이 「임대인(임대인의 직계존속·직계비속을 포함)이 목적 주택에 실제 거주하려는 경우」를 사유(동법 제6조의3 제1항 제8호)로 계약갱신을 거절하였음에도 불구하고 갱신요구가 거절되지 아니하였더라면 갱신되었을 기간이 만료되기 전에 정당한 사유 없이 목적 주택을 제3자에게 임대한 경우 임대인은 갱신거절로 인하여 임차인이 입은 손해를 배상하여야 한다. 배상금액에 관하여는 따로 규정이 있다.[24]

2 상가의 경우

상가 임차인의 "계약갱신요구권(갱신청구권)"은 주택의 계약갱신요구권보다 먼저 인정되고 있었다. 상가건물 임차인이 임대차기간 만료 전 6개월 전부터 1개월까지 사이에 행하는 계약갱신 요구에 대하여 정당한 사유 없이 이를 거절하지 못한다.[25] 법 개정(2013. 8. 18. 시행)으로 과거 대통령령이 정하는 일정한 보증금액(서울 3억 원 등) 이하의 상가임차인에게만 인정되던 갱신요구권을 모든 상가임대차에 확대하였고, 또한 갱신요구에 대한 임대인의 거절사유[26]를 명확히 하여 일정한 경우 계약 갱신이 거절

---

24   주택임대차보호법 제6조의3 제6항. 이 경우 손해배상액은 거절 당시 당사자 간에 손해배상액의 예정에 관한 합의가 이루어지지 않는 한 다음 각 호의 금액 중 큰 금액으로 한다.
1. 갱신거절 당시 월차임(차임 외에 보증금이 있는 경우에는 보증금을 제7조의2 각 호 중 낮은 비율에 따라 월 단위의 차임으로 전환한 금액을 포함한다. 이하 "환산월차임"이라 한다)의 3개월분에 해당하는 금액
2. 임대인이 제3자에게 임대하여 얻은 환산월차임과 갱신거절 당시 환산월차임 간 차액의 2년분에 해당하는 금액
3. 제1항 제8호의 사유로 인한 갱신거절로 인하여 임차인이 입은 손해액

25   상가건물임대차보호법 제10조 제1항.

26   계약갱신요구에 대한 거절가능 사유는 ㉮ 임차인이 3기의 차임액에 해당하는 금액에 이르도록 차임을 연체한 사실이 있는 경우, ㉯ 임차인이 거짓이나 그 밖의 부정한 방법으로 임차한 경우, ㉰ 서로 합의하여 임대인이 임차인에게 상당한 보상을 제공한 경우, ㉱ 임차인이 임대인의 동의 없이 목적 건물의 전부 또는 일부를 전대(轉貸)한 경우, ㉲ 임차인이 임차한 건물의 전부 또는 일부를 고의나 중대한 과실로 파손한 경우, ㉳ 임차한 건물의 전부 또는 일부가 멸실되어 임대차의 목적을 달성하지 못할 경우, ㉴ 임대인이 일정한 사유(㉠ 임대차계약 체결 당시 공사시기 및 소요기간 등을 포함한 철거 또는 재건축 계획을 임차인에게 구체적으로 고지하고 그 계획에 따르는 경우, ㉡ 건물이 노후·훼손 또는 일부 멸실되는 등 안전사고의 우려가 있는 경우,

될 수 있게 되었다.

한편 상가 임차인의 계약갱신 요구권은 최초의 임대차 기간을 포함한 전체 임대차 기간이 "10년(2018년 개정)"을 초과하지 않는 범위 내에서만 행사할 수 있다.

 기타

1 소 멸

1) 소멸사유

목적물의 멸실, 혼동, 존속기간의 만료 등의 권리일반의 소멸사유에 의하여 소멸한다. 또한 임차권은 임차주택에 대하여 민사집행법에 의한 경매가 행하여진 경우에는 임차주택의 경락에 의하여 소멸한다. 다만, 보증금이 전액 변제되지 아니한 대항력이 있는 임차권은 그러하지 아니하다.[27]

2) 임차권의 승계

임차인과 사실상의 혼인관계에 있는 자는 민법상 재산상속권이 없으므로 임차인이 사망하게 되면 임차주택에서 쫓겨나게 된다. 이러한 불합리를 제거하기 위하여 임차인이 상속권자가 없이 사망한 경우에는 주택에서 임차인과 함께 살고 있던 사실상의 혼인관계에 있던 자에게 임차권 및 보증금반환 청구권이 승계되도록 하고 있다. 상속권자가 있는 경우에도 상속권자가 임차인과 함께 살고 있지 않을 때에는 사실상의 혼인관계에 있는 자와 비동거자인 상속권자 중 2촌 이내의 친족이 공동으로 승계되도록 하고 있다.

ⓒ 다른 법령에 따라 철거 또는 재건축이 이루어지는 경우)로 목적 건물의 전부 또는 대부분을 철거하거나 재건축하기 위하여 목적 건물의 점유를 회복할 필요가 있는 경우, ⓓ 그 밖에 임차인이 임차인으로서의 의무를 현저히 위반하거나 임대차를 계속하기 어려운 중대한 사유가 있는 경우 등이 있다(상가건물임대차보호법 제10조 제1항).

27 주택임대차보호법 제3조의5.

다만 주택임대차보호법에서의 임차권의 승계와 같은 규정은 상가건물임대차보호법에서는 존재하지 않는다.

2 소액사건심판 절차의 준용

종래에는 임대차보증금 반환청구소송은 정식재판절차를 따랐기 때문에 소송이 장기간에 걸쳐 이루어질 뿐만 아니라 소송지연으로 인하여 임차인이 매우 불리하였는바, 동법은 보증금반환청구소송의 경우, 소액사건(訴價가 3,000만 원을 초과하지 않는 금전 기타의 대체물이나 유가증권의 지급을 목적으로 하는 제1심의 민사사건) 심판법을 준용하여 소장이 접수되면 즉시 변론기일을 지정하고, 가급적 1회의 변론기일로 변론을 종결하고, 다툼이 없는 경우에는 결심과 동시에 선고하며, 그 경우에는 판결이유의 기재를 생략할 수 있도록 하였다.

3 편면적 강행규정성

주택임대차보호법이든 상가건물임대차보호법이든 동법의 규정에 위반된 약정으로서 임차인에게 불리한 계약은 효력이 없다.[28]

 상가임대차 권리금

1 권리금의 정의

「권리금」이란 "임대차 목적물인 상가건물에서 영업을 하는 자 또는 영업을 하려는 자가 영업시설·비품, 거래처, 신용, 영업상의 노하우, 상가건물의 위치에 따른 영업상의

---

28 주택임대차보호법 제10조.

이점 등 유형·무형의 재산적 가치의 양도 또는 이용대가로서 임대인, 임차인에게 보증금과 차임 이외에 지급하는 금전 등의 대가"를 말한다. 그리고 「권리금 계약」이란 "신규임차인이 되려는 자가 임차인에게 권리금을 지급하기로 하는 계약"을 말한다.[29]

권리금이란 상가가 교통이 편하여 사람의 왕래가 잦은 지역에 있거나 오랫동안 같은 위치에 있어 사람들에게 널리 알려져 있는 등으로 장사가 잘된다는 이점을 돈으로 평가한 것인데, 임대보증금은 건물주에게 주는 것인데 반하여, 권리금은 새로운 임차인이 그 상가의 종전 임차인에게 지급하는 것이다.

막대한 권리금을 지급하고 상가를 빌린 임차인은 일정기간 그 상가에서 영업한 후 그 상가를 다른 사람에게 넘기면서 권리금을 다시 회수할 수 있다고 생각하고 있으나, 현행 상가건물임대차보호법상 보증금과 같이 나중에 임대차관계가 종료될 때 반드시 회수할 수 있도록 보장되어 있지는 않다. 따라서 권리금 거래를 하려는 사람은 예측하지 못했던 손해를 입지 않도록 스스로 각별한 주의를 하여야 한다. 즉, 권리금의 액수를 신중하게 평가하여야 하며, 상가가 권리금 수수에 적절한 곳인지 평가해 보아야 하고, 임차인이 다시 새로운 임차인으로부터 그 권리금을 회수하고 건물을 재임대할 수 있는 권리가 있다는 것을 미리 임대인으로부터 확인하여 둘 필요가 있다. 그러나 임대인은 이를 명시적으로는 인정하지 않으려는 경향이 있고, 경우에 따라서는 임대인이 권리금을 챙기려는 경우도 있다(예컨대 이른바 바닥권리금은 임대인이 수령하나 임대차기간이 만료한 경우 임차인이 새로운 임차인에게서 받을 수는 있으나 임대인에게서 받을 수는 없는 권리금이다).

2 권리금 회수기회 보호

1) 권리금 회수기회의 보장

임대인은 임대차기간이 끝나기 6개월 전부터 임대차 종료 시까지 권리금 회수방해행위에 해당하는 행위를 함으로써 권리금 계약에 따라 임차인이 주선한 신규임

---

29 상가건물임대차보호법 제10조의3 제1항·제2항.

차인이 되려는 자로부터 권리금을 지급받는 것을 방해하여서는 아니 된다.[30] 그러나 임차인의 계약갱신요구권을 거절할 수 있는 사유[31]가 있는 경우에는 임대인은 권리금 수수에 개입할 수 있다.[32]

2) 권리금 회수 방해행위 유형

임차인의 권리금 회수를 방해하는 임대인의 행위 유형은 다음과 같다(금지행위 유형).

❶ 임차인이 주선한 신규임차인이 되려는 자에게 권리금을 요구하거나 임차인이 주선한 신규임차인이 되려는 자로부터 권리금을 수수하는 행위(권리금 요구·수수 행위)

❷ 임차인이 주선한 신규임차인이 되려는 자로 하여금 임차인에게 권리금을 지급하지 못하게 하는 행위(권리금 지급방해행위)

③ 임차인이 주선한 신규임차인이 되려는 자에게 상가건물에 관한 조세, 공과금, 주변 상가건물의 차임 및 보증금, 그 밖의 부담에 따른 금액에 비추어 현저히 고액의 차임과 보증금을 요구하는 행위(과도한 차임·보증금 증액행위)

④ 그 밖에 정당한 사유 없이 임대인이 임차인이 주선한 신규임차인이 되려는 자와 임대차계약의 체결을 거절하는 행위(기타 체결거절행위)

3) 신규 임차계약 거절사유

다음 어느 하나에 해당하는 경우에는 신규임차인과 계약체결을 거절할 정당한 사유가 있는 것으로 본다.[33]

❶ 임차인이 주선한 신규임차인이 되려는 자가 보증금 또는 차임을 지급할 자력이 없는 경우

❷ 임차인이 주선한 신규임차인이 되려는 자가 임차인으로서의 의무를 위반할 우

---

30 상가건물임대차보호법 제10조의4 제1항.

31 상가건물임대차보호법 제10조 제1항 제1호~제8호의 사유는 전술하였다.

32 상가건물임대차보호법 제10조의4 제1항 단서.

33 상가건물임대차보호법 제10조의4 제2항.

려가 있거나 그 밖에 임대차를 유지하기 어려운 상당한 사유가 있는 경우
❸ 임대차 목적물인 상가건물을 1년 6개월 이상 영리목적으로 사용하지 아니한 경우
❹ 임대인이 선택한 신규임차인이 임차인과 권리금 계약을 체결하고 그 권리금을 지급한 경우

4) 방해행위에 대한 손해배상

임대인이 임차인의 권리금 회수기회 보장 규정을 위반하여 임차인에게 손해를 발생하게 한 때에는 그 손해를 배상할 책임이 있다. 이 경우 그 손해배상액은 신규임차인이 임차인에게 지급하기로 한 권리금과 임대차 종료 당시의 권리금 중 낮은 금액을 넘지 못한다.[34] 또한 임대인에게 손해배상을 청구할 권리는 임대차가 종료한 날부터 3년 이내에 행사하지 아니하면 시효의 완성으로 소멸한다.[35]

5) 임차인의 신규임차인에 대한 정보제공의무

임차인은 임대인에게 임차인이 주선한 신규임차인이 되려는 자의 보증금 및 차임을 지급할 자력 또는 그 밖에 임차인으로서의 의무를 이행할 의사 및 능력에 관하여 자신이 알고 있는 정보를 제공하여야 한다.[36]

3 권리금 적용 제외

임대차 목적물인 상가건물이 ① 유통산업발전법 제2조의 대규모점포 또는 준대규모점포의 일부이거나 ② 국유재산법에 따른 「국유재산」 또는 공유재산 및 물품관리법에 따른 「공유재산」인 경우에는 권리금 규정이 적용되지 아니한다.[37]

---

34   상가건물임대차보호법 제10조의4 제3항.
35   상가건물임대차보호법 제10조의4 제4항.
36   상가건물임대차보호법 제10조의4 제5항.
37   상가건물임대차보호법 제10조의5. <개정 2018. 10. 16.>

다음 각 호의 어느 하나에 해당하는 상가건물 임대차의 경우에는 적용하지 아니
한다.

4 표준권리금계약서 작성 권장

국토교통부장관은 법무부장관과 협의를 거쳐 임차인과 신규임차인이 되려는 자
의 권리금 계약 체결을 위한 표준권리금계약서를 정하여 그 사용을 권장할 수 있
다.[38]

🔍 주택·상가건물의 임대차 보호법 비교표

구 분		주택임대차	상가건물임대차
목 적		• 국민주거생활의 안정보장	• 국민경제생활의 안정보장
적용 범위	객체	• 주거용건물의 전부·일부의 임대차에 적용	• 사업자등록의 대상이 되는 상가건물 • 건물일부가 영업용인 경우 주된 기능이 영 업용이면 적용
	주체	• 자연인·법인 모두	• 좌 동
	보증금 상한 제한	• 법 적용을 위한 보증금 상한제한 없음	• 법 적용을 위한 보증금 기준 있음 | 구 분	보증금 기준
---	---
서울특별시	9억 원
수도권	6억 9천만 원
광역시 등	5억 4천만 원
그 밖의 지역	3억 7천만 원	
	시간적 범위	• 시행일 이후 체결·갱신된 임대차(예외 有)	• 좌 동
대항력	의미	• 임차인이 목적물의 매수인에게 자신의 권 리를 주장할 수 있는 능력	• 좌 동
	미등기에 의한 대항력 취득	• 주택인도·주민등록이전 다음 날부터	• 상가건물인도·사업자등록 다음 날부터
	등기에 의한 대항 력 취득	1) 임차권의 등기: 임차권의 물권화 2) 임차권등기명령: 임대차 종료 후 보증금 반환을 위하여	• 좌 동

---

38 상가건물임대차보호법 제10조의6. <개정 2020. 7. 31.>

구 분		주택임대차	상가건물임대차
보증금 회수	최우선변제	• 경매신청등기 전에 주택인도와 주민등록이 전 완료 등 • 보증금 중 일정액을 보장 • 한 주택에 임차인 數人의 구분임차인이 가 정공동생활을 하는 경우	• 경매신청등기 전에 상가건물인도와 사업자 등록 완료 등 • 보증금 중 일정액을 보장
		지역 / 소액금상한 / 일정액 서울시 1.5억 원 이하 5,000만 원 수도권 1.3억 원 이하 4,300만 원 광역시 7,000만 원 이하 2,300만 원 기타 6,000만 원 이하 2,000만 원	지역 / 보증금상한 / 일정액 서울시 6,500만 원 이하 2,200만 원 수도권 5,500만 원 이하 1,900만 원 광역시 3,800만 원 이하 1,300만 원 기타 3,000만 원 이하 1,000만 원
	우선변제	• 주택인도+주민등록이전+확정일자 구비하 거나, 임차권등기명령으로 등기나 민법규 정에 의한 등기 • 후순위권리자나 채권자보다 우선 변제보장	• 상가건물인도+사업자등록+확정일자 구비 하거나, 임차권등기명령에 의한 등기나 민 법규정에 의한 등기 • 후순위권리자나 채권자보다 우선 변제보장
	경매신청 시 특례	• 보증금반환청구소송에서 주택을 비워줌이 없이 경매신청가능	• 좌 동
존속 기간	임대차 존속기간	• 2년 보장	• 1년 보장
	묵시의 갱신·해지	• 임대인이 기간만료 6~2월에 갱신거절·조 건변경하지 않으면 전임대차와 동일한 조 건으로 갱신한 것으로 간주	• 임대인이 기간만료 6~1월에 갱신거절·조 건변경하지 않으면 전임대차와 동일한 조 건으로 갱신한 것으로 간주
	임차인의 갱신 청구	• 갱신청구권 있음(1회 한함)	• 갱신청구권 있음(도합 10년 이내)
차임 증감	차임·보증금 증감	• 당사자 모두 증감청구가능 • 보증금의 5/100(5%) • 증액 후 1년 내 증액불가	• 좌 동
	보증금의 월세 전환	• 규정 있음	• 좌 동
	임차권의 소멸	• 목적물멸실, 혼동, 존속기간만료 등 • 민사집행법의 경매로 소멸 • 단 대항력갖춘 임차권은 보증금 전액변제 시에만 소멸	• 좌 동
	임차권의 승계	• 사실혼 배우자의 승계권 인정	• 없음
	소액사건심판 절차 준용	• 임대차보증금 반환청구소송은 간편한 소액 사건심판 절차를 준용	• 좌 동

 사례 해결

1 사례 내용

나임차 씨는 2011년 3월 말에 서울시 행당동 소재 3층 다세대주택 중 2층을 5천만 원의 보증금으로 임차하여 인도받으면서 주민등록을 이전하였으나 확정일자를 받지는 못했다. 그리고 2011년 5월 말에 3층을 또임차 씨가 4천만 원으로 임차하여 주민등록을 마치고 확정일자까지 받았다. 같은 해 6월 중순에 재임차 씨가 보증금 8천만 원으로 1층을 임차하여 주민등록과 확정일자를 마쳤다. 한편 이 주거건물은 준공 직후인 2011년 1월 말에 이미 은행으로부터 5천만 원의 근저당이 설정되어 있는 상태였다.

2013년 10월에 이 건물의 주인이 하던 무역사업이 사기를 당해 파산하기에 이르러 건물이 경매에 넘어가고 말았다. 경매 결과 제3자에게 1억 8천만 원에 경락되었다. 나임차 씨, 또임차 씨, 재임차 씨, 은행이 경락대금에서 받을 수 있는 금액은 각각 얼마인가? 단 경매비용은 없는 것으로 간주한다.

2 사례 해결

			대항요건 구비 여부와 순위			단위: 만 원

순위	구분	기준 일자	대항 요건			보증(저당)금액
			건물 인도	주민 등록	확정일자	
1	은 행					
2	나임차					
3	또임차					
4	재임차					

최우선변제와 우선변제 결과
단위: 만 원

순위	구분	채권액	최우선변제		우선변제		배당 결과	
			인정여부	금액	인정여부	금액	배당액	부족액
1	은 행							
2	나임차							
3	또임차							
4	재임차							

제11강

기타 부동산
권리변동

제11강

기타 부동산 권리변동

I 부동산 교환계약

1 부동산 교환의 의의

당사자 쌍방이 금전 이외의 재산권을 상호 이전할 것을 약정함으로써 성립하는 계약이다.[1] 교환은 낙성·쌍무·유상·불요식의 계약인 점은 매매와 동일하지만, 교환의 목적물이 금전 이외의 재산권에 한한다는 점에서 매매와 차이가 있다.

2 교환계약의 성립

교환은 당사자 쌍방이 금전 이외의 재산권을 상호 이전할 것을 약정함으로써 성립한다. 만일 당사자의 일방이 금전의 소유권을 이전하는 경우에는 매매이지 교환이 아니다.

한편 당사자 쌍방이 금전 이외의 재산권을 서로 이전할 것을 약정하면서 아울러 일방 당사자가 일정액의 금전을 보충 지급할 것을 약정할 수 있다. 쌍방이 서로 교환하는 목적물 내지 재산권의 가격이 균등하지 않을 때에 차액을 보충하기 위한 것으로 이 경우에도 민법은 교환으로 보는 특칙을 두고 있다.[2] 이때 지급되는 금전이 바

---

1   민법 제596조.
2   민법 제597조.

로 "보충금"이다.

3 교환의 효력

교환의 효력에 관해서는 매매에 관한 규정이 준용된다. 따라서 특정물 교환에서 소유권의 이전시기 또는 담보책임 등은 매매에서와 같이 취급된다. 교환은 쌍무계약이므로 동시이행의 항변권 및 위험부담에 관한 규정이 준용된다. 또한 보충금이 지급되는 교환에 있어서도 보충금에 관하여 매매의 대금에 관한 규정이 준용된다. 보충금을 지급하는 당사자는 급부하는 금전 이외의 물건에 관하여는 매도인의 담보책임 규정이 준용된다.

4 부동산 교환의 장단점

1) 부동산교환의 장점

시장성이 낮아 처분하지 못하는 부동산이 교환을 이용하여 가능해지고 부동산의 처분과 취득을 함께하려는 2중의 거래 목적이 교환을 통하여 신속하게 목적을 달성하므로 경제적일 수 있다. 중개업자의 경우는 한 번에 2건의 거래를 중개하는 결과를 갖게 되며, 거래당사자의 경우 세금부담 면에서도 유리하고 자본상실(양도세와 취득세 등 세금과 중개비용 등)을 방지하는 결과가 나오게 된다. 교환에 양도세를 부과하지 않는 국가에서는 부동산의 교환이 촉진된다 할 것이다.

2) 부동산교환의 단점

2개 이상의 부동산이 함께 거래대상이 되기 때문에 교환중개업자(exchange broker)가 중요시되는 동시에 중개업자로서는 평가·권리분석·물건분석 등을 동시에 다루어야 하므로 상당히 어려운 경우가 많다.

II 부동산 증여계약

1 증여의 의의

증여는 일방 당사자가 목적물을 이전할 것을 약정하지만 상대방은 아무런 급부를 하지 않는 것을 말한다. 현대사회에서는 증여의 사회적·경제적 작용은 매우 적은 편이나, '자선·종교·교육 또는 학술 등의 특수한 목적'을 위한 증여인 '기부(寄附)'는 큰 작용을 한다.

현행법에서는 증여를 단독행위로 보지 않고, 증여자와 증여받는 자(이하 수증자라 함) 사이의 의사의 합치로 성립하는 계약으로 규정하고 있다. 증여를 단독행위로 할 경우 증여받기를 원치 않는 상대방에게 받도록 강요할 수 없으므로, 증여의 성립에는 수증자와 의사의 합치가 필요하다. 즉, 증여는 낙성·무상·불요식·편무계약이다.

2 증여의 효력

증여자는 계약에 의하여 채무를 지고 수증자는 채권만을 취득한다. 증여자가 약속대로 이행하지 않은 경우 채무불이행이 되며 강제이행이 가능하다(유상계약과 동일). 증여자는 증여의 무상성에 기하여 증여한 물건이나 권리에 하자가 있더라도 그에 대한 담보책임을 지지 않는 것이 원칙이다(담보책임의 부정).[3]

3 증여에 특유한 해제

1) 서면에 의하지 않은 증여의 해제

증여의 의사가 서면으로 표시되지 아니한 경우에는 각 당사자는 이를 해제할 수

---

3   민법 제559조.

있다.[4]

2) 망은행위에 의한 해제

수증자가 증여자 또는 그 배우자나 직계혈족에 대하여 범죄행위를 한 때, 증여자에 대하여 부양의무가 있는데 부양하지 않은 때에는 증여자는 해제할 수 있다.[5]

3) 사정변경에 의한 해제

증여계약 후에 증여자의 재산상태가 현저히 변경되고 그 이행으로 생계에 중대한 영향을 미칠 경우에는 증여자는 증여를 해제할 수 있다.[6] 「중대한 영향」의 판단은 증여자가 속하는 계급·지위 등을 고려하여 객관적으로 결정한다.

4 해제의 제한

서면에 의하지 않은 증여, 망은행위, 사정변경으로 인한 증여계약의 해제는 이미 이행한 부분에 대하여는 영향을 미치지 아니한다.[7]

5 특수한 증여

1) 정기증여

증여자가 수증자에게 정기적으로 일정한 급부를 하는 증여를 말한다. 계속적 채권관계에 속하는 정기증여는 증여자 또는 수증자의 사망으로 효력을 잃는다.[8]

---

4 민법 제555조.
5 망은행위에 의한 해제권은 해제원인이 있음을 안 날로부터 6개월을 경과하거나 증여자가 수증자에 대하여 용서의 의사를 표시한 때에는 소멸한다(민법 제556조).
6 민법 제557조.
7 민법 제558조.
8 민법 제560조.

2) 부담부증여

수증자가 증여를 받는 동시에 일정한 부담, 즉 일정한 급부를 하여야 할 채무를 부담하는 것을 조건으로 하는 증여계약을 말한다. 부담부증여에 대하여는 증여에 관한 규정 외에 쌍무계약에 관한 규정을 적용한다.[9] 부담의무 있는 상대방이 자신의 의무를 이행하지 아니할 때에는 비록 증여계약이 이미 이행되었다 하더라도 증여자는 계약을 해제할 수 있다.

3) 사인증여

증여자가 사망한 후에 사망자의 재산이 증여되는 경우를 말한다. 사인증여는 증여자가 살아 있을 때 수증자가 승낙하여야 성립하는 계약으로서 증여의 한 종류로 보는 점에서 단독행위인 유증과 다르다. 그러나 증여자의 사망 후에 효력이 발생한다는 점에서 유증과 같기 때문에 유증의 규정을 사인증여에 준용한다.[10]

Ⅲ 법률규정에 의한 변동

부동산에 관한 권리변동은 당사자 간의 법률행위인 매매나 증여, 교환, 임대차 등과 같은 「계약」에 의해 일어날 수도 있지만, 이 외의 사유에 의해서 권리변동이 일어날 수 있는데 이를 「법률규정에 의한 권리변동」이라고 한다. 이에 해당하는 것으로 「상속(유증 포함)·경매·판결(강제집행 등에 의한 승계, 질권에 의한 경락 등을 포함)·공용수용 등이 있다. 앞서 설명한 바와 같이 법률행위인 계약에 의한 권리변동은 대부분 부동산등기부에 등기되어야 권리변동의 효력이 발생하지만(등기의 효력발생요건성), 「법률규정에 의한 권리변동」의 경우에는 등기부에 등기되지 않더라도 권리이전이 발생한다. 다만

---

9   민법 제561조.

10   민법 제562조.

이 경우 등록해야만 제3자에게 권리변동을 대항할 수 있다(등기의 대항요건성).

1 상속

상속(相續)이란 사람이 사망한 경우 그가 살아 있을 때의 재산상의 지위가 법률의 규정에 따라 특정한 사람(상속인 또는 유증인)에게 포괄적으로 승계되는 것을 말한다.[11] 상속에 의해 지식재산이 이전되는 시기는 피상속인의 사망 시로서 이와 유사한 법적효과가 나타나는 것으로 인정사망, 실종선고 등이 있다. 따라서 피상속인의 사망 사실을 상속인이 몰라서 상속등기 등의 절차를 밟지 않고 있더라도 사망자가 가지고 있던 권리는 상속인들에게 이전된다. 다만 상속인이 가지고 있던 상속재산을 제3자에게 주장하거나 제3자에게 양도하려고 할 경우에는 상속인이 자신의 이름으로 상속등기를 하고 난 후에야 가능하다.

2 판결

부동산의 권리귀속에 관하여 분쟁이 발생한 경우 법원의 이행판결의 확정에 의하여 부동산에 대한 권리가 이전될 수 있다. 이 경우 권리의 이전시기에 관하여 등기부에 등기되는 때라고 하는 일부 견해도 있지만, 이 경우도 역시 판결확정 시에 권리이전이 일어나고, 등기부에 등기하여야 제3자에게 대항할 수 있다고 보는 것이 통설의 입장이다.

3 경매

부동산에 대한 권리의 실행 또는 강제집행에 의하여 부동산에 관한 권리가 경락되면 경락대금의 납부에 의하여 부동산에 관한 권리가 이전되고, 역시 이 경우에도 등기부에의 등기는 제3자에 대한 대항요건에 불과하다.

---

11 민법 제1005조.

4 공용수용

　정부는 전시·사변 또는 이에 준하는 비상시에 국방상 필요한 경우 등 공공의 이익을 위해 필요한 경우 부동산에 관한 권리를 강제로 수용할 수 있다. 이 경우에도 공용수용이 확정되는 때에 부동산에 관한 권리가 정부의 소유로 이전된다. 공용수용의 경우에는 통상 수용권자의 결정과 동시에 부동산등기부에 등기되기 때문에 공용수용의 등기가 부동산에 관한 권리이전의 성립시기인 것으로 보일 수는 있지만 엄밀하게 말하면 공용수용의 결정이 확정된 때에 권리의 이전이 일어난 것이고 등기부에 등기하는 것은 효력발생요건이라고 보아야 한다.

부동산거래
입문

제12강

부동산
거래 시 주의점

부동산거래 입문

제12강

부동산거래 시 주의점

I. 계약 전 확인사항

　부동산은 현실 경제계에서 이루어지는 거래 중 가격이 매우 높은 상품에 속한다. 부동산거래를 업으로 하는 자가 아닌 평범한 개인으로서는 평생 경험할 기회가 많지 않은 것이 부동산거래이다. 부동산 이용의 제한이나 규제와 관련된 공법이 100여 개가 넘고 사법상의 법률 또한 복잡하게 얽혀 있어서 법률에 대한 일반적인 지식만을 가진 개인으로서는 신중하게 대처해야 하는 것이 부동산거래이다. 부동산거래에 주의하고 확인해야 하는 것을 모두 파악하기는 어려운 일이다. 여기서는 부동산거래의 일반적인 경우를 상정하고 그에 대한 유의점이나 확인사항을 위주로 설명하고자 한다.

1. 관련서류 확인

1) 확인서류의 의의

　부동산을 거래하고자 하는 사람은 우선 당해 부동산의 권리의무관계에 대해서는 부동산등기(등기사항증명서)를 확인해야 하고, 물리적인 상황에 대해서는 건축물대장, 토지대장, 임야대장, 토지이용계획확인서, 공시지가확인서, 지적도, 임야도 등을 확인해야 한다.

2) 확인서류 등의 종류

"부동산등기"에는 표제부에 당해 부동산의 물리적인 상태를 표시해 주고 있고, 갑구와 을구에 권리관계를 표시하고 있다. 등기사항증명서를 발급받은 날 갑구의 마지막 소유자가 현재의 소유자로 추정되고, 을구에 제한물권이 말소되지 않은 채 남아 있다면 그 권리들은 아직 당해 부동산에 유효하게 성립되어 있는 것으로 이해하면 된다. 그리고 아파트, 다세대주택이나 연립주택과 같은 집합건물 토지와 건물은 하나로 등기되어 있지만(구분등기), 나머지 부동산은 토지등기와 건물등기를 함께 확인해야 한다.

또한 부동산의 결함을 알아보기 위해서 등기사항증명서, 토지대장, 임야대장, 건축물대장 등이 서로 일치하는지도 알아볼 필요가 있다. 그리고 부동산거래로 부담하게 될 각종 세금도 미리 확인하는 것이 바람직하다.

첫째, 부동산의 권리변동은 부동산의 등기를 신청할 때가 아니고 등기부에 실제로 기재되었을 때에 효력이 발생한다.

둘째, 구분소유가 인정되는 집합건물의 경우를 제외하고 일반적인 부동산은 토지등기와 건물등기가 병존하므로 양자를 모두 파악해야 한다.

셋째, 등기부상 표제부나 권리자에 관한 내용과 각종 대장상의 내용 그리고 지적도 등이 일치하는지 파악해야 한다. 예컨대 등기부상의 표제부에 기재된 내용과 토지대장이나 건축물 관리대장의 내용이 일치하는지 등을 조사해 보아야 한다. 만약 불일치한 경우 원인을 철저히 규명한 후 거래해야 할 것이다.

넷째, 부동산의 소유권의 이전, 즉 매매거래를 위한 경우에 당해 부동산에 등기되어 있는 소유권 이외의 권리가 설정되어 있는 경우에는 소유권이전이 이루어지기 전에 전부 말소시킬 것을 매매계약서 작성 시 특약사항으로 반드시 약정해야 한다.

다섯째, 건축물 관리대장상 온전하고 합법적인 건축물인지 파악해야 한다. 예컨대 건물 중 일부가 불법건축된 부분이 있는 경우 민사상 권리관계나 행정규제적인 문제가 발생할 위험이 있기 때문에 주의하여야 한다.

3) 허가·신고 등의 확인

토지거래규제대상지역의 거래 시에는 토지거래허가 등 절차를 밟아야 하기 때문

에 본인이 당해 부동산을 거래하고자 하는 경우 허가가 날지에 대해서도 알아보아야 한다. 건축과 관련하여서는 토지이용계획확인서를 통하여 도시계획 여부나 개발제한구역 여부 등도 확인해야 한다.

4) 확인 시 주의점

부동산을 거래하고자 하는 사람은 부동산 중개업자나 상대방이 보여주는 서류만을 믿고 거래하는 것은 안전한 방법이 아니다. 현재 기술의 발달로 관련서류의 위조나 변조가 쉽게 이루어져 선량한 일반인을 속일 수 있는 가능성이 곳곳에 혼재되어 있는 거래계의 현실을 감안할 때 관련서류는 본인이 직접 발급받아 확인하는 것이 필수이다. 즉, 이와 같은 서류들은 본인이 직접 법원등기소나 시·군·구청 및 동사무소에서 발급받을 수 있다. 또한 대법원인터넷등기소(www.iros.go.kr)에서 등기사항증명서를 발급·열람할 수 있고, 토지이용계획확인서와 개별공시지가 확인은 국토해양부 홈페이지(www.mltm.go.kr)에서 확인이 가능하다. 기타의 서류들은 민원24(www.minwon.go.kr)에서 발급·열람할 수 있다. 국민 누구나 행정기관의 방문 없이 어디서든 24시간 365일 필요한 민원서류를 신청·발급·열람하여 몇 분 내에 확인할 수 있다.

또한 부동산의 매매나 임대차 기타 법적인 거래를 하고자 하는 자는 다음과 같은 점을 주의하여야 한다. 즉, ① 당해 부동산이 단시일 내에 권리자가 여러 명 바뀌는 등 권리변동 관계가 빈번하고 복잡하게 이루어진 부동산은 매매나 임차 시 신중을 기해야 한다. ② 담보물권이나 가등기 등이 설정되어 있는 부동산은 당해 권리를 말소시키는 등 권리관계가 확실해지기 전에는 거래를 중단하거나 이들 권리를 소멸시킬 것을 조건으로 거래하는 것이 바람직하다. ③ 거래 직전에 비로소 소유권보존등기가 되거나 기타 상속등기나 회복등기 등 권리분쟁의 대상이 될 가능성이 있는 부동산의 거래는 일단 당해 등기의 변동원인관계까지 파악해서 거래 후 발생할 위험을 사전에 대비해야 한다. ④ 소송으로 확정판결을 받아 권리변동이 있는 부동산은 판결의 법률관계를 확인해서 당해 법류관계에 돌발변수가 발생할 수 있는지를 확인하는 것이 좋다. ⑤ 또한 부동산의 재산세 납세자가 재산세를 납세하였는지, 납세자와 부동산 소유자가 다른 경우 그 이유를 알아보아야 한다. ⑥ 그리고 부동산의 매수자인 경우에는 자신이 당해 부동산을 매입한 후 내야 하는 등록세와 취득세는 얼마인지도 확인해 두어야 한다. ⑦ 이와 같은 사항들을 확인하더라도 확실하게 파악되지 않는 사항이 있을 경우 변호사나 법무사 등 법률전문가와 상의한 후에 거래를 시작하는 것이 바람직하다. 현재 각종 사회단체는 고문변호사제도를 마련하고 있고 법원과 검찰청이 있는 도시의 경우 "법률구조공단"에서 상담변호사들의 도움을 받는 것도 가능하다.

2 현장확인

관련서류를 통해 부동산에 대한 판단이 어느 정도 되었다면 그다음에는 현장을 직접 확인해 볼 필요가 있다. 부동산거래에 있어서 거래 전의 현장확인은 주로 서류상으로는 확인할 수 없었던 사항을 확인해야 한다. 이 경우 부동산 중개업자의 말만 믿고 계약하지 말아야 한다. 신문광고나 중개업자의 말을 전적으로 다 신뢰할 수는 없으므로 관련자나 관계기관에 매수인 자신이 직접 확인할 필요가 있고, 특히 주변 시세에 비해 현저히 저렴한 부동산이나 별 이해관계가 없는 사람이 적극적으로 권하는 것은 상당한 주의를 하여야 한다.

현장확인에서는 등기부, 토지대장, 가옥대장 등 공부상의 기재와 실재가 일치하는가를 반드시 확인하여야 한다. 건축물의 경우 노후 정도도 현장에서 확인해 볼 사항이다.

토지의 경우 서류상의 지목과 실제로 사용되는 지목의 차이 여부를 확인하여야 한다. 서류상으로는 '전'이나 '답'인데 시간이 지나 현황도로[1]로 이용될 가능성도 있기 때문이다. 그리고 지적도상의 도로가 실제로 있는지 여부, 지적도상 도로와 현황도로가 일치하는지의 여부, 도로와 해당부지가 접한 길이 등 도로의 현황도 중요한 확인사항이다.

---

1   현황도로란 지적도에 도로로 표시되어 있지 않으나 수십 년 동안 도로로 이용되어 온 '사실상의 도로'를 말하는데 사실상의 현황도로는 기능 면에서는 손색이 없을지 몰라도 막상 건축하고자 할 때는 큰 문제에 봉착한다. 왜냐하면 건축허가를 받기 위해서는 국토계획 및 이용에 관한 법률, 도로법, 사도법 등에 의하여 고시되어 개설되거나 건축허가 시 허가권자가 그 위치를 지정·공고한 도로여야만 하는데 현황도로는 거기에 해당되지 않기 때문이다.
만약 부득이 건축허가를 받기 위해 현황도로를 신고해 허가권자로부터 도로로 지정받고자 하는 경우에는 도로로 지정하고자 하는 토지의 소유자의 동의와 그 도로에 대한 이해 관계자의 동의를 받아 증빙자료를 갖추어 건축허가신청 시에 제출하여 처리하여야 한다.

Ⅱ 계약체결 시

1 진정당사자 여부확인

부동산의 매매의 경우 매도인이, 임대차의 경우 임대인이 실제 소유자인지 여부는 등기사항증명서를 발급받아 확인할 수 있다. 부동산 중개업자를 통하여 거래하는 경우에도 본인이 직접 발급받아 확인하는 것이 안전하다.

거래 상대방이 제시하는 신분증인 주민등록증이나 운전면허증도 위조의 가능성이 전혀 없지 않기 때문에 주의하여야 한다. 주민등록증의 경우 "민원24" 사이트의 부가서비스에서 진위여부를 확인해 볼 수 있다. 또한 전화자동응답시스템(ARS: 국번 없이 1382번)에서도 누구나 주민등록증의 진위를 확인할 수 있다.[2]

한편 계약의 실제 작성자가 부동산의 실제 소유자 본인인지 대리인인지를 확인하고 대리인인 경우에는 대리권이 있는지 확인하여야 한다. 계약 시 가능하면 대리인과 계약하지 말고 거래당사자 간에 직접 계약하는 것이 좋다. 즉, 계약은 당사자 간에 직접 체결하는 것이 바람직하며 후일의 분쟁에 대비하여 입회인을 세울 필요도 있다. 부득이 대리인과 계약을 체결해야 하는 경우에도 위임장과 인감증명서(유효기간 3개월)를 확인하고 위임장수여여부를 본인(대리권을 수여한 부동산 소유자)에게 확인해 두어야 안전하다. 최근 스마트폰의 전화녹음기능을 활용할 경우 유용한 증거로 인정될 수 있음에 유의하여야 한다.

거래상대방이 미성년자인지 여부, 피성년후견인인지의 여부를 확인하여야 한다. 이 경우에는 원칙적으로 법정대리인의 동의서를 확인해야 한다.

부동산 소유자가 사망한 매매목적물에 대한 거래의 경우 상대방이 진정한 상속인인지의 여부를 확인하여야 한다. 거래계약체결 후의 등기 이전은 피상속인에게서 직접 매수인에게로 이전되지 않으므로, 상속인에게 명의이전한 후에 매수인에게 이전되어야 부동산관련법의 처벌을 면할 수 있다.

---

2   ARS로 주민번호와 발급일자를 입력하면 이름을 확인할 수 있다.

2 계약서내용

1) 계약서 작성 시 주의점

사전에 부동산 관련 서류를 확인했다고 하더라도 당일날 계약서 작성 전에 반드시 다시 한번 확인하는 것이 좋다. 그 사이에 권리변동이 있을 수 있기 때문이다. 그리고 부동산에 관한 거래로서 계약을 체결할 때는 계약서를 반드시 작성하여야 하고, 애매한 문구로 인하여 후일 손해를 보는 일이 없도록 내용은 구체적이고 명백하게 기재하여야 한다. 특히 부동산 중개업소에 비치되어 있는 인쇄된 계약서를 활용하는 것도 무방하지만, 기재내용을 면밀히 확인해야 한다. 한편 당사자 간의 특약사항이 있는 경우에는 이것도 반드시 계약서에 자세하게 기재하여야 한다. 또한 거래대상인 부동산의 멸실·훼손 등에 대한 매도인의 책임은 법에서 규정하고 있지만, 법규정보다 책임을 강화하는 데 합의가 있는 경우에는 반드시 특약사항으로 기재해두는 것이 안전하다.

2) 매매계약서 필수내용

후일 분쟁의 소지를 예방하고 거래관계를 명확히 하기 위하여 부동산 매매계약서에 기재되는 내용에는 다음의 사항이 반드시 포함되어야 한다.

> ① 매도인·매수인 당사자의 인적사항(성명, 주소, 주민등록번호)
> ② 매매목적물에 관한 사항(토지와 건물을 구분하여 표시)
> ③ 매매대금(계약금, 중도금, 잔금)의 액수와 지불방법 및 지불시기
> ④ 소유권 이전등기의 시기와 매매목적물의 인도시기(원칙적으로 일치시켜야 한다)
> ⑤ 계약해제조항 및 기타 특약사항

3) 임대차계약서 필수내용

부동산의 임대차에 관하여도 거래관계를 명확히 하기 위해 계약서에 포함되어야 하는 필수적인 기재사항으로 다음과 같은 것이 있다.

> ① 임대인·임차인 당사자의 인적사항(성명, 주소, 주민등록번호)
>
> ② 임차목적물에 관한 사항(토지와 건물을 구분하여 표시)
>
> ③ 임차보증금(계약금, 중도금, 잔금) 및 월세의 액수와 지불방법 및 지불시기
>
> ④ 매매목적물의 인도시기(원칙적으로 잔금지급시기와 일치시켜야 한다)
>
> ⑤ 계약해제조항 및 기타 특약사항

4) 기타 사항

(1) 다운계약서

간혹 실제거래금액보다 낮은 금액으로 계약서를 작성하는 경우가 있다. 주로 세금을 줄이려는 목적으로 다운계약서를 작성하는 경우가 있는데 이는 바람직한 행위가 아니다. 실거래가 신고 후 신고내용이 허위로 판명될 경우 허위신고자는 취득세의 최고 3배에 해당하는 과태료의 처벌을 받는다. 그리고 이와 함께 탈루한 세금뿐만 아니라 세법상 과소신고세액의 40%까지 납부해야 하고 1일당 0.03%씩 증가하는 납부불성실가산세(1년 10.95%)도 납부해야 한다. 그러므로 사실대로 작성하고 신고하는 것이 바람직하다.

(2) 면적불일치

부동산 매매 시 등기부상 면적과 실제 면적에 차이가 있을 경우 실측면적에 의하는 것이 원칙이고, 또한 등기부상 면적과 토지대장·건축물대장의 면적에 차이가 있는 경우에는 토지대장·건축물대장의 면적에 의하는 것이 원칙이다. 만약 실측 결과 면적이 부족한 경우에 매수인은 대금감액청구권을 행사할 수 있다. 그리고 토지나 건물 모두 단위면적당 금액까지 기재할 경우 실측한 결과 면적이 부족할 경우에 감액청구의 근거가 될 수 있다. 단위는 m^2로 기재하는 것이 권장된다.

(3) 설정권리 등 해결 명기

거래 대상인 부동산에 설정된 지상권, 임차권, 저당권(근저당 포함), 가처분 등의 권리를 잔금지급일 전까지 해제할 것을 확실하게 명기하여야 한다. 또한 불법 무단 점유자, 매수인·임차인 등이 당해부동산을 이용하는 데 방해가 되는 기타 모든 사항을 잔금지급일 전까지 처리할 것을 명기하여야 한다.

(4) 서명날인

계약서는 반드시 계약당사자가 직접 본인들이 서명하고 날인하여야 한다.

(5) 계약서 작성일

주말이나 휴일을 피하고 은행이나 관공서가 업무를 볼 수 있는 날(영업일)에 하는 것이 좋다. 송금을 위한 은행업무나 각종 서류를 확인할 수 있는 날에 계약서를 작성해야 계약 도중 당해 부동산에 대출이 있는지, 대출잔금이 얼마나 남았는지 등을 확인할 수 있기 때문에 거래의 안전을 꾀할 수 있다.

(6) 계약서 중의 용어

계약서 중의 용어해석을 가지고 다투는 경우가 많기 때문에 애매한 용어에 대해서는 처음부터 계약서에서 확실히 해두는 것이 좋다. 용어는 권리의무관계를 명백하게 할 수 있는 법률용어를 사용하여 분쟁이 발생하지 않도록 하여야 한다.

예컨대 임차인이 임대인의 동의 없이 무단으로 제3자에게 당해 부동산을 전대한 것을 임대인이 알면서 차임을 수령하는 것이 "묵시의 전대승낙"이라고 추정될 수 있다. 이러한 것을 방지하기 위해 계약서에 "전대의 승낙은 반드시 서면으로 하여야 한다"고 규정하면 임대인 동의 없는 무단전대를 사전에 방지할 수 있다.

또한 이 외에도 '상당한', '당연히', '소정의', '당사자의 협의로', '적당한', '필요에 따라', '기타의', '책임이 아닌 사유', '소유되는 여러 경비' 등과 같은 포괄적이거나 애매한 용어는 사용을 피해야 한다.

3 계약금지급

계약금은 통상 계약금액(매매대금, 임차보증금 등)의 10% 정도(반드시 그러한 것은 아니다)를 상대방에게 지급하는 것이 관행이다. 즉, 매수인 또는 임차인이 매도인 또는 임대인에게 지급한다. 이에 관하여는 매매계약에서 자세하게 전술하였다. 즉, 계약금은 증거금이며, 해약금으로 추정되고, 특약이 있으면 위약금(위약벌)으로 인정받을 수 있다. 이 경우 다른 채무불이행의 사유에 의해서 계약이 해제될 수 있음은 물론이다. 간혹 계약 후 24시간 내에는 자유로운 계약의 해지가 가능하다고 알고 있는 사람들이 있는데 이것은 잘못된 지식이다.

그리고 가계약금이 문제 될 수 있다. 계약서를 작성했는데 계약금이 부족해서 일부만을 가계약금으로 지급했다가 계약을 해지하려는 경우에는 이미 지급한 가계약금만을 포기하거나 배액을 지급하고 계약을 해제할 수 있는지가 문제 되는데 원칙적으로 이 경우에도 계약서에 기재된 계약금 전부를 기준으로 하여 계약을 해제할 수 있다.[3]

4 영수증 수령

여타의 금전거래에서와 마찬가지로 계약금, 중도금 잔금 등을 지급할 때에는 반드시 영수증을 주고받는 등 대금지급 내용을 명확히 해야 한다. 가장 좋은 방법은 시중은행을 이용해서 금전수령인 명의의 계좌로 송금하는 것이다. 후일 분쟁을 대비해서 입증하기가 간편하고 안전하다. 물론 송금 후에 영수증을 별도로 받아두는 것이 더욱 안전하다.

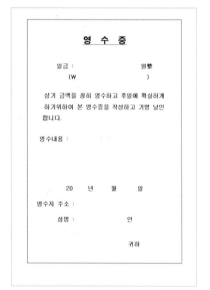

영수증

---

3 예컨대 5억 원의 부동산을 매매하고자 계약금 5천만 원을 지급하기로 계약서를 작성했으나 매수인이 계약금 마련에 일시적인 어려움이 있어서 1천만 원만을 지급하고 며칠 뒤 나머지를 지급하기로 했는데, 매도인이 사정이 생겨 계약을 해제하려면 매도인은 얼마를 지급해야 계약이 해제되는가? 이 경우 가계약금으로 받은 1천만 원의 배액인 2천만 원을 매수인에게 지급하고 계약을 해제할 수 있는 것이 아니다. 즉, 매도인은 계약금인 5천만 원을 기준으로 이미 수령한 1천만 원의 5천만 원을 얻어 도합 6천만 원을 지급하여야 계약이 해제된다.

III 중도금·잔금지급 시 주의점

중도금이나 잔금을 지급할 때는 반드시 영수증을 받고 대금지급 내용을 명확히 하여야 한다. 그리고 중도금·잔금의 지급 직전에도 등기사항증명서를 확인하는 것이 좋다. 중도금지급은 계약의 이행의 착수에 해당하므로 중도금이 지급되면 거래 당사자들은 누구도 계약금에 기한

계약해제가 불가능해진다. 이중매매 등의 손해를 예방하기 위해서는 중도금 지급 시 "소유권이전청구권 가등기"를 하는 것으로 특약사항을 명기하는 것도 안전장치로 좋다. 극히 일부이지만 부동산매매의 경우 이중으로 양도하는 경우가 있을 수 있으므로 중도금·잔금지급 시 그 직전에 등기사항증명서를 확인하여야 한다. 그리고 중도금지급 이후에 매도인이 "이중양도"를 할 기미가 보일 경우 「부동산처분금지 가처분」을 법원에 신청해서 가처분등기를 하는 것도 매수인으로서는 안전장치가 될 수 있다.

IV 계약이행완료 후 점검사항

1 영수증 보관

계약금·중도금·잔금 등의 금전지급에 관한 영수증은 오랜기간 보관하여야 한다. 후일 권리분쟁이 발생한 경우를 대비해서 상당기간 보관해 두는 것이 안전하다. 특히 부동산매매의 경우에는 당해 부동산을 다시 제3자에게 매도할 때 양도소득세 등의 문제가 생길 경우 유용한 근거자료가 되므로 장기간 보관해 둘 필요가 있다.

2 부동산 등기

1) 부동산 매매등기

　매매의 경우 잔금을 지급함과 동시에 매도인으로부터 등기권리증, 인감증명서, 위임장 등 등기에 필요한 서류를 받아 60일 이내에 관할 등기소에 권리이전등기절차를 마쳐야 하며, 이 기간 내에 등기신청을 하지 않으면 최고등록세액의 5배 이하의 과태료가 부과된다. 그러나 서류를 넘겨받는 당일 바로 등기를 하는 것이 좋다. 부동산 매매는 등기하여야 권리이전이 완성되기 때문이다. 등기는 법무사에게 의뢰하는 것일 일반적이나 셀프등기도 가능하다. 인터넷으로 등기할 수 있는 방법도 있다. 직접 등기소를 방문해서 등기할 경우를 기준으로 할 경우에 필요한 서류는 다음과 같다.

　우선 매수인이 준비할 서류로는 ① 매매계약서 원본, ② 등기사항증명서, ③ 토지대장, ④ 건축물대장, ⑤ 등기신청서 2부, ⑥ 매도인의 위임장과 인감증명서(매도인 불참시), ⑦ 도장과 신분증 등이 있다.[4] 그리고 매도인의 경우는 ① 등기권리증, ② 부동산 매도용 인감증명서(매수자의 인적사항 기재), ③ 주민등록초본(전주소의 이력포함), ④ 인감도장 등이 있다. 등기절차를 마치면 관할등기소에서 등기부등본을 열람하거나 발부받아 소유권이전등기가 제대로 완료되었는지를 확인하여야 한다.[5]

2) 기타의 등기

　매매의 경우 당연히 등기해야 소유권이 이전된다. 임대차의 경우는 등기 없이도 효력이 발생하지만, 이 외에도 부동산에 관한 거래 시 등기해야 하는 경우가 있다. 이하에서는 이러한 경우에 필요한 서류를 간단히 파악해 보고자 한다.

　"증여"에 의한 소유권이전등기에 필요한 서류는 ① 등기권리증, ② 증여인의 인감증명서, ③ 주민등록등본, ④ 등기사항증명서, ⑤ 토지대장, ⑥ 건축물대장, ⑦ 공시

4　한편 부동산거래 신고필증은 중개업소에서 거래한 경우에는 당해 중개업소가 부동산거래신고를 하므로 중개업소에서 받을 수 있다. 그렇지만 중개업소를 이용하지 않은 경우에는 직접 당사자가 부동산거래신고를 하여야 한다. 이에 관하여는 앞서 설명하였다.

5　일주일 정도가 지나면 신분증과 도장을 지참하고 등기소를 방문하여 등기권리증을 수령한다.

지가확인원, ⑧ 수증인의 주민등록등본 등이 그것이다. "매매예약가등기"의 경우에는 ① 등기권리증, 등기사항증명서, ② 소유자의 인감증명서, 주민등록등본, 가등기권리자의 주민등록등본 등이 있다. "전세권설정등기"의 경우에는 ① 등기권리증, ② 등기사항증명서, ③ 소유자의 인감증명서, ④ 소유자의 주민등록등본, ⑤ 전세권자의 주민등록등본 등이 있다. 그리고 "저당권(근저당권 포함)설정등기"의 경우에는 ① 등기권리증, ② 등기사항증명서, ③ 소유자의 인감증명서, ④ 소유자의 주민등록등본, ⑤ 근저당권자의 주민등록등본 등이 있다.

인감증명서

③ 매매 시 세금납부

부동산을 매입한 사람은 취득세를 납부해야 하고, 매도한 사람은 양도소득세를 납부해야 한다. 국세청에서 홈택스서비스(www.hometax.go.kr)를 통해 양도소득세 자동계산서비스 및 1세대 1주택 비과세 판정 서비스를 제공하여 납부의무자가 쉽게 양도소득세를 신고·납부할 수 있도록 하고 있다.

④ 임대차 대항력구비

임차권의 경우 주택임대차보호법과 상가건물임대차보호법에서 주민등록의 이전이나 사업자등록의 이전을 갖춘 경우 대항력을 갖도록 하고 있기 때문에 반드시 해두어야 하는 것이 이 신고이다. 전입신고나 사업자신고는 등기부상의 주소와 완전히 일치하여야 한다.[6] 주민등록이전의 전입신고는 동사무소에서, 사업자신고는 세무서

---

6 이에 관하여는 임대차보호법에서 자세히 설명하였다.

에서 한다. 주택의 경우 확정일자는 동사무소, 법원등기소, 공증인 사무소에서 가능하고, 상가의 경우는 세무서에서 가능하다. 한편 인터넷을 이용해서도 가능하다.[7]

한편 임대차 계약 후, 중도금을 치렀다면 이것이 이행단계에 접어들었다는 것을 의미한다. 즉, 중도금지급 이후 당해 부동산으로 이사 들어갈 것이 명확하다면 바로 전입신고와 계약서에 확정일자를 받아두는 것도 현명한 대항력확보 방법이다.

등기필증

V 부동산의 권리확보

부동산 매매의 경우 매매계약조건에 따라 잔금지불이 완료되면 법적으로는 당연히 소유권이나 점유권이 매수인에게 이전되어야 하지만 현실적으로 그렇지 못한 경우가 종종 있다. 예컨대 계약 후 주변 부동산의 가격이 많이 올랐다고 매매가를 올려달라고 하는 경우, 계약서에 명기된 대금 외에 추가로 돈을 요구하는 경우, 세입자나 점유자가 명도를 거부하는 명분으로 추가로 돈을 요구하는 경우, 계약 후 아예 잔금을 받지 않겠다고 피하는 경우 등 상식적으로는 이해가 되지 않는 일이 실제로 발생할 수 있다.

이런 불측의 상황을 사전에 대비하기 위해 법적인 준비로서 근저당을 설정해 두거나, 소유권이전등기청구권 가등기나, 가등기 및 가처분, 제소전 화해조서, 공탁 등의 법적 안전장치를 통해 소유권 및 부동산의 이전을 확실히 확보할 필요가 있다.[8] 그 방법을 구체적으로 살펴보면 다음과 같다.

---

7   이에 관하여도 임대차보호법에서 전술하였다.

8   이 외에도 "부동산처분금지 가처분"도 가능한데 이는 이미 전술하였다.

1 근저당을 통한 권리확보

근저당이란 통상 거래에서 일정채권의 변제를 담보하기 위해 채권의 최고한도 금액 내에서 담보하는 물권이다. 즉, 채무자가 변제일까지 채무를 갚지 못할 경우 경매 등을 통해 변제를 받아내기 위한 대비로서 하는 법률행위이다.

부동산 매매계약을 체결한 후 계약금과 중도금을 지불하고 마지막 잔금을 지불하려는데 매도인이 잔금수령을 이유 없이 거절하거나 매매계약상 의무를 이행하지 않는 경우 부동산의 소유권 확보를 위해 근저당권을 설정해 둔 경우 경매 등의 법적 조처를 통해 되돌려받을 수 있게 되는 것이다. 만약 이 경우 근저당을 설정해 두지 않았을 경우 통상적으로 매매대금반환 청구소송을 통해 계약금과 중도금을 반환받을 수밖에 없는데, 이 경우 소송의 비용과 시간이 많이 소요될 뿐만 아니라 승소하더라도 매도인에게 재산이 없다면 돈을 받을 수 없게 된다.[9]

2 소유권이전등기청구권 가등기

부동산매매계약 체결 후 잔금을 지급하면 당연히 소유권이전등기 절차를 밟는 것이 순서이다. 그러나 잔금을 지급할 때까지 법적하자가 없는 부동산으로 유지할 수 있어야 소유권을 온전하게 확보할 수 있기 때문에 매도인과 매수인 사이에 소유권이전등기청구권 가등기를 약정하는 것도 바람직하다. 즉, 잔금을 지급한 날로부터 며칠 이내에 소유권이전등기 또는 가등기에 의한 본등기를 해주겠다는 내용을 매매계약서에 특약사항으로 할 경우 안전하게 하자 없는 부동산을 인수받을 수 있을 것이다. 또한 그와 함께 제소전 화해조서까지 작성해 두면 더욱 안전해지는 것이 사실이다.

9　이 경우 매도인을 사기에 의한 형사문제로 해결할 수도 있지만 이 또한 매도인에게 재산이 없다면 매매대금을 회수하기가 어렵기 때문에 근저당설정을 한 후 계약을 하는 것도 좋은 방법이다. 그러나 실무상 매도인이 매매계약을 전후해서 근저당설정에 동의하지 않는 경우에는 효용이 없을 것이다.

3 공탁제도

부동산계약 후 잔금지급일이 되어 잔금을 지급하고자 하는데, 매도인이 잔금을 받지 않거나 매도인이 사망 등으로 누구인지 불명확해진 경우 또는 잔금 수령자 간의 다툼이 생겨 소송이 진행되는 경우 등의 사유가 발생한 때에는 변제공탁제도를 활용하면 해결할 수 있다. 그리고 변제공탁을 한 경우 「부동산처분금지 가처분」 등의 보전조치를 취하고 소유권이전등기 청구소송을 제기하여 승소판결을 받음으로써 소유권을 확보할 수 있다.

4 제소전 화해조서

"제소전 화해"란 민사분쟁에 대한 소송을 제기하기 전 화해를 원하는 당사자의 신청으로 지방법원 단독판사 앞에서 행해지는 화해를 말한다. 화해조서는 확정판결과 같은 효력을 가지므로 이 화해조서를 기초로 강제집행을 할 수 있다.[10]

부동산 거래 시 잔금까지 지불했는데도 불구하고 소유권이전이 이루어지지 않은 경우 청구소송을 통해 강제집행을 할 수밖에 없다. 이 경우 많은 시간과 비용이 소요되는 것을 방지하기 위해 사전에 "제소전 화해"를 해둘 경우 부동산의 명도청구 소송의 절차 없이 바로 화해조서에 명기된 청구권을 강제로 이행할 수 있게 된다.

---

10   민사집행법 제56조 제5호.

부동산거래
입문

제13강

부동산
규제

제13강

부동산 규제

 I 부동산의 공개념

개인의 재산보유가 인정되는 자본주의 사회에서는 개인재산의 사용·수익·처분이 비교적 온전하게 보호되어 왔다. 그러나 개인의 자유가 보장되었다고 하더라도 토지나 건물에 대한 잘못된 이용이 계속될 경우 개인의 권리행사가 도리어 사회적인 폐해로 나타난다면 사회 전체의 이익을 위해서는 규제가 불가피할 것이다. 즉, 개인의 사유재산이지만 공공재로서의 개념이 도입될 수밖에 없고, 이에 부동산 특히 토지소유권에 대한 절대적 보호에 상대적 개념이 도입되는바 토지공개념이 그것이다.

우리나라에서 토지공개념에 대한 본격적인 논의는 1980년대 후반 부동산투기와 지가상승이 국민의 생활을 어렵게 만들어 사회적 문제로 대두되면서 시작되었다. 즉, 1989년 12월 30일에 제정된 택지소유에 관한 법률, 토지초과이득세법, 개발이익환수에 관한 법률 등이 토지공개념을 도입한 결과로서 제정된 법률이다. 이 중 토지초과이득세나 택지소유상한제는 사유재산권에 대한 과도한 침해가 된다는 헌법재판소의 위헌·불합치 판정으로 폐지되었지만,[1] 개발부담금제도는 토지를 통한 개발로 발생하는 이익의 일부를 사회로 환수할 필요가 있고, 환수되는 부담금의 일부가 당해 지역의 개발을 위해 사용된다는 점에서 지금까지 시행 중에 있다.

---

1 택지소유 상한에 관한 법률을 근거로 도입된 택지초과소유부담금제는 가구당 200평 이상 택지 소유자에게 공시지가의 7%(주택부속토지), 11%(나대지)의 세금을 부과한 제도다. 또 법인은 원칙적으로 택지를 소유할 수 없도록 했다. 그러나 이 제도는 국민재산권 침해를 이유로 99년 4월 위헌판정을 받았다.
토지초과이득세는 유휴토지 등의 소유자에 대해 3년 단위로 전국 평균 지가상승률의 150%를 웃도는 지가상승분에 대해 30~50%의 세금을 물린 제도다. 이 제도는 94년 7월 헌법불합치판정을 받았으며 98년 12월에 폐지됐다.

토지공개념은 국가 또는 사회 전체의 이익을 위해 개인재산의 보유나 이용을 제한하는 것으로 개인의 권리의 공공적 제한이라는 목적으로 최소한의 침해를 전제로 허용된다고 보아야 하겠지만, 실제 부동산을 통한 부의 축적과 투자 등에는 커다란 장애가 될 수 있는 것이 사실이다. 따라서 개인의 권리보호와 사회 전체의 이익의 보호라는 서로 상충되는 이해관계에 대한 조화로운 부동산 행정이 필요한 것이다.

 ## 이용행위의 규제

1　의의

　우리나라 국민의 재산권 행사는 법률이 정하는 범위 내에서 자유롭게 이용할 수 있다. 이 경우의 "법률"에는 개인과 개인 간의 권리의무관계를 설정한 사법과 국가와 국민 간이 명령복종관계를 설정한 공법이 포함된다. 국민 개인이 소유하는 부동산의 이용은 일반적인 재화에 비해 비교도 안 될 정도로 복잡하고 다양한 규제가 따른다. 특히 토지의 경우 각종 용도구역, 용도지역, 용도지구 등의 제한을 받는다. 국토가 한정되어 있고 효율적인 관리 없이 무분별한 개발이나 훼손이 회복불가능한 결과를 초래할 수 있으며 불필요한 예산과 노력의 낭비를 가져올 수 있기 때문에 국가는 국민들의 부동산 이용행위를 규제할 수밖에 없다.

　국가는 국토의 효율적인 개발과 보존을 위해 균형 있는 발전목표를 수립하고 있는데, 이 계획에는 상위계획으로 「국토계획」이 있고 하위계획으로 「도시계획」 등이 있어서 서로 연관성을 가지고 있다. 이러한 계획에 근거해서 각종 부동산에 관한 규제법들은 국민의 부동산 이용행위를 직접적으로 규제하게 된다.

2　규제를 위한 법률

　국민의 부동산 이용을 규제하는 법률로는 최상위법인 「헌법」이 있고 그 이하로는 「국토기본법(2013. 1. 1. 시행)」, 「토지이용규제기본법(2006. 6. 8. 시행)」, 「국토의 계획 및

이용에 관한 법률(2003. 1. 1. 시행)」 등이 있다.

헌법은 국가가 국토와 자원을 균형 있게 개발하도록 계획을 수립하도록 하고 있고, 국민의 재산권을 보장하되 그 권리의 행사는 공공복리에 적합하여야 한다고 규정하고 있다.[2] 한편 헌법은 모든 국민의 환경권을 보장하면서 국가와 국민은 환경보전을 위하여 노력하여야 한다고 규정하면서, 국가는 주택개발정책 등을 통하여 모든 국민이 쾌적한 주거생활을 할 수 있도록 노력하여야 한다고 규정하고 있다.[3]

헌법에 따라 국토를 개발하고 보전하기 위한 계획을 수립하게 되는데 헌법의 하위법률들인 「국토기본법」에 의해 국토종합계획이 수립되며, 「국토의 계획 및 이용에 관한 법률」에 의해 도시계획이 수립되는데 도시계획 중 도시관리계획에 의해 국민들의 토지이용행위를 직접 규제하고 있다. 그리고 국민들의 토지이용을 국가가 규제하는 데 투명성을 확보하고 국민들의 편익을 도모하기 위해 「토지이용규제기본법」이 제정되어 있다. 이러한 기본규제법 이외에도 여러 행정부처에서 주관하는 개별적인 법률과 지방자치단체의 조례와 규칙, 각종 개발계획 그리고 고시 등의 방법으로 직접 국민들의 부동산 이용행위를 규제하고 있다.

III 부동산별 규제

부동산에 관한 이용의 규제는 활용용도를 기준으로 토지에 관한 것과 건물에 관한 것으로 나눌 수 있지만 보통 이 2가지를 통합하여 규제한다.

1 토지이용에 관한 규제

토지는 기본적으로 용도가 지목에 의해 필지별로 지정되어 있다.[4] 초기 토지에 세

---

2 헌법 제120조·제23조.

3 헌법 제35조.

4 이하에서 설명하는 토지의 지목에 관하여는 앞서 부동산의 종류에서 상세하게 설명하였다.

금부과할 목적으로 도입되었던 「측량·수로조사 및 지적에 관한 법률」은 계속 발전되면서 현재 「공간정보의 구축 및 관리 등에 관한 법률」로 유지되고 있다. 원래 지목제도는 원칙적으로 토지의 이용용도에 따라 지목에 맞도록 이용행위를 정하고 있지만, 국가의 허가를 받아 지목을 변경하여 건축 등 다른 용도의 활용이나 별도의 개발행위를 할 수 있다. 그러나 이러한 지목의 변경이나 분할·합병은 허가 등을 통해서 개별법에 의해 엄격하게 제한받고 있다.

2 건축물이용에 관한 규제

앞서 부동산의 종류에서 설명한 바와 같이 건축법상 용도에 따른 건축물을 29가지로 분류하고 이 기준에 따라 부동산 이용행위를 제한하고 있다. 건축물의 이용행위규제는 토지와 함께 규제가 이루어지는데 일정 지목과 지역지구에 부합하는 건축물만을 건축할 수 있고, 정해진 용도에 의해서만 이용할 수 있으며, 용도변경은 행정관청의 일정한 기준과 절차에 따라야만 한다. 건축물은 크게 9개 시설군에 의해 구분되는데 그 시설군은 이용하는 사람들의 수와 시설물의 적재하중에 따라 구분되며 그 시설군에 29개의 건축물이 용도별로 각각 정해져 있다. 건축법[5]의 시행령 제14조(용도변경)에 의하면 건축물 시설군과 용도분류가 규정되어 있다.

이러한 시설군 구분은 국민들이 필요에 따라 용도변경을 할 경우 허가가 필요한지 신고만으로 가능한지 구분할 수 있으며, 용도지역지구제에 의해 어떤 시설이 허용가능한지를 구분한다. 용도지역지구제에 의해 건축물은 주어진 범위 내에서만 건축이 가능하다. 이를 건폐율, 용적률에 의한 직접 규제라고 한다.[6]

---

5 현재 시행되고 있는 건축법은 2017. 7. 18.에 개정되어 시행될 예정이지만 그 시행령이 아직 마련되어 있지 않아 여기서는 개정되기 전 시행령을 기준으로 설명한다.

6 이에 관하여는 이미 설명하였다. 즉, 대지면적이 300㎡이고, 건폐율이 60%이고 용적률이 200%라면 이 경우 건축물의 바닥면적은 180㎡, 전체 연면적은 600㎡의 건축물이라는 것이다.

건축물 시설군과 용도분류

시설군	건축물 용도분류
자동차 관련 시설군	자동차 관련 시설
산업 등 시설군	운수시설, 창고시설, 공장, 위험물저장 및 처리시설, 자원순환 관련 시설, 묘지 관련 시설, 장례시설
전기통신시설군	방송통신시설, 발전시설
문화집회시설군	문화 및 집회시설, 종교시설, 위락시설, 관광휴게시설
영업시설군	판매시설, 운동시설, 숙박시설, 제2종 근린생활시설 중 다중생활시설
교육 및 복지 시설군	의료시설, 교육연구시설, 노유자시설(老幼者施設), 수련시설, 야영장시설
근린생활시설군	제1종 근린생활시설, 제2종 근린생활시설(다중생활시설은 제외한다)
주거업무시설군	단독주택, 공동주택, 업무시설, 교정 및 군사시설
그 밖의 시설군	동물 및 식물 관련 시설

3 토지와 건물의 복합규제

토지와 건물을 통합한 부동산 이용행위에 대한 규제의 방법이 용도지역지구제도인바, 대표적인 법률이 「국토의 계획 및 이용에 관한 법률」이다. 전국을 도시지역과 도시외지역으로 구분하여 각종 법률로 다양한 용도지역지구를 구분하고 있다. 그 명칭이 용도지역지구라고 하지만 개별 법률에서 구역, 권역, 단지, 예정지구 등의 다양한 용어를 지정하여 부동산 이용행위를 규제하고 있다.[7] 중앙정부의 행정부처, 16개 광역자치단체의 법령과 조례 등에 의해 복잡하게 규제를 하고 있다.

문제는 이러한 법률상의 지역지구제로 특정 토지에 대해 하나의 규제를 하는 것이 아니라 복합적인 규제가 적용되고 있다는 점이다. 일반적으로 국민들은 자신의 토지가 어떠한 규제를 받고 있고 어떤 이용행위를 할 수 있는지 명확하게 알 수는 경우가 적지 않다. 이러한 규제로 인해 부동산거래에 많은 문제가 발생하고 있음은 두말할 나위도 없다.

---

7 이에 관하여도 그 분류를 부동산의 종류에서 살펴보았다.

국토계획 및 도시계획에 따른 이용규제

1 의 의

국토기본법 제6조에 의하면 "국토계획"이란 「국토를 이용·개발 및 보전할 때 미래의 경제적·사회적 변동에 대응하여 국토가 지향하여야 할 발전 방향을 설정하고 이를 달성하기 위한 계획」을 말한다. 이는 국가와 국민이 부동산을 어떻게 이용해야 하는지에 대한 지침을 정한 것이다.

최상위의 국가계획 중의 하나인 국토계획은 국토의 장기적인 발전방향을 설정함으로써 국토의 이용·개발·보전에 관한 종합적인 정책방향을 정한 것이다. 즉, 국토계획은 인구와 산업의 배치, 기반시설의 공급, 국민생활환경의 개선, 국토자원의 관리 및 환경보전에 관한 정책방향을 정하고 있다.[8]

한편 국토이용계획 중 도시지역을 어떻게 구성할 것인지에 대한 계획이 바로 도시계획인 것이다. 도시 내의 도로, 주거시설, 상업시설, 녹지, 공원 등의 설치계획 등을 정하고 있다. "국토기본법"에서는 종합계획이 수립되면, "국토의 계획 및 이용에 관한 법률"의 규정에 의해 도시계획을 수립한다.[9] 도시계획은 크게 둘로 나뉘는바, 2개 이상의 시·군에 걸친 도시계획인 「광역도시계획」과 단일 시·군 내의 도시계획인 단순 「도시계획」이 그것이다. 이는 다시 도시·군기본계획과 도시·군관리계획으로 구분된다.

도시·군기본계획은 국토계획 등과 마찬가지로 국민에 대한 직접적인 구속력이 없는 행정적인 계획이지만 도시·군관리계획은 국민을 직접 구속하며 부동산의 이용행위를 규제하게 된다.

---

8 최진배 외 8인, 앞의 책, 9면 이하 참조.

9 이 법은 과거 「국토이용관리법」과 「도시계획법」을 통합한 법률로서 두 법률과는 질적으로 새로운 체계를 갖춘 법률이며 과거의 개발계획 위주였던 토지 이용계획에서 벗어나 먼저 세밀하게 계획하고 난 뒤 개발을 진행함으로써 친환경적 개발이 가능해졌고, 전 국토를 도시와 비도시 구분 없이 일원적으로 관리할 수 있게 되었다.

2　국토계획

"국토계획"이란 국토를 이용·개발 및 보전할 때 미래의 경제적·사회적 변동에 대응하여 국토가 지향하여야 할 발전 방향을 설정하고 이를 달성하기 위한 계획을 말한다.[10] 국토계획은 국토종합계획, 도종합계획, 시·군종합계획, 지역계획 및 부문별계획으로 구분한다.[11]

구 분	내용
① 국토종합계획	국토 전역을 대상으로 하여 국토의 장기적인 발전 방향을 제시하는 종합계획
② 도종합계획	도 또는 특별자치도의 관할구역을 대상으로 하여 해당 지역의 장기적인 발전 방향을 제시하는 종합계획
③ 도시·군종합계획	특별시·광역시·시 또는 군의 관할구역을 대상으로 하여 해당 지역의 기본적인 공간구조와 장기 발전 방향을 제시하고, 토지이용, 교통, 환경, 안전, 산업, 정보통신, 보건, 후생, 문화 등에 관하여 수립하는 계획으로서 '국토의 계획 및 이용에 관한 법률'에 따라 수립되는 도시·군계획
④ 지역계획	특정 지역을 대상으로 특별한 정책목적을 달성하기 위하여 수립하는 계획
⑤ 부문별계획	국토 전역을 대상으로 하여 특정 부문에 대한 장기적인 발전 방향을 제시하는 계획

이러한 "② 도종합계획" 및 "③ 도시·군종합계획"은 "① 국토종합계획"에 기초하여야 한다. "④ 지역계획"과 "⑤ 부문별계획"은 "① 국토종합계획"과 조화를 이루어야 하고, "② 도종합계획"은 당해 도의 관할구역 안에서 수립되는 "③ 도시·군종합계획"의 기초가 된다. "① 국토종합계획"은 20년마다 수립하며, "② 도종합계획", "③ 도시·군종합계획", "④ 지역계획" 및 "⑤ 부문별계획"의 수립권자는 수립주기를 별도로 정하여 각 계획의 유기적인 상호관계를 유지하도록 하고 있다.

3　도시계획

도시계획은 앞에서 설명한 "① 국토종합계획", "② 도종합계획", "③ 도시·군종합계획" 등의 하위계획으로 상위계획에 부합되게 연계적으로 수립되어야 한다. "도시·

10　국토기본법 제6조 제1항.
11　국토기본법 제6조 제2항.

군계획"이란 특별시·광역시·특별자치시·특별자치도·시 또는 군의 관할구역에 대하여 수립하는 공간구조와 발전방향에 대한 계획으로서 도시·군기본계획과 도시·군관리계획으로 구분한다.

1) 도시·군기본계획

"도시·군기본계획"이란 특별시·광역시·특별자치시·특별자치도·시 또는 군의 관할구역에 대하여 기본적인 공간구조와 장기발전방향을 제시하는 종합계획으로서 도시·군관리계획 수립의 지침이 되는 계획을 말한다.

광역도시계획은 둘 이상의 특별시·광역시·시 또는 군의 공간구조 및 기능을 상호 연계시키고 환경을 보전하며 광역시설을 체계적으로 정비하기 위하여 필요한 경우에는 인접한 둘 이상의 특별시·광역시·시 또는 군의 관할구역의 전부 또는 일부에 지정하는 도시계획이다. 도시기본계획은 당해 광역도시계획에 부합되어야 하며, 도시기본계획의 내용이 광역도시계획의 내용과 다른 때에는 광역도시계획이 우선하게 된다.

2) 도시·군관리계획

용도지역지구제도는 도시관리계획에 의해 지정되고 변경된다. "도시·군관리계획"이란 특별시·광역시·특별자치시·특별자치도·시 또는 군의 개발·정비 및 보전을 위하여 수립하는 토지 이용, 교통, 환경, 경관, 안전, 산업, 정보통신, 보건, 복지, 안보, 문화 등에 관한 다음과 같은 계획을 말한다.[12]

(1) 용도지역·용도지구의 지정 또는 변경에 관한 계획

"용도지역"이란 토지의 이용 및 건축물의 용도, 건폐율, 용적률, 높이 등을 제한함으로써 토지를 경제적·효율적으로 이용하고 공공복리의 증진을 도모하기 위하여 서로 중복되지 아니하게 도시·군관리계획으로 결정하는 지역을 말한다. "용도지구"란 토지의 이용 및 건축물의 용도·건폐율·용적률·높이 등에 대한 용도지역의 제한

---

12 국토의 계획 및 이용에 관한 법률.

을 강화하거나 완화하여 적용함으로써 용도지역의 기능을 증진시키고 미관·경관·안전 등을 도모하기 위하여 도시·군관리계획으로 결정하는 지역을 말한다. "용도구역"이란 토지의 이용 및 건축물의 용도·건폐율·용적률·높이 등에 대한 용도지역 및 용도지구의 제한을 강화하거나 완화하여 따로 정함으로써 시가지의 무질서한 확산 방지, 계획적이고 단계적인 토지이용의 도모, 토지이용의 종합적 조정·관리 등을 위하여 도시·군관리계획으로 결정하는 지역을 말한다.

(2) 개발제한구역, 도시자연공원구역, 시가화조정구역, 수산자원보호구역의 지정 또는 변경에 관한 계획

"개발제한구역"이란 도시의 무질서한 확산을 방지하고 도시 주변의 자연환경을 보전하여 도시민의 건전한 생활환경을 확보하기 위하여 도시의 개발을 제한할 필요가 있거나 국방부장관의 요청으로 보안상 도시의 개발을 제한할 필요가 있다고 인정되는 지역을 말하고,[13] "도시자연공원구역"이란 도시지역에서 도시자연경관을 보호하고 시민의 건강·휴양 및 정서생활을 향상시키는 데에 이바지하기 위하여 설치 또는 지정된 공원을 말한다.[14]

"시가화조정구역"이란 도시지역과 그 주변지역의 무질서한 시가화를 방지하고 계획적·단계적 개발을 도모하기 위하여 일정 기간 동안 시가화를 유보할 필요가 있다고 인정되어 시가화조정구역으로 지정된 지역을 말한다.[15] 그리고 "수산자원보호구역"이란 수산자원을 보호·육성하기 위하여 필요한 공유수면이나 그에 인접한 토지에 대한 수산자원보호구역으로 지정된 지역을 말한다.[16]

3) 기반시설의 설치·정비 또는 개량에 관한 계획

"기반시설"이란 다음의 시설로서 대통령령으로 정하는 시설을 말한다.

---

13 개발제한구역의 지정 및 관리에 관한 특별조치법 제3조.
14 도시공원 및 녹지 등에 관한 법률 제2조 제3호.
15 국토의 계획 및 이용에 관한 법률 제39조 제1항.
16 국토의 계획 및 이용에 관한 법률 제40조.

가. 도로·철도·항만·공항·주차장 등 교통시설

나. 광장·공원·녹지 등 공간시설

다. 유통업무설비, 수도·전기·가스공급설비, 방송·통신시설, 공동구 등 유통·공급시설

라. 학교·운동장·공공청사·문화시설 및 공공 필요성이 인정되는 체육시설 등 공공·문화체육시설

마. 하천·유수지(遊水池)·방화설비 등 방재시설

바. 화장시설·공동묘지·봉안시설 등 보건위생시설

사. 하수도·폐기물처리시설 등 환경기초시설

4) 도시개발사업이나 정비사업에 관한 계획

"도시개발사업"이란 도시개발구역에서 주거, 상업, 산업, 유통, 정보통신, 생태, 문화, 보건 및 복지 등의 기능이 있는 단지 또는 시가지를 조성하기 위하여 시행하는 사업을 말한다.[17]

5) 지구단위계획구역의 지정 또는 변경에 관한 계획과 지구단위계획

"지구단위계획"이란 도시·군계획 수립 대상지역의 일부에 대하여 토지 이용을 합리화하고 그 기능을 증진시키며 미관을 개선하고 양호한 환경을 확보하며, 그 지역을 체계적·계획적으로 관리하기 위하여 수립하는 도시·군관리계획을 말한다.

6) 입지규제최소구역의 지정 또는 변경에 관한 계획과 입지규제최소구역계획

"입지규제최소구역계획"이란 입지규제최소구역에서의 토지의 이용 및 건축물의 용도·건폐율·용적률·높이 등의 제한에 관한 사항 등 입지규제최소구역의 관리에 필요한 사항을 정하기 위하여 수립하는 도시·군관리계획을 말한다.

---

17 도시개발법 제2조 제2호.

제14강

부동산
담보대출

부동산거래 입문

제14강

부동산 담보대출

 ## I 민법상 제한물권

물권이란 물건을 직접 지배할 수 있는 권리를 말한다. 이는 타인에 대한 일정한 행위를 요구할 수 있는 권리인 채권과는 다른 개념이다. 물권 중 소유권은 부동산을 포함한 물건을 직접적이고 전면적으로 지배해서 사용·수익·처분할 수 있는 권능을 모2가

지는 권리이다. 이러한 소유권과 달리 그러한 권능 중 일부만을 제한적으로 지배할 수 있는 권리를 제한물권이라고 한다. 제한물권은 다시 크게 용익물권과 담보물권의 2가지로 나뉘는데, 용익물권은 목적물의 사용가치(사용·수익권능)를 지배하는 권능을 가지고, 담보물권은 목적물의 교환가치(처분권능)를 지배하는 권능을 가진다.

제한물권이 설정된 물건의 소유자는 그 소유권을 행사함에 있어 제한물권에 의한 제약을 받게 되는 것이다. 예컨대, 전세권이 설정된 주택의 소유자는 그 주택이 자신의 소유임에도 불구하고 주택을 사용할 수 없다. 거래의 신속성과 복잡성이 증대되고 있는 현대에서, 소유권에 비해서 제한물권의 중요성이 갈수록 커지는 경향이 있다. 잠시 사용할 부동산이라면 굳이 소유권 자체를 확보하기보다는 저렴한 가격에 임대하여 사용하는 것이 합리적이라 할 수 있다. 한편으로 부동산 소유자는 굳이 그 부동산을 사용 및 수익할 계획을 직접 수립할 필요가 없이, 타인에게 제한물권을 설정해 줌으로써 손쉽게 안정적인 수입을 거둘 수 있다.

Ⅱ 담보물권의 의미

　담보물권은 제한물권의 일종으로서 목적물의 교환가치를 지배하는 물권이다. 그 기본적인 기능은 채무자를 심리적으로 압박하여 신속한 채무의 이행을 담보하는 데에 있다. 담보물권의 설정을 받아두면 권리를 행사하여 대금의 변제 등이 용이하게 된다. 즉, 담보물권에는 첫째로 담보물에서 다른 채권보다도 먼저 변제를 받는 효력(우선변제적 효력), 둘째로 담보물의 인도를 거절하여 담보제공자에게 심리적 압박을 가해 변제를 재촉하는 효과(유치적 효력) 등이 있다. 민법상의 유치권, 질권 및 저당권을 이른바 전형적 담보물권이라고 하며, 판례나 특별법에 의한 양도담보와 가등기담보·재매매의 예약·환매 등을 비전형적 담보물권 혹은 변칙담보물권이라고 한다. 전형적인 담보물권이 설정되는 경우에도 실행절차가 비교적 번잡하기 때문에 금융기관에 의한 대출에 이용되고 있을 뿐 사금융에서는 오히려 변칙담보제도가 많이 이용되고 있다.

　저당권자 등과 같은 담보물권자는 목적물의 교환가치를 지배할 뿐 사용가치를 지배하지는 못한다. 이는 담보물권자가 해당 권리의 목적물을 사용할 권리를 가지지는 못함을 의미한다. 다만 담보물권자는 목적물의 교환가치만을 지배할 뿐이므로, 목적물이 경매 등의 절차로 환가되었을 때의 대금에 대해 자신의 채권에 대한 우선변제를 주장할 수 있다.

　담보물권 중 유치권은 법정담보물권이므로 당사자 간의 약정에 의해 발생하는 것이 아니라 다른 법률관계를 원인으로 발생하는 담보물권이다. 예컨대 부동산에 대한 수리계약이나 인테리어 설치계약에 의한 채권이 이행되지 않을 때 당해 부동산을 주인에게 돌려주지 않고 유치하면서 자신의 채권의 이행을 압박할 수 있는 권리이다. 한편 질권은 당사자 간의 약정에 의해 설정될 수 있는 담보물권이지만 목적물이 동산이나 권리로 제한된다. 예컨대 채무자가 가진 고급시계를 타인에게 담보로 제공하고 돈을 빌리는 경우 채권자는 자신의 채권이 완전히 변제될 때까지 그 시계를 유치하여 채무자를 심리적으로 압박할 수 있다. 그리고 저당권도 약정담보물권이지만 목적물이 부동산이어야 하고 동산이 될 수 없다는 제한이 있다.

 III 저당권

1 저당권의 의의

저당권이라 함은 채무자 또는 제3자(물상보증인)가 점유를 이전하지 않고 채무담보로 제공한 부동산에 대하여 다른 채권자보다 자기채권의 우선변제를 받을 권리를 말한다.[1] 저당권은 계약에 의하여 설정되는 약정담보물권이라는 점에서 질권과 같으나 목적물을 채권자가 점유하지 않는 점이(따라서 유치적 효력이 없다) 질권과는 다르다. 저당권은 약정담보물권으로서 금융을 얻는 수단이 되고, 투자의 매개수단이 되고 있다.

예컨대 부동산을 담보로 잡고 돈을 빌려준 은행(채권자)이 가옥의 사용은 채무자에게 그대로 두나, 변제기에 채무자가 채무이행을 하지 않으면 부동산을 경매하여 다른 채권자가 있어도 저당권자인 은행이 우선적으로 변제를 받을 수 있다. 즉, 저당권은 목적물의 가치(교환가치)만을 객체로 하는 권리이므로 저당권은 질권과는 달리 목적물의 점유가 채권자에게로 이전되지 않고 목적물의 소유자(채무자)가 목적물을 자기 점유하에 그대로 직접 사용·수익하면서, 그것을 담보로 하여 융자를 받을 수 있는 길을 열어 준다는 특색이 있다.

저당권은 담보할 채무의 최고액만을 정하고 채무의 확정을 장래에 보류하여 이를 설정할 수 있는데 이를 근저당권이라고 한다.[2] 은행거래 등의 현실에서는 저당권보다 근저당이 많이 활용되고 있지만 근저당권은 저당권의 일종이다.[3]

2 저당권의 성립

1) 저당권설정계약

저당권은 채권자(저당권자)와 채무자(저당권 설정자)와의 계약에 의하여 설정되고 그 설

---

1 민법 제360조.

2 민법 제366조.

3 대판 1995. 9. 26. 94다33583; 대판 2000. 1. 14. 99다51265; 대판 2000. 12 .12. 2000다49879.

정·변경·소멸은 등기하지 않으면 제3자에 대항할 수 없다. 그리고 채무자 이외의 제3자가 타인의 채무를 위하여 자신의 부동산에 저당권을 설정할 수도 있다. 이 제3자를 '물상 보증인'이라고 한다. 예컨대 아들이 사업을 위해 은행에서 대출을 받는데 채무자인 아들을 위하여 아버지가 자신의 집에 저당권을 설정해 주는 경우가 이에 해당한다.

2) 저당권의 목적물

저당권의 목적물은 원칙적으로 부동산이지만 예외적으로 동산이나 재단도 가능하다.[4]

3) 담보되는 채권의 범위

저당권에 의하여 담보되는 채권의 범위(피담보채권의 범위)는 설정계약의 내용에 의해서 정해진다. 원본만을 정하고 이자·위약금·저당권 실행의 비용 등에 대하여 아무런 규정을 하지 않았을 경우에도 당연히 그것들을 담보한다.[5]

3 저당권의 효력

저당권의 효력이 미치는 범위는 저당부동산과 그 부동산에 부합된 물권과 종물에 미친다.[6]

---

4 예컨대 자동차저당법·항공기저당법·중기저당법 등의 특별법에 의하여 자동차·항공기·중기 등에 대해서 등록 또는 등기제도가 마련되어 그러한 동산도 저당할 수 있게 되었다. 또한 보통은 1부동산·1동산에는 1저당권이 설정되는 것이지만 다수의 동산이나 부동산으로 조직되는 재단, 예컨대 공장재단·광업재단 등을 목적으로 하는 재단저당 등도 있다.

5 민법 360조 본문. 다만 민법은 후순위 저당권자나 일반 채권자를 보호하기 위하여 일정한 제한을 가하고 있다. 즉, 이자채권은 원칙적으로 저당권에 의하여 무제한으로 담보되나 채무불이행으로 인한 손해배상(지연배상·지연이자)은 원본의 이행기간을 경과한 후의 1년분에 한한다(민법 360조 단서).

6 민법 제358조 본문. 부합물(附合物)이란 저당권의 목적물에 부합하여 이것과 일체를 이루고 있는 물건을 말한다. 예를 들면 산림의 수목, 주택의 정원수·정원석 등이다. 저당권 설정 당시 이미 부합된 것은 말할 것도 없으며 설정 후에 부합된 물건에도 저당권이 미친다(민법 358조). 다만 저당권자가 그 부동산에 대한 소유권, 지상권 또는 전세권을 취득한 제3자에 대하여는 압류한 사실을 통지한 후가 아니면 이로써 대항하지 못한다(민법 359조). 그러나 저당토지 위에 있는 건물은 별개의 독립된 부동산이며 부합물은 아니다.

4 우선변제적 효력

1) 저당권의 순위

2개 이상의 채권을 담보하기 위하여 동일한 부동산 위에 수개의 저당권을 설정하는 경우가 있다. 이러한 경우에 1번 저당·2번 저당이라는 식으로 순위가 정해지며,[7] 이 순위에 따라서 각 저당권이 실행된다. 각 저당권 간의 순위는 등기의 순서에 의한다.

2) 저당권의 실행

저당권을 실행하여 자신의 채권을 만족시키는 방법에는 담보권실행으로서 경매를 통하는 경우와 유저당(流抵當)에 의한 경우가 있다. 유저당은 채권이 변제되지 않는 경우 저당물을 채권의 변제에 충당하여 채권자가 소유권을 취득하는 것을 말한다.[8] 그러나 일반적인 저당권 실행방법은 경매를 통하는 경우이다.

적법한 경매의 신청이 있는 때에는 법원은 경매개시 결정을 하여 이것을 저당목적물의 소유자에게 송달함과 동시에 경매신청의 촉탁등기를 한다.[9] 경매개시 결정을 한 때에는 법원은 경매기일과 경락기일을 정해서 공고함과 동시에 이해관계인에게 통지한다.[10] 이 경우 저당권자·저당권설정자는 물론 제3자도 경매인이 될 수 있다.[11] 경락허가 결정이 확정되면 경락인은 일정한 기일 안에 대금을 법원에 완납하여야 한다.[12] 법원은 그 대금에서 경매비용을 공제하고 제3자가 저당부동산에 관해서 필요비 또는 유익비를 지출한 때에는 그 비용을 상환하고 잔액을 권리자의 순위에 따라 담보권자 등에게 지급한다.[13] 한편 경락인이 대금지급기일에 완납하지 않을 때에는 직권으로써 '재경매'에 붙인다.[14]

---

7 민법 제370조·제333조.

8 저당권에 있어서는 질권에 있어서와 같이 이것을 금지하는 규정(민법 제339조 참조)이 없기 때문에 유저당의 특약은 폭리행위가 되지 않는 한 유효하다. 다만 이 경우 소유권이전등기를 완료하여야 완전한 소유권을 취득할 수 있다.

9 경매법 제26조·제27조.

10 경매법 제30조.

11 민법 제363조 제2항.

12 경매법 제34조 제1항.

13 경매법 제34조 제2항·제3항 참조.

14 민사소송법 제648조 이하 참조.

5 저당권의 처분 및 소멸

1) 전저당

전저당(轉抵當)은 저당권자가 저당권을 자기의 채무의 담보로 제공하는 것을 말한다. 그러나 현행 민법은 저당권을 피담보채권으로부터 분리하여 처분하는 것을 금하고 있으므로[15] 저당권만을 담보로 제공하는 것은 할 수 없고 피담보채권과 함께 담보로 제공할 수 있을 뿐이다.[16] 예컨대 채무자(A)의 부동산에 저당권을 가진 채권자(B)는 자신의 제3채권자(C)에게 돈을 빌릴 경우 담보로서 채무자(A)에 대한 채권과 그 담보물권인 저당권을 제3채권자(C)에게 제공할 수 있는 것이다.

2) 저당권만의 양도

투자의 매개라는 저당권의 본래의 기능을 다하기 위해서는 저당권의 유통성이 확보되어야 할 것이다. 그러나 민법은 저당권의 처분의 자유를 현저히 제한하고 있다.[17] 즉, 과거에는 저당권 또는 그 순위의 양도를 인정했으나 현행 민법은 '저당권과 그 담보한 채권과 분리하여 타인에게 양도하거나 다른 채권의 담보로 하지 못 한다'고 규정함에 따라 저당권을 채권과 분리하여 처분하는 것이 허용되지 않는다.

3) 저당권의 소멸

저당권의 소멸에는 물권에 공통하는 소멸원인 및 담보물권에 공통하는 소멸원인(피담보채권의 소멸) 외에 경매·제3취득자의 변제 등에 의하여 소멸한다. 피담보채권이 소멸시효로 소멸하면 저당권도 따라 소멸함은 물론이다.[18] 그러나 저당권만이 단독으로 소멸시효에 걸리는 일은 없다. 주의할 것은 지상권 또는 전세권을 목적으로 저

---

15 민법 제361조.

16 저당권을 피담보채권으로부터 분리하여 저당권만을 담보로 제공하는 것이 허용된다면 그것은 투하자본을 회수하고 저당권의 유통성을 확보하는 수단이 될 것이다. 하지만 이는 과거에 허용되었지만 병폐가 많아 폐지하였다.

17 민법 제361조 참조.

18 민법 369조.

당권을 설정한 자는 저당권자의 동의 없이 지상권 또는 전세권을 소멸케 하여 그 결과로 저당권을 소멸하게 하지 못한다.[19]

 IV 양도담보

양도담보라 함은 채권을 담보하기 위하여 담보제공자가 담보물의 소유권이나 재산권 자체를 채권자에게 양도해 주고 채무를 변제하면 채권자에게 양도한 권리를 돌려받고 이행기에 채무변제를 못 하면 채권자가 채권담보로 양도받은 권리를 가지고 변제에 충당할 수 있는 비전형담보를 말한다. 양도담보는 관행상 널리 이용되고 있으며, 판례도 이를 인정하고 있다.[20] 그러나 양도담보로 채권자가 폭리를 취할 가능성이 너무 많아 채무자의 피해를 방지하기 위해 「가등기담보 등에 관한 법률」 제3조·제4조에서 채무액·이자 등과 담보목적부동산의 가치의 차액을 청산금으로 지급하여야 하는 것으로 규정하여 채권자의 폭리취득을 방지하고 있다.

 V 가등기담보

가등기담보라 함은 이행기에 채무를 변제하지 아니할 경우 부동산의 소유권 등을 채권자에게 이전할 것을 약정하는 대물변제예약을 하고 그 소유권이전청구권을 보전하기 위한 가등기를 하여두는 비전형담보를 말한다. 이에 관하여는 가등기담보 등에 관한 법률이 규정되어 있는데, 비용이 적게 들고 절차가 간편하다는 점에서 널리 이용되고 있다. 이 경우에도 채권자의 폭리취득의 가능성이 높아 청산절차를 밟을 것을 가등기담보 등에 관한 법률에서 요구하고 있다.

---

19 민법 제371조 제2항.

20 송덕수, 앞의 책, 723~724면.

부동산거래
입문

제15강

부동산
경매

부동산거래 입문

제15강

부동산 경매

Ⅰ 서설

1 의의

"경매(競賣)"란 채무자가 이행기에 변제를 하지 않는 경우 채권자가 법원에 의뢰를 통하여 다수의 낙찰 희망자 중에서 가장 높은 가격을 부른 자에게 낙찰시켜 대금을 받아내는 절차를 말한다. "공매(公賣)"란 한국자산관리공사가 체납된 세금이나 국가추징금을 대신해 압류한 재산을 경매 입찰하는 것을 말하며 공고나 입찰 등의 절차는 경매와 유사하다. 여기서는 경매와 공매의 차이를 알아보고 각각의 장단점을 간단하게 설명한다.

2 경매와 공매의 차이

1) 공통점

경매와 공매는 ① 공개적인 입찰경쟁을 통하여 가장 높은 금액을 부른 사람에게 매각된다는 점, ② 매각에 일정한 기준 이상의 입찰자가 없을 경우 유찰된다는 점,

③ 채권회수를 위한 강제집행절차라는 점에서 유사하다.

2) 차이점

① 경매는 민사집행법에 근거를 두지만, 공매는 국세징수법에 근거한다(근거법령). ② 경매는 법원에서 집행하지만, 공매는 한국자산관리공사에서 집행한다(집행기관). ③ 경매는 법원에 직접 찾아가 입찰해야 하나, 공매는 온비드(www.onbid.co.kr)에서 인터넷으로 입찰한다(입찰방법). ④ 경매는 입찰대금을 모두 납부에 따라 취득하나, 공매는 매매대금 전액을 납부하지 않아도 소유권 이전이 가능하다(소유권취득).

3 장단점

1) 경매의 장단점

경매의 장점은 다음과 같다. ① 경매는 시가보다 저렴하게 책정되며, 2회차부터는 최초 입찰가의 20%씩 하락하며 경우에 따라서는 매우 저렴하게 소유권취득이 가능하다(유찰 시 가격하락). ② 경매물건을 낙찰받고 잔금을 납부하면 법원이 기존 등기부상 설정된 권리들을 직권으로 말소시켜주게 된다(권리정리의 편의성). ③ 토지거래규제지역 내 토지를 낙찰받더라도 이미 토지거래 허가를 받은 것으로 간주해 별도의 허가를 받는 절차가 필요 없다(토지거래허가의 편의성). ④ 공매에 비해 품목이 다양해서 선택의 폭이 넓다(경매품목의 다양성).

한편 경매의 단점은 다음과 같다. ① 서류상으로 존재하는 것으로 파악되는 권리 이외에도 공시되지 않은 권리에 대한 직접 파악이 필요하여 권리분석이 어렵다(권리분석의 난해성). ② 낙찰 후 45일 이내에 잔금 90%를 납부해야 하기 때문에 자금 준비가 철저해야 한다(대금준비의 엄격성).

2) 공매의 장단점

공매의 장점은 다음과 같다. ① 국가기관에 가지 않고 온라인으로 편하게 입찰할 수 있다. 캠코의 온라인 입찰시스템인 온비드를 이용할 수 있다(입찰의 편리성). ② 경매

와 달리 공매에는 장기할부, 선납감액 등의 대금납부조건이 우수하다(대금납부의 편리
성). ③ 경매에 비해 권리관계가 안전하다(권리관계의 안전성). ④ 압류된 자산을 자산공사
에서 투명하게 정보공개를 하기 때문에 관련 권리관계에 관한 정보를 쉽게 파악할
수 있다(권리파악의 용이성).

　한편 공매의 단점은 다음과 같다. ① 공매대상물건이 압류물건과 국유재산 등이
주가 되기 때문에 경매에 비해 품목선택의 폭이 좁다(품목의 빈약성). ② 모든 인수책임
은 낙찰자가 부담해야 하기 때문에 경매의 인도명령절차 등이 없어 낙찰자가 명도
소송을 직접 진행해야 하는 등의 과정이 필요하다(명도절차의 번잡성).

Ⅱ 부동산경매

1 개념과 내용

1) 부동산경매의 개념

　부동산경매란 채권채무관계에 있어서 채권만족을 위해 채권자의 신청에 의해 법
원이 채무자의 부동산을 강제로 매각하여 채권들의 목적을 실현시켜 주는 강제집
행의 방법이다. 채권의 변제기가 도래했음에도 불구하고 채무자가 임의로 채무를
이행하지 않을 때 담보권을 실행(임의경매)하기 위해 또는 기타 채무명의(강제경매)에 따
라 채권자는 법원에 경매를 신청할 수 있다. 현행 법원경매는 참여자들이 문서로써
청약의 의사표시를 하게 하고 그중 최고가격으로 표시한 자를 골라 계약을 체결하
는 최고가 입찰방식이 주를 이룬다.

2) 강제경매와 임의경매

　"강제경매"란 채무자 소유의 부동산을 압류·환가하여 그 매각대금을 가지고 채권
자의 금전채권의 만족을 얻을 목적으로 하는 강제집행절차 중의 하나이다. 한편 담

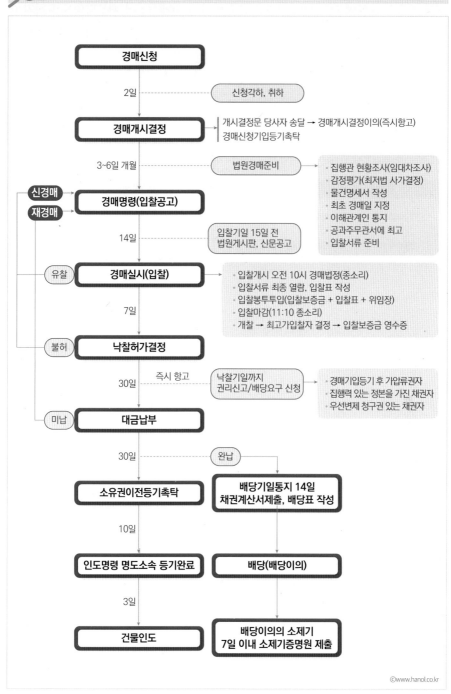

경매신청

2일 ⋯⋯⋯ 신청각하, 취하

경매개시결정
개시결정문 당사자 송달 → 경매개시결정이의(즉시항고)
경매신청기입등기촉탁

3~6일 개월 ⋯⋯⋯ 법원경매준비
- 집행관 현황조사(임대차조사)
- 감정평가(최저법 사가결정)
- 물건명세서 작성
- 최초 경매일 지정
- 이해관계인 통지
- 공과주무관서에 최고
- 입찰서류 준비

신경매 / 재경매
경매명령(입찰공고)

14일 ⋯⋯⋯ 입찰기일 15일 전
법원게시판, 신문공고

유찰
경매실시(입찰)
- 입찰개시 오전 10시 경매법정(종소리)
- 입찰서류 최종 열람, 입찰표 작성
- 입찰봉투투입(입찰보증금 + 입찰표 + 위임장)
- 입찰마감(11:10 종소리)
- 개찰 → 최고가입찰자 결정 → 입찰보증금 영수증

7일

불허
낙찰허가결정

30일 ⋯ 즉시 항고 ⋯⋯⋯ 낙찰기일까지
권리신고/배당요구 신청
- 경매기입등기 후 가압류권자
- 집행력 있는 정본을 가진 채권자
- 우선변제 청구권 있는 채권자

미납
대금납부

30일 ⋯⋯⋯ 완납

소유권이전등기촉탁 / **배당기일통지 14일
채권계산서제출, 배당표 작성**

10일

인도명령 명도소속 등기완료 / **배당(배당이의)**

3일

건물인도 / **배당이의의 소제기
7일 이내 소제기증명원 제출**

©www.hanol.co.kr

보권의 실행 등을 위한 경매로서 관련법규에서 담보권의 실행 등을 위한 경매라는 이름으로 부동산에 대한 경매신청을 조문화하여 경매신청에 채무명의를 요하지 아니하는 경매에 관한 규정을 두고 있는데 이를 "임의경매"라고 한다. 임의경매에는 저당권, 질권, 전세권 등 담보물권의 실행을 위한 "실질적 경매"와 민법·상법 기타 법률규정에 의한 환가를 위한 "형식적 경매"가 있다. 다만 그 절차에 관하여는 큰 차이가 없다. 여기서는 강제경매를 중심으로 설명한다.

강제경매와 임의경매의 차이

구 분	강제경매	임의경매
경매신청자	• 일반 채권자	• 전세권, 질권, 유치권, 담보가등기, 저당권 등의 담보권자
신청절차	• 채무자의 부동산에 압류 후 경매처리	• 즉시 가능
신청시 구비서류	• 채무명의, 채무명의 송달증명	• 담보권을 증명하는 등기부등본
경매취하 가능시기	• 낙찰 후에는 경락자의 동의를 받거나 채무부존재확인의 소송 필요	• 대금납부전까지 가능
경매에 대한 이의신청	• 경매절차상 사유로만 신청가능	• 담보권 부존재를 소명하면 가능 • 경매절차상 사유로 신청가능
낙찰불허되는 경우	• 채무자 또는 소유자가 경락자인 경우	• 채무자가 경락자인 경우
경매대상	• 채무자의 일반재산 전부	• 담보설정된 특정재산만
우선변제	• 채권자평등의 원칙에 의해 채권액에 따른 비율 배분. 단 공정증서에 의한 양도담보권 실행에는 우선변제권이 있음	• 담보권자 우선변제
채무명의 요부	• 채무명의 필요(집행의 전제)	• 채무명의 불필요
공신력 유무	• 공신력 있음. 따라서 경매절차가 유효한 이상 절차완결 후에는 확정적	• 공신력 없음. 즉 경매절차완결 후 이의에 의해 번복가능. 단 경락대금완납 후에는 담보권 소멸에 영향을 받지 않음

3) 강제집행 절차로서의 경매

강제경매는 집행대상이 부동산일 경우 시행되는 가장 전형적인 강제집행방법이다. 채무자에 대해 대금 등을 받을 수 있어서 소송을 제기하여 승소판결을 받더라도 채무자가 임의로 변제하지 않을 경우 채무이행을 강제하기 위해서는 강제집행을 실행하여야 한다. 채무자 소유의 재산 중 부동산에 대하여 실행하는 강제집행방법이 강제경매인 것이다.

임의경매는 담보권실행을 위한 경매로서 이는 저당권 등의 담보권을 가진 채권자에 있어서 채무자가 채무를 임의이행하지 않는 경우 담보목적물에서 우선변제를 받기 위해 경매하는 것을 말한다. 경매절차는 ① 목적물을 압류하여 ② 환가한 다음, ③ 채권자의 채권을 변제하는 3단계의 절차로 진행된다.

2 경매절차

1) 경매신청 및 경매개시결정

채권자의 신청에 의해[1] 법원은 경매개시결정 후 목적부동산을 압류하고, 관할등기소에 경매개시결정의 기입등기를 촉탁하여 등기관으로 하여금 등기부에 기입등기한다.[2] 경매개시결정 정본은 채무자에게 송달한다.

2) 배당요구의 종기결정 및 공고

구 민사소송법에서는 낙찰기일까지 배당요구를 할 수 있었지만, 개정으로 법원이 정한 배당요구의 종기까지만 배당요구를 할 수 있게 되었다. 배동요구의 종기는 경매개시결정에 따른 압류의 효력이 생긴 때부터 1주일 내에 결정하되, 종기는 첫 매각기일 이전의 날로 정한다.

3) 매각의 준비

경매개시결정을 하면 법원은 해당 부동산을 매각하기 위한 조치를 실시한다. 우선 법원은 부동산의 매각으로 금전채권의 만족을 얻게 될 채권자와 조세·각종 공과금을 징수하는 공공기관에게 정해진 기일까지 배당요구를 할 것을 공고해서 배당요구의 신청을 받는다.[3] 또한 경매 부동산을 현금화하기 위해 집행관에게 부동산의 현

---

1   민사집행법 제79조 제1항 및 제268조.

2   민사집행법 제83조 제1항·제94조 제1항.

3   민사집행법 제84조·제88조.

상, 점유관계, 차임(借賃) 또는 보증금의 액수와 그 밖의 현황에 관해 조사하도록 명하고,[4] 감정인에게 부동산을 평가하게 한 후 그 평가액을 참작해서 최저매각가격을 정한다.[5] 이 과정에서 작성된 매각물건명세서, 현황조사보고서 및 평가서는 그 사본을 매각기일 또는 입찰 개시일 1주일 전까지 법원에 비치해서 누구나 볼 수 있도록 하고 있다.[6]

4) 매각방법의 지정

법원은 해당 부동산을 "기일입찰"의 방법으로 매각할 것인지, "기간입찰"의 방법으로 매각할 것인지를 정한다.[7] "기일입찰"이란 입찰자가 매각기일에 출석해서 입찰표를 집행관에게 제출하고 개찰을 하는 방식으로 진행되는 입찰절차를 말하며,[8] "기간입찰"이란 입찰자가 정해진 입찰기간 내에 입찰표에 매수가격을 기재해서 집행관에게 직접 또는 등기우편으로 제출하고 매각기일에 개찰을 하는 방식으로 진행되는 입찰절차를 말한다.[9]

5) 매각기일 등의 지정·공고

법원은 매각결정 등으로 채권을 만족할 수 없는 사유[10]가 없으면 직권으로 매각기일과 매각결정기일을 정해서 이해관계인에게 통지하고 법원게시판, 관보·공보 또는 신문이나 전자통신매체를 이용해서 공고한다.[11]

---

4 민사집행법 제85조 제1항 및 민사집행규칙 제46조.

5 민사집행법 제97조 제1항.

6 민사집행법 제105조 제2항 및 민사집행규칙 제55조.

7 민사집행법 제103조 제1항 및 부동산등에 대한 경매절차 처리지침(대법원재판예규 제1540호, 2015. 7. 17. 발령, 2015. 9. 1. 시행) 제3조 제1항.

8 민사집행법 제103조 제2항·제3항 및 민사집행규칙 제62조 제1항.

9 민사집행법 제103조 제2항·제3항 및 민사집행규칙 제69조.

10 동 규정과 규칙에 의하면 ① 최저매각가격으로 압류채권자의 채권에 우선하는 부동산의 모든 부담과 절차비용을 변제하면 남을 것이 없겠다고 인정하는 경우, ② 압류채권자가 위 제1호의 통지를 받은 날부터 1주 이내에 위 제1호의 부담과 비용을 변제하고 남을 만한 가격을 정해서 그 가격에 맞는 매수신고가 없을 때에는 자기가 그 가격으로 매수하겠다고 신청하면서 충분한 보증을 제공하지 않은 경우가 이에 해당한다.

11 민사집행법 제102조, 제104조 및 민사집행규칙 제11조 제1항.

6) 입찰자의 입찰참여

(1) 입찰참여

법원에서 지정한 매각방식에 따라 입찰자는 "기일입찰" 또는 "기간입찰"에 참여하게 된다.[12] 기일입찰은 경매당일 경매참여자들이 법원에 출석하여 입찰가격을 제시하고 당일에 낙찰자를 결정하는 방식이고, 기간입찰은 일정기간 입찰기간을 정하여 그 기간 내에 경매참여자들이 직접 또는 우편으로 제출한 후 매각기일이 마감한 후 개찰을 통해 낙찰자를 결정하는 방식이다.

(2) 입찰의 진행

"기일입찰"에 참여하려면 정해진 기일에 법원에 출석해서 입찰표를 작성하고, 매수신청의 보증금액(매수신청보증)과 함께 집행관에게 제출하면 된다.[13]

"기간입찰"에 참여하려면 정해진 기간 동안 입찰표를 작성하고, 매수신청보증과 같은 봉투에 넣어 봉함한 뒤 봉투의 겉면에 매각기일을 적은 후 집행관에게 제출하거나 등기우편으로 부치면 된다.[14]

(3) 입찰의 종결

입찰이 마감되면 집행관은 입찰한 사람(입찰을 한 사람이 아무도 참여하지 않는 경우에는 적당하다고 인정되는 사람)을 참여시킨 상태에서 입찰표를 개봉한다.[15]

개찰 결과 최고가로 매수의 신고를 한 사람(최고가매수신고인)이 있으면 집행관은 그 최고가매수신고인의 성명과 그 가격을 부르고, 차순위매수신고를 최고(催告)한 뒤 적법한 차순위매수신고가 있으면 차순위매수신고인을 정해 그 성명과 가격을 부른 다음 매각기일을 종결한다고 고지한다.[16]

---

12 민사집행법 제103조 및 부동산 등에 대한 경매절차 처리지침 제3조 제1항. 기일입찰 절차와 기간입찰 절차에 관한 자세한 사항은 후설한다.

13 민사집행법 제103조 제3항, 민사집행규칙 제62조 제1항 및 제64조.

14 민사집행법 제103조 제3항, 민사집행규칙 제69조 및 제70조.

15 민사집행규칙 제65조 제2항 및 제71조.

16 민사집행법 제115조 제1항.

최고가매수신고인과 차순위매수신고인이 결정되면 이들을 제외한 다른 입찰자는
매수의 책임을 벗게 되므로 즉시 매수신청보증을 돌려줄 것을 신청해 매수신청보
증을 반환받을 수 있다.[17]

7) 매각허가결정

매각기일에 최고가매수신고인이 정해지면 법원은 매각결정기일을 열어 이해관계
인의 의견을 듣고 법에서 정한 매각불허가 사유가 있는지를 조사해서 매각허가결정
또는 매각불허가결정을 한다.[18]

법원의 매각허가여부의 결정에 따라 손해를 보는 이해관계인은 그 결정에 대해
즉시항고할 수 있으며, 매각허가에 정당한 이유가 없거나 결정에 적은 것 외의 조건
으로 허가해야 한다고 주장하는 매수인 또는 매각허가를 주장하는 매수신고인 역
시 즉시항고할 수 있다.[19]

8) 매각대금의 납부와 권리취득

(1) 매각대금의 납부

매각허가결정이 확정되면 매수인(낙찰자)은 법원이 정한 매각대금의 지급기한 내에
매각대금을 지급(납부)해야 한다.[20]

매수인이 이 기한 내에 매각대금을 지급하지 못하면 법원은 차순위매수신고인에
대한 매각허가결정을 하거나 재매각결정을 하는데, 이 결정이 이루어지면 매수인(낙
찰자)은 입찰참여 절차에서 제공한 매수신청보증을 반환받을 수 없다.[21]

그러나 재매각이 결정된 이후라 하더라도 매수인이 재매각기일의 3일 이전까지
ⓐ 매각대금과 ⓑ 그 지급기한이 지난 뒤부터 지급일까지의 대금에 대한 연 1할 5

---

17 민사집행법 제115조 제3항.
18 민사집행법 제120조·제123조.
19 민사집행법 제129조.
20 민사집행법 제142조 및 민사집행규칙 제78조.
21 민사집행법 제137조 및 제138조제1항·제4항.

푼의 이자 및 ⓒ 절차비용을 지급하면 재매각 절차가 취소되고 매수인이 매각대금을 지급한 것으로 본다.[22]

(2) 권리의 취득

매수인은 매각대금을 모두 낸 때에 매각의 목적인 권리를 취득한다.[23] 매각의 목적이 소유권인 경우에는 매수인 앞으로 소유권이전등기가 이루어지는 한편, 매수인이 인수하지 않는 권리 및 경매개시결정등기를 말소하는 등기가 이루어진다.[24]

매수인이 소유권을 취득했음에도 불구하고 채무자, 소유자 또는 부동산 점유자가 부동산을 인도하지 않으면 매수인은 법원에 부동산 인도명령을 신청할 수 있다. 부동산 인도명령의 신청은 매각대금을 낸 뒤 6개월 이내에만 할 수 있으며, 주택임대차보호법에 의한 대항력을 갖춘 경우 등 점유자가 매수인에게 대항할 수 있는 권원에 의해 점유하고 있는 것으로 인정되는 때에는 할 수 없다.[25]

9) 배당절차

매수인이 매각대금을 지급하면 법원은 배당절차를 밟아야 한다.[26] 즉, 배당기일을 정해서 이해관계인과 배당을 요구하는 채권자에게 이를 통지하고,[27] 채권자와 채무자가 볼 수 있도록 매각대금, 채권자의 채권의 원금, 이자·비용, 배당의 순위와 배당의 비율이 기재된 배당표 원안을 미리 작성해서 배당기일의 3일 전에 법원에 비치한다.[28]

배당기일에는 출석한 이해관계인과 배당을 요구한 채권자의 합의에 따라 배당표를 정정하고, 이들을 심문해서 배당표를 확정한 후 그 배당표에 따라 배당을 실시한다.[29]

---

22 민사집행법 제138조 제3항 및 민사집행규칙 제75조.
23 민사집행법 제135조.
24 민사집행법 제144조 제1항.
25 민사집행법 제136조 제1항.
26 민사집행법 제145조 제1항.
27 민사집행법 제146조.
28 민사집행법 제149조 제1항 및 제150조 제1항.
29 민사집행법 제149조 제2항, 제150조 제2항 및 제159조.

10) 소유권이전등기 등의 촉탁, 부동산인도명령

매수인(낙찰자)은 매각허가결정이 선고된 후 매각부동산의 관리명령을 신청할 수 있고, 대금완납 후에는 인도명령을 신청할 수 있다. 집행법원은 매수인으로부터 필요서류의 제출이 있게 되면 매수인을 위하여 소유권이전등기, 매수인이 인수하지 아니하는 부동산등기상 부담의 말소등기를 등기관에게 촉탁한다.

３ 입찰의 참여방법

부동산 경매 입찰은 기일입찰과 기간입찰에 따라 참여 방식이 다르다. 이에 순서대로 설명한다.

1) 기일입찰

기일입찰은 정해진 매각기일에 출석해서 입찰표와 매수신청보증을 제출하는 방식으로 진행된다. 기일입찰에 참여하려는 사람은 매각기일에 출석해서 입찰게시판과 매각물건명세서·현황조사보고서 및 감정평가서 사본을 확인한다. 입찰이 개시되면 입찰표를 작성한 후 매수신청보증과 함께 입찰함에 제출한다. 개찰은 입찰 직후 실시하며, 입찰표에 기재된 입찰가격을 비교해서 최고가매수신고인을 결정한다. 이때 차순위매수신고가 있으면 차순위매수신고인을 정하고 입찰을 종결한다. 입찰절차의 종결이 고지되면 최고가매수신고인과 차순위매수신고인을 제외한 다른 입찰자는 매수신청보증의 반환을 요청할 수 있다.

(1) 매각기일에 출석

특별한 사유가 없는 한 매각기일은 법원 안에서 진행된다.[30] 따라서 입찰에 참여하려는 사람은 법원이 공고한 매각기일에 경매를 집행하는 법원에 출석해야 한다. 집행관은 매각기일이 열리는 장소의 질서유지를 위해서 필요하다고 인정하는 경우에는 그 장소에 출입하는 사람의 신분을 확인할 수 있으며,[31] 매각장소의 질서유지

---

30 민사집행법 제107조.

31 민사집행규칙 제57조 제1항.

를 위해 다음의 어느 하나에 해당한다고 인정되는 사람[32]에 대해서는 매각장소에 들어오지 못하도록 하거나 매각장소에서 내보내거나, 입찰하지 못하도록 할 수 있으므로 각별히 유의해야 한다.[33]

(2) 경매 취소여부 확인

매각기일이 공고된 이후에도 경매신청의 취하 신청이나 경매 취소사유가 있으면 경매가 취소될 수 있으며, 매각기일 또는 입찰기간 등이 변경될 수도 있다.[34] 따라서 입찰이 개시되기 전에 법원에 게재된 입찰게시판을 확인해 보는 것이 좋다. 경매신청의 취하, 경매절차의 취소 여부는 집행관 사무실이나 인터넷 법원경매공고란 (www.courtauction.go.kr)에서도 확인할 수 있다.

(3) 집행관의 입찰 개시

입찰 절차의 진행은 집행관이 한다.[35] 집행관은 매각사건목록과 함께 매각물건명세서·현황조사보고서 및 감정평가서 사본을 비치 또는 게시해서 입찰에 참여하려는 사람이 그 내용을 볼 수 있도록 하고, 특별한 매각조건이 있으면 이를 고지하며, 특별히 정한 매각방법(기일입찰 방법)에 따라 매수가격을 신고하도록 최고한다.[36]

입찰은 입찰의 개시를 알리는 종이 울린 후 집행관이 입찰표의 제출을 최고하고 입찰마감시각과 개찰시각을 고지함으로써 시작된다.[37]

(4) 입찰표의 작성

입찰 장소에는 다른 사람이 알지 못하게 입찰표를 적을 수 있는 설비가 마련되어

---

32 ⓐ 다른 사람의 매수신청을 방해한 사람, ⓑ 부당하게 다른 사람과 담합하거나 그 밖에 매각의 적정한 실시를 방해한 사람, ⓒ 위 ⓐ 또는 ⓑ의 행위를 교사(教唆)한 사람, ⓓ 민사집행절차에서의 매각에 관해 다음의 죄로 유죄판결을 받고 그 판결확정일부터 2년이 지나지 않은 사람이 이들이다.

33 민사집행법 제108조.

34 민사집행법 제18조, 제93조, 제96조 제102조 및 부동산 등에 대한 경매절차 처리지침[대법원 예규(제1427호, 2013. 1. 28. 발령, 2013. 2. 1. 시행)] 제9조 제2항.

35 부동산 등에 대한 경매절차 처리지침 제26조 제1항.

36 민사집행법 제112조 및 부동산 등에 대한 경매절차 처리지침 제13조 제1항.

37 민사집행규칙 제65조 제1항 및 부동산 등에 대한 경매절차 처리지침 제32조 제1항.

있다. 기일입찰에 참여하려는 사람은 이곳에서 기일입찰표를 작성한다.[38] 기일입찰표에는 일정한 사항을 기재해야 한다.[39]

입찰표는 한 번 제출하면 취소·변경·교환이 허용되지 않는다.[40]

(5) 매수신청보증의 제공

입찰자는 매각물건의 최저매각가격의 10분의 1에 해당하는 금액을 매수신청의 보증으로 제공해야 한다.[41] 매수신청보증은 금전, 자기앞수표 또는 보증서[42]의 방법으로 제공할 수 있다.[43] 매수신청보증의 제공은 일정한 경우[44]에는 입찰이 무효로 된다.

(6) 입찰 서류의 제출

기일입찰표의 작성이 끝나면 매수신청보증을 넣고 봉한 뒤, 날인한 매수신청보증봉투(흰색의 작은 봉투)와 기일입찰표를 함께 기일입찰봉투(황색의 큰 봉투)에 넣어 다시 봉하고 날인한 후 입찰봉투의 입찰자용 수취증 절취선상에 집행관의 날인을 받고 집행관의 면전에서 입찰자용 수취증을 떼어내 따로 보관하고 기일입찰봉투를 입찰함

---

38   민사집행규칙 제61조 제1항. 기일입찰표(전산양식 A3360), 매수신청보증봉투(전산양식 A3361), 기일입찰봉투(전산양식 A3362, A3363), 공동입찰신고서(전산양식 A3364), 공동입찰자목록(전산양식 A3365)은 집행과 사무실 및 경매법정 등에 비치되어 있다(부동산 등에 대한 경매절차 처리지침 제14조 제1항).

39   민사집행규칙 제62조 제2항 및 제5항. 기재사항은 ⓐ 사건번호와 부동산의 표시, ⓑ 입찰자의 이름과 주소, ⓒ 대리인을 통해 입찰을 하는 경우에는 대리인의 이름과 주소, ⓓ 입찰가격(입찰가격은 일정한 금액으로 표시해야 하며, 다른 입찰가격에 대한 비례로 표시할 수 없다. 민사집행규칙 제62조제2항 후단). 예를 들어, 입찰가격을 '100,000,000원'의 형식으로 기재하는 것은 가능하지만, '최고가매수인이 제출한 금액의 1.2배'라고 기재하는 것은 불가능하다. ⓔ 공동으로 입찰하는 경우에는 각자의 지분 등이 이에 해당한다.

40   민사집행규칙 제62조 제6항, 부동산 등에 대한 경매절차 처리지침 제31조 제6호, 제33조 제4항 및 별지 3.

41   민사집행법 제63조 및 제113조.

42   보증서란 은행 등이 입찰자를 위해 일정액의 금전을 법원의 최고에 따라 지급한다는 취지의 기한의 정함이 없는 지급보증위탁계약이 입찰자와 은행 등 사이에 체결된 사실을 증명하는 문서(경매보증보험증권)를 말한다(민사집행규칙 제64조 제3호 및 부동산 등에 대한 경매절차 처리지침 제2조 제1호).

43   민사집행규칙 제64조 및 부동산 등에 대한 경매절차 처리지침 제28조.

44   부동산 등에 대한 경매절차 처리지침 제33조 제5항·제6항 및 별지 5. 무효사유는 다음과 같다.

매수신청보증 유형	무효사유
현금·자기앞수표	• 제공한 금액이 정해진 매수신청보증금액에 미달하는 경우
보증서	• 보증서상 보험계약자의 이름과 입찰표상 입찰자 본인의 이름이 불일치하는 경우 • 보험가입금액이 매수신청보증액에 미달하는 경우 • 보증서상의 사건번호와 입찰표상의 사건번호가 불일치하는 경우 • 입찰자가 금융기관 또는 보험회사인 경우에 자기를 지급보증위탁계약의 쌍방 당사자로 하는 보증서를 제출한 경우

에 투입한다.[45]

집행관은 입찰자의 자격흠결로 인한 분쟁이 생기지 않도록 입찰자의 본인 여부와 행위능력 또는 정당한 대리권의 여부에 대한 확인을 실시하는데, 이를 위해서 입찰자는 일정의 서류[46]를 미리 준비해야 한다.[47]

(7) 입찰의 종결

❶ 입찰의 마감

입찰의 마감을 알리는 종이 울린 후 집행관이 이를 선언함으로써 입찰이 마감된다. 그러나 입찰표의 제출을 최고한 후 1시간이 지나지 않으면 입찰을 마감하지 못한다.[48]

입찰을 마감할 때까지 허가할 매수가격의 신고가 없는 경우에는 1회에 한해 집행관이 즉시 매각기일의 마감을 취소하고 같은 방법으로 매수가격을 신고하도록 최고할 수 있다.[49] 매수가격의 신고가 없어 바로 입찰을 마감하거나 두 번째 입찰에서도 매수가격의 신고가 없어 입찰을 최종적으로 종결하는 경우에 법원은 최저매각가격을 상당히 낮추고 새 매각기일을 정한다.[50]

❷ 개찰

개찰은 입찰마감시각으로부터 10분 안에 시작된다.[51] 입찰자는 개찰에 참여할 수 있으며, 입찰자가 아무도 참여하지 않으면 법원의 서기관·법원사무관·법원주사 또는 법원주사보 등 상당하다고 인정되는 사람이 참여한다.[52] 개찰할 때 집행관은 입

---

45 매수신청보증으로 보증서를 제출하는 경우에는 그 보증서를 매수신청보증봉투에 따로 넣지 않는다(부동산 등에 대한 경매절차 처리지침 제31조 제5호).

46 일정한 서류에는 ⓐ 본인이 입찰하는 경우에는 주민등록증이나 그 밖의 신분을 증명하는 서면, ⓑ 법인의 입찰자인 경우에는 대표자의 자격을 증명하는 문서, ⓒ 입찰자의 대리인인 경우에는 대리권을 증명하는 문서 등이 있다.

47 민사집행규칙 제62조 제3항·제4항 및 부동산 등에 대한 경매절차 처리지침 제30조.

48 민사집행규칙 제65조 제1항 단서 및 부동산 등에 대한 경매절차 처리지침 제32조 제2항.

49 민사집행법 제115조 제4항 및 제5항.

50 민사집행법 제115조 제4항·제5항, 제119조 및 부동산 등에 대한 경매절차 처리지침 제35조 제2항·제3항.

51 부동산 등에 대한 경매절차 처리지침 제33조 제1항.

52 민사집행규칙 제65조 제2항 및 부동산 등에 대한 경매절차 처리지침 제33조 제2항.

찰자의 면전에서 먼저 기일입찰봉투만 개봉해서 기일입찰표에 의해 사건번호, 입찰
목적물, 입찰자의 이름 및 입찰가격을 부른다.[53]

현금이나 자기앞수표로 매수신청보증을 제공한 경우에 매수신청보증봉투는 최
고의 가격으로 입찰한 사람의 것만 개봉해서 정해진 보증금액에 해당하는지를 확
인한다.[54] 매수신청보증이 정해진 보증금액에 미달하는 경우에는 그 입찰자의 입찰
이 무효로 되고, 차순위의 가격으로 입찰한 사람의 매수신청보증을 확인한다.

보증서로 매수신청보증을 제공한 경우에는 최고의 가격으로 입찰한 사람의 것만
정해진 보증금액에 해당하는지를 확인한다.[55] 보증서가 일정한 무효사유에 해당하
는 경우[56]에는 그 입찰자의 입찰이 무효로 되고, 차순위의 가격으로 입찰한 사람의
매수신청보증을 확인한다.

❸ 최고가매수신고인의 결정

개찰 결과 최고의 가격으로 입찰한 사람을 최고가매수신고인으로 정한다.[57]

최고의 가격으로 입찰한 사람이 두 사람 이상일 경우에는 그 입찰자들만을 상대
로 추가입찰을 실시해서 최고가매수신고인을 정한다. 그러나 추가입찰의 자격이 있
는 사람 모두가 추가입찰에 응하지 않거나 또는 종전 입찰가격보다 낮은 가격으로
입찰한 경우에는 그들 중에서 추첨을 통해 최고가매수신고인을 정하며, 두 사람 이
상이 다시 최고의 가격으로 입찰한 경우에는 그들 중에서 추첨을 통해 최고가매수
신고인을 정한다. 이때 입찰자 중 출석하지 않은 사람 또는 추첨하지 않은 사람이
있는 경우에는 법원의 서기관·법원사무관·법원주사 또는 법원주사보 등 상당하다
고 인정되는 사람이 대신 추첨하게 된다.[58]

---

53 민사집행규칙 제65조 제3항 및 부동산 등에 대한 경매절차 처리지침 제33조 제3항.

54 부동산 등에 대한 경매절차 처리지침 제33조 제5항.

55 부동산 등에 대한 경매절차 처리지침 제33조 제6항.

56 무효사유에 해당되는 경우로는 ㉮ 보증서상 보험계약자의 이름과 입찰표상 입찰자 본인의 이름이 불일치하는 경우, ㉯ 보
험가입금액이 매수신청보증액에 미달하는 경우, ㉰ 보증서상의 사건번호와 입찰표상의 사건번호가 불일치하는 경우, ㉱ 입찰
자가 금융기관 또는 보험회사인 경우에 자기를 지급보증위탁계약의 쌍방 당사자로 하는 보증서를 제출한 경우가 있다.

57 부동산 등에 대한 경매절차 처리지침 제34조 제1항 본문.

58 민사집행규칙 제66조 및 부동산 등에 대한 경매절차 처리지침 제34조 제1항·제3항.

❹ 차순위매수신고인의 결정

차순위매수신고는 집행관에게 최고가매수신고인이 대금지급기한까지 그 의무를 이행하지 않으면 자기의 매수신고에 대해 매각을 허가해 달라는 취지의 신고를 하는 것을 말한다.[59]

최고가매수신고액에서 매수신청보증을 뺀 금액을 넘는 금액으로 매수신고를 한 사람으로서 차순위매수신고를 한 사람은 차순위매수신고인이 된다.[60]

차순위매수신고를 한 사람이 두 사람 이상인 경우에는 매수신고가격이 높은 사람을 차순위매수신고인으로 정하고, 신고한 매수가격이 같은 경우에는 추첨으로 차순위매수신고인을 정한다.[61]

❺ 입찰의 종결

집행관은 최고가매수신고인의 성명과 그 가격을 부르고 차순위매수신고를 최고한 뒤, 적법한 차순위매수신고가 있으면 차순위매수신고인을 정해 그 성명과 가격을 부른 다음 입찰절차가 종결되었음을 고지한다.[62]

매수가격의 신고가 없는 경우에는 매각기일을 마감하고, 법원이 민사집행법 제91조 제1항의 규정에 어긋나지 않는 한도에서 최저매각가격을 상당히 낮추고 새 매각기일을 정한다.[63]

❻ 매수신청보증의 반환

입찰절차의 종결이 고지되면 최고가매수신고인과 차순위매수신고인을 제외한 다른 입찰자는 매수의 책임을 벗게 되고, 즉시 매수신청의 보증을 돌려줄 것을 신청할 수 있다.[64] 매수신청보증으로 금전 또는 자기앞수표를 제공한 경우에는 입찰자용 수취증과 주민등록증(본인 여부 확인용)을 제출해서 매수신청보증을 즉시 반환받을 수 있

---

59 민사집행법 제114조 제1항.

60 민사집행법 제114조 및 부동산 등에 대한 경매절차 처리지침 제34조 제3항 전단.

61 민사집행법 제115조 제2항 및 부동산 등에 대한 경매절차 처리지침 제34조 제4항.

62 민사집행법 제115조 제1항 및 부동산 등에 대한 경매절차 처리지침 제35조 제1항.

63 민사집행법 제119조 및 부동산 등에 대한 경매절차 처리지침 제35조.

64 민사집행법 제115조 제3항.

다.[65] 매수신청보증으로 보증서를 제공한 경우에는 입찰자용 수취증과 주민등록증을 제시해서 본인 여부를 확인받은 후 보증서를 반환받을 수 있다.[66]

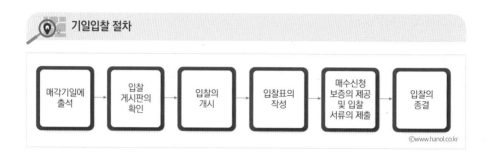

2) 기간입찰

기간입찰에 참여하려는 사람은 입찰기일을 확인해서 그 기간 내에 입찰표를 작성한 후 매수신청보증과 함께 등기우편으로 제출하거나 집행관에게 직접 제출한다. 개찰은 매각기일에 입찰자가 출석한 가운데 실시하며, 입찰표에 기재된 입찰가격을 비교해서 최고가매수신고인을 결정한다. 이때 차순위매수신고가 있으면 차순위매수신고인을 정하고 입찰을 종결한다. 입찰절차의 종결이 고지되면 최고가매수신고인과 차순위매수신고인을 제외한 다른 입찰자는 매수신청보증의 반환을 요청할 수 있다.

(1) 입찰표의 작성

기간입찰에 참여하려는 사람은 기간입찰표를 작성해야 하는데, 그 기재내용은 다음과 같다.[67] 입찰표는 한 번 제출하면 철회·변경·교환이 허용되지 않는 것은 기일입찰과 같다.

65　부동산 등에 대한 경매절차 처리지침 제40조 제1항.

66　부동산 등에 대한 경매절차 처리지침 제44조 제1항 제1호.

67　민사집행규칙 제62조 제2항부터 제6항까지 및 제71조. 기재사항은 기일입찰과 같다. 즉, ⓐ 사건번호와 부동산의 표시, ⓑ 입찰자의 이름과 주소, ⓒ 대리인을 통해 입찰을 하는 경우에는 대리인의 이름과 주소, ⓓ 입찰가격, ⓔ 공동으로 입찰하는 경우에는 각자의 지분 등이 이에 해당한다.

(2) 매수신청보증의 제공

입찰자는 매각물건의 최저매각가격의 10분의 1에 해당하는 금액을 매수신청의 보증으로 제공해야 한다.[68] 매수신청보증은 입금증명서나 보증서의 방법[69]으로 제공할 수 있다.[70] 매수신청보증의 제공을 일정한 경우[71]에는 입찰이 무효로 된다.[72]

(3) 입찰 서류의 준비

기간입찰표의 작성이 끝나면 일정한 서류[73]와 함께 기간입찰봉투에 넣어 봉함을 한 후, 기간입찰봉투의 겉면에 매각기일을 기재한다.[74]

(4) 입찰 서류의 제출

기간입찰봉투는 집행관에게 직접 제출하거나 등기우편으로 제출할 수 있다.[75]

---

68 민사집행법 제113조, 민사집행규칙 제63조 및 제71조.

69 이 경우는 기일입찰과 다른 점으로 "입금증명서"란 법원의 예금계좌에 일정액의 금전을 입금했다는 내용으로 금융기관이 발행한 증명서를 말하며, "보증서"란 은행 등이 입찰자를 위해 일정액의 금전을 법원의 최고에 따라 지급한다는 취지의 기한의 정함이 없는 지급보증위탁계약이 입찰자와 은행 등 사이에 체결된 사실을 증명하는 문서(경매보증보험증권)를 말한다(민사집행규칙 제64조 제3호 및 부동산 등에 대한 경매절차 처리지침 제2조 제1호·제2호).

70 민사집행규칙 제70조 및 부동산 등에 대한 경매절차 처리지침 제16조 제1항.

71 무효로 되는 경우는 다음과 같다.

무효사유
보증서상 보험계약자의 이름과 입찰표상 입찰자 본인의 이름이 불일치하는 경우
보험가입금액이 매수신청보증액에 미달하는 경우
보증서상의 사건번호와 입찰표상의 사건번호가 불일치하는 경우
입찰자가 금융기관 또는 보험회사인 경우에 자기를 지급보증위탁계약의 쌍방 당사자로 하는 보증서를 제출한 경우

72 부동산 등에 대한 경매절차 처리지침 제37조 제4항 및 별지 5.

73 기간입찰에 기재사항은 다음과 같다.

> 1. 입금증명서 또는 보증서
> 2. 매수신청인의 자격 증명을 위한 서류
>   - 개인이 입찰하는 경우에는 주민등록등본
>   - 법인의 대표자 등이 입찰하는 경우에는 법인 등기사항증명서
>   - 법정대리인이 입찰하는 경우에는 가족관계등록부 등 법정대리권을 증명하는 문서
>   - 임의대리인이 입찰하는 경우에는 대리위임장, 인감증명서
>   - 2인 이상이 공동입찰하는 경우에는 공동입찰신고서, 공동입찰자목록

74 민사집행규칙 제69조, 부동산 등에 대한 경매절차 처리지침 제18조 및 제19조.

75 민사집행규칙 제69조 및 부동산 등에 대한 경매절차 처리지침 제18조. 기간입찰봉투를 집행관에게 직접 제출하려는 경우에는 입찰기간 중의 평일 9:00부터 12:00까지, 13:00부터 18:00까지 사이에 집행관 사무실에 접수하고 입찰봉투접수증을 교부받을 수 있고, 정해진 접수시간에 제출하지 못한 경우에는 당직근무자에게 제출할 수도 있다(민사집행규칙 제69조 및 부동산 등에 대한 경매절차 처리지침 제20조). 기간입찰봉투를 우편으로 제출하려는 경우에는 입찰기간 개시일 00:00부터 종료일 24:00까지 접수되어야 한다(민사집행규칙 제69조 및 부동산 등에 대한 경매절차 처리지침 제21조).

(5) 매각기일에 경매법정에 출석

매각기일에는 개찰절차가 진행된다. 입찰자는 개찰에 참여할 수 있으므로 원하는 경우에는 매각기일에 경매법정에 출석하면 된다.[76]

최고 가격으로 입찰한 사람이 둘 이상인 경우에는 그 입찰자들만을 상대로 기일 입찰의 방법으로 추가입찰을 실시하는데, 매각기일에 출석하지 않으면 이 추가입찰 자격이 부여되지 않는다.[77]

집행관은 매각기일이 열리는 장소의 질서유지를 위해서 필요하다고 인정하는 경우에는 그 장소에 출입하는 사람의 신분을 확인할 수 있으며,[78] 매각장소의 질서유지를 위해 일정한 사람[79]에 대해서는 매각장소에 들어오지 못하도록 하거나 매각장소에서 내보낼 수 있다.[80]

(6) 입찰의 종결

❶ 개찰

집행관은 매각기일에 입찰함을 경매법정으로 옮긴 후, 입찰자의 면전에서 입찰함을 개봉한다. 입찰자는 개찰에 참여할 수 있으며, 입찰자가 아무도 참여하지 않으면 법원의 서기관·법원사무관·법원주사 또는 법원주사보 등 상당하다고 인정되는 사람이 참여한다.[81] 개찰할 때 집행관은 입찰자의 면전에서 먼저 기간입찰봉투를 개봉해서 기간입찰표에 의해 사건번호(필요시에는 물건번호 포함), 입찰목적물, 입찰자의 이름 및 입찰가격을 부른다.[82]

매수신청보증은 최고의 가격으로 입찰한 사람의 것만 개봉해서 정해진 보증금액

---

76 민사집행규칙 제65조 제2항, 제71조 및 부동산 등에 대한 경매절차 처리지침 제37조 제1항 본문.

77 부동산 등에 대한 경매절차 처리지침 제38조 제1항 및 제2항.

78 민사집행규칙 제57조 제1항.

79 이에 관하여는 기일입찰과 동일하다. 즉, ⓐ 다른 사람의 매수신청을 방해한 사람, ⓑ 부당하게 다른 사람과 담합하거나 그 밖에 매각의 적정한 실시를 방해한 사람, ⓒ 위 ⓐ 또는 ⓑ의 행위를 교사(教唆)한 사람, ⓓ 민사집행절차에서의 매각에 관해 다음의 죄로 유죄판결을 받고 그 판결확정일부터 2년이 지나지 않은 사람이 이들이다.

80 민사집행법 제108조.

81 민사집행규칙 제65조 제2항 및 부동산 등에 대한 경매절차 처리지침 제37조 제1항.

82 민사집행규칙 제65조 제3항 및 부동산 등에 대한 경매절차 처리지침 제37조 제2항.

에 해당하는지를 확인한다.[83] 입금증명서상 입금액이 정해진 보증금액에 미달하거나 보증서가 아래의 무효사유[84]에 해당하는 경우에는 그 입찰자의 입찰이 무효로 되고, 차순위의 가격으로 입찰한 사람의 매수신청보증을 확인한다.

❷ 최고가매수신고인의 결정

개찰 결과 최고의 가격으로 입찰한 사람을 최고가매수신고인으로 한다.[85]

최고의 가격으로 입찰한 사람이 두 사람 이상일 경우에는 그 입찰자들만을 상대로 기일입찰의 방법으로 추가입찰을 실시해서 최고가매수신고인을 정한다. 그러나 추가입찰의 자격이 있는 사람 모두가 추가입찰에 응하지 않거나 또는 종전 입찰가격보다 낮은 가격으로 입찰한 경우에는 그들 중에서 추첨을 통해 최고가매수신고인을 정하며, 두 사람 이상이 다시 최고의 가격으로 입찰한 경우에는 그들 중에서 추첨을 통해 최고가매수신고인을 정한다. 이때, 입찰자 중 출석하지 않은 사람에게는 추가입찰 자격이 부여되지 않는다.[86]

❸ 차순위매수신고인의 결정

최고가매수신고액에서 매수신청보증을 뺀 금액을 넘는 금액으로 매수신고를 한 사람으로서 차순위매수신고를 한 사람은 차순위매수신고인이 된다.[87]

차순위매수신고를 한 사람이 두 사람 이상인 경우에는 매수신고가격이 높은 사람을 차순위매수신고인으로 정하고, 신고한 매수가격이 같은 경우에는 추첨으로 차순위매수신고인을 정한다.[88]

❹ 입찰의 종결

집행관은 최고가매수신고인의 성명과 그 가격을 부르고 차순위매수신고를 최고

---

83 부동산 등에 대한 경매절차 처리지침 제37조 제4항 본문.

84 무효사유는 ㉮ 보증서상 보험계약자의 이름과 입찰표상 입찰자 본인의 이름이 불일치하는 경우, ㉯ 보험가입금액이 매수신청보증액에 미달하는 경우, ㉰ 보증서상의 사건번호와 입찰표상의 사건번호가 불일치하는 경우, ㉱ 입찰자가 금융기관 또는 보험회사인 경우에 자기를 지급보증위탁계약의 쌍방 당사자로 하는 보증서를 제출한 경우 등이 있다.

85 부동산 등에 대한 경매절차 처리지침 제38조 제1항 본문.

86 민사집행규칙 제66조, 제70조 및 부동산 등에 대한 경매절차 처리지침 제38조.

87 민사집행법 제114조, 부동산 등에 대한 경매절차 처리지침 제34조 제4항 및 제38조 제3항.

88 민사집행법 제115조 제2항, 부동산 등에 대한 경매절차 처리지침 제34조 제4항 및 제38조 제3항.

한 뒤, 적법한 차순위매수신고가 있으면 차순위매수신고인을 정해 그 성명과 가격을 부른 다음 입찰절차가 종결되었음을 고지한다.[89]

매수가격의 신고가 없는 경우에는 매각기일을 마감하고, 법원이 민사집행법 제91조 제1항의 규정에 어긋나지 않는 한도에서 최저매각가격을 상당히 낮추고 새 매각기일을 정한다.[90]

❺ 매수신청보증의 반환

입찰절차의 종결이 고지되면 최고가매수신고인과 차순위매수신고인을 제외한 다른 입찰자는 매수의 책임을 벗게 되고, 즉시 매수신청의 보증을 돌려줄 것을 신청할 수 있다.[91]

매수신청보증을 미리 법원보관금으로 납부하고 그 입금증명서를 제공한 경우에는 은행 등 법원보관금 취급점에서 그 금액을 반환받을 수 있다. 즉, 취급점은 세입세출외 현금출납공무원으로부터 환급지시사항을 받으면 제1영업일 이내에 법원보관금납부서에 기재된 예금계좌로 매수신청보증금을 입금해야 하고, 예금계좌로 입금이 되지 않은 경우에는 지체 없이 납부자에게 우편 또는 전화로 그 사실을 통지해서 환급이 이루어질 수 있도록 해야 한다.[92]

매수신청보증으로 보증서를 제공한 경우에는 주민등록증을 제시해서 본인 여부를 확인받은 후 보증서를 반환받을 수 있다.[93]

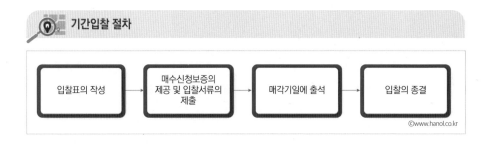

기간입찰 절차

입찰표의 작성 → 매수신청보증의 제공 및 입찰서류의 제출 → 매각기일에 출석 → 입찰의 종결

©www.hanol.co.kr

---

89 민사집행법 제115조 제1항, 부동산 등에 대한 경매절차 처리지침 제35조 제1항 및 제39조 제1항.

90 민사집행법 제119조, 부동산 등에 대한 경매절차 처리지침 제39조 제2항.

91 민사집행법 제115조 제3항.

92 법원보관금취급규칙 제21조의2.

93 부동산 등에 대한 경매절차 처리지침 제44조 제1항 제2호 및 제2항.

1. 말소기준이 되는 권리파악

부동산에 대한 경매 등 강제집행이 진행됨에 따라 등기되어 있는 권리가 정리되면서 말소된다. 그런데 그 말소되는 권리 중 기준이 되는 권리가 있는데 저당권(근저당권 포함), 가압류, 담보가증기, 강제경매기입등 기가 그것이다. 경매가 개시되면 이들 권리 중 제일 먼저 설정된 권리 이후 등기는 모두 말소된다. 따라서 이 경우 어떤 권리가 소멸되고 어떤 권리가 소멸되지 않아 경낙인이 인수해야 하는지 파악하기 위해서는 우선 말소기준권리를 정확하게 찾아내야 한다. 보통은 등기상 저당권(근저당권)이 가장 먼저 설정되는 경우가 많 아 대부분 저당권이 말소기준권리가 되는 경우가 많다.

2. 인수되는 권리

경매에 있어서 권리분석을 통해 말소기준이 되는 권리를 파악하고 그 기준이 되는 권리보다 먼저 등기된 권리나 일정한 사유가 있는 권리는 낙찰로 인해 소유권이 이전되더라도 소멸되지 않고 낙찰자가 인수해야 한다. 인수해야 하는 권리는 다음과 같다.

① 말소기준권리의 선후와 관계없이 인수되는 권리로는 유치권, 전 소유자에 대한 가압류, 법정지상권은 낙 찰자가 인수하여 제한을 받는 소유권을 취득하게 된다. 유치권은 부동산을 유치함으로써 발생하는 권리 로 등기부에 등기할 수 없는 권리이다. 말소기준권리 성립시기와 무관하게 낙찰자가 인수해야 한다.

② 말소기준권리보다 앞서 등기된 전세권, 지상권, 지역권, 가처분, 소유권이전 청구권 보전가등기, 환매등 기 등은 낙찰자가 인수하여야 한다.

③ 말소기준권리보다 앞서 대항력을 갖춘 임차인이 해당 임대보증금을 모두 배당받지 못할 경우 나머지 금 액 모두를 인수하여야 한다. 따라서 낙찰받고자 하는 부동산에 임차인이 있을 경우 관할 동사무소 등을 방문하거나 인터넷을 통해 전입자와 전입일자 및 보증금액, 확정일자여부를 파악해야 한다.

④ 말소기준권리보다 나중에 등기된 가처분, 지상권, 지역권 등은 낙찰자의 경매대감 납부와 함께 낙찰자가 소유권이전 촉탁등기신청을 하면 법원에서 이를 직권으로 말소시켜 준다.

3. 말소(소제)되는 권리

낙찰자의 소유권이전등기가 이루어지면 일정한 권리나 등기는 말소된다. 이를 말소주의(소제주의)라고 한 다. 말소되는 권리나 등기들은 다음과 같다.

① 말소기준권리의 선후와 관계없이 모든 저당권과 담보가등기는 모두 말소된다.

② 말소기준권리보다 늦게 등기된 전세권, 지상권, 지역권, 가압류, 가등기, 가처분, 임차권, 환매등기는 말 소된다.

③ 말소기준권리보다 늦게 대항력을 갖춘 임차권은 권리를 잃는다.

④ 말소기준권리보다 앞서더라도 경매를 신청하거나 배당요구를 한 전세권은 말소된다.

Ⅲ 공매와 구체적인 차이

1 공매의 의의

공매란 국가기관이 체납처분에 따른 압류재산을 환가처분하는 방법으로써, 매각재산에 대하여 불특정 다수인의 매수희망자로 하여금 자유경쟁을 통하여 형성되는 최고가격을 매각가격으로 정하여 매수인이 될 자를 결정하는 매각절차이다. 즉, 공매는 부동산을 처분할 때 모든 조건을 공개하고 일반경쟁입찰을 통하여 최고가 입찰자를 결정하는 제도를 말한다. 부동산의 기본적인 상태와 각 부동산에 대한 개별적인 매각조건을 고지한 후 그 조건을 승낙한 사람이 매수를 희망하는 경우에 일반경쟁 입찰을 통하여 처분하는 방법이다. 공매는 한국자산관리공사(KAMCO) 이외 다른 기관(금융기관, 공기업 등)도 시행하고 있지만, KAMCO가 대표적인 공매전문기관이다.

이하에서는 공매에 관하여 간단한 개념정의와 경매와의 구체적인 차이를 간단하게 알아보고자 한다.

2 공매의 개념

1) 공매의 목적물

한국자산관리공사에서 주관하고 있는 공매 목적물의 종류는 유입자산, 수탁재산, 압류재산, 국유재산으로 나뉜다. "유입자산"은 금융기관의 구조개선을 위해 한국자산관리공사가 법원경매를 통해 취득한 재산 및 부실징후 기업체를 지원하기 위해 기업체로부터 취득한 재산을 일반인에게 다시 매각하는 부동산을 말한다. "수탁재산"은 금융기관 및 기업체가 소유하고 있는 비업무용 보유재산을 공사가 매각을 위임하여 일반인에게 매각하는 부동산을 말하고, "압류재산"은 세금을 내지 못하여 국가기관 등이 체납자의 재산을 압류한 후 체납세금을 받기 위해 공사에 매각을 의뢰한 부동산이다. 또한 "국유재산"은 공사가 국가소유 잡종재산의 관리 및 처분을 위임받아 입찰의 방법으로 일반인에게 임대하는 부동산을 말한다.

2) 공매 물건별 차이점

구분	유입자산	수탁재산	압류재산
소유자	자산관리공사	금융기관	체납자
매각금액 결정 기준	공사 유입가격	감정가격	감정가격
명도책임	공사 책임(경우에 따라 매수자 부담)	금융기관 책임 (경우에 따라 매수자 부담)	매수자 부담
대금납부 방법 및 기한	일시급 또는 낙찰금액에 따라 최장 5년 기간 내에서 할부로 납부 가능(6개월 균등분할납부)	금융기관 제시조건(계약금 10%, 잔금 매 6개월마다 납부)	국세징수법에 정함(보증금 10%, 잔금 1,000만 원 미만 7일 이내, 1,000만 원 이상 60일 이내 납부)
유찰계약	다음 공매 공고 전일까지 가능	다음 공매 공고 전일까지 가능	불가능
계약체결	낙찰 후 5일 이내 계약체결해야 함	낙찰 후 5일 이내 계약체결해야 함	별도계약 없음(매각결정에 의함)
매수자 명의변경	가능	가능(단, 위임기관 승인후)	불가능
대금선납 시 이자감면	기금채권 발행금리에 해당하는 이자액(변동될 수 있음)	금융기관 정기예금에 해당하는 이자감면	없음
권리분석	불필요	불필요	매수자(특히 대항력 있는 임차인 유무에 주의)
대금완납 전 점유사용	매매대금의 1/3 이상 선납하거나 기계기구의 수리비가 매매대금의 1/3 이상 소요되는 경우로서 매수자가 직접 수리 후 사용하고자 하는 경우 가능	금융기관 승낙조건에 따른 점유 사용료를 내거나 납부 보장책을 제시하는 경우 가능	불가능

3 경매와 공매의 절차상 차이

비교항목	법원의 경매	KAMCO 등의 공매
적용 법률과 주무기관	• 임의경매와 강제경매 모두 법원이 관할한다.	• 국세징수법 등에 의해 주로 정부기관, 공공기관, 자산관리공사, 신탁회사 등에서 관할한다.
매각방법	• 기일입찰, 기간입찰, 호가경매 등이 있다.	• 서면입찰공매(캠코는 인터넷입찰방식으로 진행)
경매개시결정 및 진행시기	• 경매개시가 등기부에 공시된다(경매개시 기입등기).	• 2012년부터 공매개시결정일이 등기부에 기재되어 공매공고등기일이 공매개시일이다.
입찰방법	• 법원에서 진행하는 민사상 강제집행방식으로 현장입찰방식으로 행한다.	• 법률규정에 의해 캠코 등이 강제적으로 행하는 매매로 경쟁입찰매각방식과 수의계약 병행가능. 대부분 전자입찰방식이다.
배당요구종기일 및 배당철회	• 첫 매각기일 이전에 정한 배당요구종기일로 한다. 배당요구철회도 배당요구종기까지 가능	• 2012년부터 첫 입찰기간 개시 이전으로 배분요구종기가 변경되었고 철회도 이 기간까지이다.
집행관의 현황조사보고, 감정평가, 매각물건명세 등의 열람 및 비치	• 집행관이 현황조사보고서 제출, 즉 매각기일 1주 전부터 매각물건명세서, 현황조사보고서, 감정평가서 등을 열람 및 비치하고 있다.	• 과거에는 관련규정 없음 • 2012년부터 현황조사규정 신설 및 공매물건명세서, 현황조사보고서, 감정평가서 등을 열람 및 비치하고 있다.
공유자매수청구권	• 최고가로 입찰한 입찰자를 최고가 매수신고인으로 결정하기 전까지 할 수 있다.	• 2012년 전까지는 낙찰자가 매각결정서 수령 전까지 가능 • 이후부터는 공유자는 매각결정기일 전까지 가능하다.
차순위매수신고	• 가능(최고가 낙찰금액-최저가의 10% 보증금)	• 없음
대리입찰	• 대리입찰 가능	• 수탁재산, 유입자산, 국유재산, 기타공공기관 등의 공매는 가능 • 압류재산 공매는 불가능
대금납부 상계처리	• 상계가 가능(민사집행법 §143 ②)	• 상계 불허
입찰방식	• 현장입찰(기일입찰)방식 • 우편서류입찰(기간입찰) 방식	• 전자입찰(기간입찰)방식이나, • 예외적으로 현장입찰
이의신청이나 항고 시 보증금 공탁	• 이의신청: 보증금 공탁 없음 • 항고신청: 낙찰매각대금의 10% 공탁	• 이의신청: 공매입찰과정에서 이의신청이 가능. 이의신청시 보증금 공탁은 없음 • 항고신청: 제도 자체가 없음
농지자격증명 제출의무	• 법원의 매각허가결정일 전까지 제출해야	• 소유권이전등기촉탁신청 전까지 제출해야
입찰보증금	• 최저입찰금액의 10%	• 입찰자의 입찰금액의 10%
매각대금 저감률	• 매각금액 저감률 최저가 대비(전차의 금액 대비) 20~30%	• 국세징수법 §74④ • 2회차부터 1회차 매각예정가격(감정가) 대비 10%씩 체감하여 50%까지 진행 • 6회차 공매(1차 예정가액의 50%) 시에도 매각이 안 되는 경우 압류관서와 협의로 결정

비교항목	법원의 경매	KAMCO 등의 공매
명도책임	• 대부분 인도명령 대상 • 명의책임은 매수자에게 있음	• 전부 명도소송대상이 된다. • 수탁유입재산은 공시위임기관에서 명도책임 • 국유압류이용기관 재산공매는 매수자에 명도책임
매각금액기준결정	• 감정평가	• 감정평가 • 예외, 유입자산은 캠코유입자격
배당명칭	• 배당신청(채권계산서신고)	• 배분신청(권리신고)
매각결정	• 낙찰→7일→매각허가불허결정→7일→ 매각허가결정 확정	• 낙찰일(목요일 11시 공표)로부터 3일 이후(월요일 14시) 매각결정서 결정 및 교부
대금납부(미납)	• 매각허가결정이 확정된 후 30일 이내 잔금납부가 언제든지 가능 • 이후 납부하지 않으면 재경매진행, 재경매입찰일 3일 전까지 지연이자와 대금납부가 가능	• 2012년부터 압류재산 → 1천만 원 미만 시 7일 이내 → 1천만 원 이상 시 30일 이내 • 2013년부터 압류재산 → 3천만 원 미만 7일 이내 → 3천만 원 이상 30일 이내
대금미납한 전 매수인 매수제한	• 매수제한(입찰 불가)	• 매수제한규정 없음(입찰가능)
대금미납 후 재경매 시 입찰보증금	• 최저입찰금액의 20~30%	• 입찰자의 입찰금액의 10%
대금미납 시 매수신청보증금 환불	• 경매배당재원에 귀속되어 채권들에게 배당	• 국세징수법 §4(징수의 순위) ①체납처분비 ②국세 ③가산금 • 국세징수법 §65④(공매보증금)과 §78②(매각결정 취소) ①체납처분비 ②압류에 관계되는 세금 ③가산금 순으로 충당 후 잔액은 체납자에게 지급
경매취소기간	• 낙찰자가 대금납부 전까지 가능(단 강제경매는 낙찰자의 동의가 있어야 함)	• 2011년까지는 매각결정서 교부 전에 체납세액 납부 후 취소가능 • 2012년부터 매각결정 시로 변경. 매각결정 이후 낙찰자 동의가 있어야 가능
대금납부 전 점유사용가능	• 불가능	• 불가능(단 예외적으로 수탁유입자산은 가능)
가압류권자, 강제경매신청자, 채권 등의 배당 요구 시 배당여부	• 가압류권자, 강제경매신청자, 집행권원을 가진 일반채권자의 배당요구권자 등은 동순위로 안분배당한다.	• 2012년부터 국세징수법 §①vi(가압류채권), vii(집행권원 등을 가지고 배분요구한 채권자 참여가능) 즉, 강제경매신청자, 집행권원에 의한 배당요구권자 모두가 배분참여 가능함

제16강

부동산
세금

부동산거래 입문

제16강

부동산 세금

부동산도 재산적 가치로서 조세부과의 대상이 된다. 여기서는 세금의 일반적인 개념에 대해 알아보고 나아가 부동산에 부과되는 우리나라 세금에 대해 간단하게 알아보고자 한다.

I 세금의 정의

1 세금의 개념

'세금(稅金)'은 국가 등의 정부기관이 특정한 목적의 달성 등을 위하여 개개인에게 소득 또는 행위에 대하여 징수하는 것이다. 그러나 이는 국가 또는 지방자치단체가 보상으로서가 아니라 재력의 취득을 위하여 과세권에 의거하여 일반 국민에게 자력 (담세력)에 따라 균등하게 부과·징수하는 과징금을 말한다. 징수 대상은 금전 등으로 하나, 그 가치를 가지는 노동으로 하기도 한다.

조세의 종류로는 과세권자에 따라 국세와 지방세로 나뉘며, 과세 방법에 따라 직접세와 간접세로 나뉜다. 조세법률주의에 관한 입법례로는 일년세주의와 영구세주의가 있다.

일년세주의라 함은 국가나 지방자치단체가 조세를 부과·징수하기 위해서는 국회가 그에 관한 법률을 연도마다 새로이 제정하여야 하는 주의를 말한다. 이에 대하여 영구세주의라 함은 국회가 일단 법률을 제정하면, 그 법률에 따라 국가나 지방자치단체가 매년 계속하여 조세를 부과 징수할 수 있는 주의를 말한다.

2 탈세와 절세의 개념

절세와 탈세는 모두 납세자가 자기의 세금부담을 줄이고자 하는 목적에서 행해진다는 점에서는 같다. 그러나 그 방법이 세법이 허용하는 범위 내에 있을 때는 '절세'라고 할 수 있으나, 사기 및 기타 부정한 방법으로 세금부담을 줄이는 것은 '탈세'로서 조세범처벌법에 의하여 처벌을 받게 된다.

1) 절세

'절세(Tax Saving)'란 세법이 인정하는 범위 내에서 합법적·합리적으로 세금을 줄이는 행위를 말한다. 절세에 특별한 비결이 있는 것은 아니며, 세법을 충분히 이해하고 법 테두리 안에서 세금을 줄일 수 있는 가장 유리한 방법을 찾는 것이 절세의 지름길이다. 사업과 관련된 세금을 절세하려면 평소 증빙자료를 철저히 수집하고 장부정리를 꼼꼼하게 하여 안 내도 될 세금은 최대한 내지 않도록 하고, 세법에서 인정하고 있는 각종 소득공제·세액공제·준비금·충당금 등의 조세지원 제도를 충분히 활용하며, 세법이 정하고 있는 각종 의무사항을 성실히 이행함으로써 매입세액불공제나 가산세 등의 불이익 처분을 받지 않도록 하여야 한다.

2) 탈세

'탈세(Tax Evasion)'란 고의로 사실을 왜곡하는 등의 불법적인 방법을 동원해서 세금부담을 줄이려는 행위를 말한다. 탈세의 유형은 여러 가지가 있으나 그중 대표적인 것을 살펴보면 다음과 같다.

① 수입금액 누락, ② 실물거래가 없는데도 비용을 지출한 것으로 처리하는 가공경비 계상, ③ 실제보다 비용을 부풀려 처리하는 비용의 과대계상, ④ 허위계약서 작성, ⑤ 명의위장, ⑥ 공문서 위조 등이 그것이다.

탈세행위는 국가재정을 축내는 행위이기도 하지만, 더욱더 중요한 것은 탈세로 축낸 세금은 결국 다른 사람이 부담해야 하기 때문에 성실한 납세자가 피해를 볼 수도 있다. 따라서 국가에서는 신용카드가맹점 확대, 주류구매전용카드제 시행, 입장권 전산발매시스템 및 「과세자료제출 및 관리에 관한 법률」 도입 등으로 과세근거를 자동적으로 포착할 수 있도록 하고 있으며, 부가가치세 과세 특례제도 폐지, 금융소득종합과세 재실시, 실지거래가액에 의한 양도소득세 과세 등을 통하여 탈세행위를 근절시키기 위한 다양한 노력을 기울이고 있다.

탈세행위의 한 유형으로 "탈루행위"가 있다. 탈루행위도 세금을 불법적인 방법으로 회피하는 것이지만, 탈세행위는 세금을 부가받지 않으려는 의도에서 불법적인 방법으로 세금을 회피하는 것인 반면에 탈루행위는 그 목적여하와 상관없이 수입항목 자체를 회계장부에서 누락시킴으로써 조세부가의 대상이 되지 않는 불법행위이다. 일부 대기업들은 이러한 탈루행위를 통하여 비자금을 조성한다고 한다.

3) 조세회피

'조세회피(Tax Avoidance)'란 세법이 예상하는 거래형식을 따르지 아니하고 우회행위 등 이상한 거래형식을 취하여 통상의 거래형식을 취한 경우와 동일한 효과를 거두면서 세금부담을 줄이는 것으로서 법의 미비점을 이용하여 세금을 줄이려는 행위를 말한다. 조세회피는 사회적 비난의 대상은 될 수 있으나 세법상 처벌대상이 되지는 않는다.

「상속세 및 증여세법」이 개정되기 전에 전환사채를 이용하여 사실상 주식을 증여하는 행위 또는 비상장주식을 증여한 후에 상장하여 시세차익을 얻게 하는 행위 등이 '조세회피'에 해당된다. 국가에서는 이러한 문제가 있을 때마다 세법을 개정하여 조세회피를 방지하는 규정을 새로 만들지만 「소급과세금지」 규정 때문에 이미 지나간 사안에 대하여는 과세를 하지 못하고 있는 실정이다.

절세가 합법적인 조세절약 행위라고 한다면 조세회피 행위는 합법적인 탈세라고 할 수 있다. 따라서 국가에서는 자본거래에 대한 포괄적 과세제도를 도입하는 등 조세회피 행위를 방지하고 공평과세를 실현하기 위해 다양한 노력을 기울이고 있지만 실효성을 거두지 못하고 있다.

Ⅱ 세금의 구분

1 부과 주체에 따른 구분

1) 국세

국세란 국가가 부과하는 조세로서 소득세, 법인세, 상속세, 증여세, 종합부동산세, 부가가치세, 개별소비세(옛 특별소비세), 교통·에너지세, 주세, 인지세, 증권거래세, 교육세, 농어촌특별세의 12항목의 조세를 말한다.[1]

2) 지방세

지방세란 특별시세, 광역시세, 도세 또는 시·군세, 구세(지방자치단체인 구의 구세)로서 ① 보통세와 ② 목적세가 있다.[2] ① 보통세에는 취득세, 등록면허세, 레저세, 담배소비세, 지방소비세, 주민세, 지방소득세, 재산세, 자동차세가 있고 ② 목적세에는 지역자원시설세와 지방교육세가 있다.

2 부담 주체에 따른 구분

1) 직접세

국가가 납세 의무자에게 직접 징수하는 조세로, 납세 의무자는 그 의무를 타인에게 전가할 수 없다. 직접세에는 소득세, 법인세, 상속세, 재산세, 증여세 등이 있다.

2) 간접세

세금을 납부할 의무가 있는 납세자와 세금을 최종적으로 부담하는 조세 부담자

---

1   국세기본법 제2조 제1호.
2   지방세기본법 제7조 제1항에서 제3항.

가 다른 조세로서, 부가가치세, 개별소비세, 주세, 인지세, 증권거래세 등이 이에 해당한다.

3) 목적세

특정한 목적을 달성하기 위한 경비에 충당하려고 부과하는 세금으로 지방교육세, 지역자원시설세, 교통·에너지세, 농어촌특별세 등이 이에 해당한다.

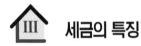

세금의 특징

1 금전급부성

세금은 금전으로 납부하는 것이 원칙이지만, 상속세, 증여세, 법인세에서 예외적으로 물납(부동산 등으로 납부하는 것)을 인정하고 있다.

2 국가나 지방정부의 재정수요 목적

세금은 국가, 또는 지자체가 그의 존속 및 활동(공공재의 공급)을 영위하기 위하여 필요로 하는 재정재원 조달을 목적으로 한다. 따라서 징수목적이 위법행위 등에 대한 제재인 벌금, 과료, 과태료와는 구별된다.

3 강제성

세금은 법률에 의해 국민경제 내부에서 생산된 부(富)의 일부를 강제적으로 국가에 이전시키는 수단이다.

세계 각국과 과거의 이색적인 세금

1. **허영세(Vanity Tax)** 미국 워싱턴 주에서 보톡스나 머리털 이식수술 등의 성형수술에 부과하는 세금으로, 세수 전액은 저소득층을 위한 의료지원에 사용된다.

2. **조크세금(Jock Tax)** 미국에서 프로구단이 원정 경기를 가면 해당 지역 거주자가 아니더라도 그 지역에서 경기한 날만큼의 수입에 대한 세금을 말한다. 1991년 NBA에서 마이클 조던이 이끌던 시카고 불스가 LA레이커스를 누르고 우승하자 캘리포니아 주가 시카고 팀에게 부과하여 '조던 세금'으로도 불렸다.

3. **지방세(Council Tax)** 영국에서 주택의 가치등급에 따라 지방자치단체에서 차등 부과하는 세금으로 재산세와 비슷한 개념이지만 그 세금이 주택의 소유자가 아닌 실 거주자에게 부과된다는 점에서 다르다. 그런데 이 세금이 2인 이상 거주 기준으로 부과되기 때문에 700만 명 이상의 영국인이 세금을 할인받기 위해 독신이라고 신고하였으며, 이를 단속하기 위해 영국 정부가 고심하고 있다.

4. **독신세** 이탈리아의 무솔리니가 결혼을 권장하기 위하여 25세부터 30세 사이의 남녀에게 독신세를 부과했으며, 미국의 메릴랜드 주도 초기 식민지 시대에 19세 이상의 독신 남성에게 세금을 부과했다.

5. **아르헨티나 관광세** 아르헨티나의 유명 수학여행지인 산마르틴 델로스 안데스 시(市)에서는 미성년자의 사고 발생방지 명목으로 학생에게만 관광세를 부과했다.

6. **공기세** 프랑스에서 루이 15세 통치기 때 실루에트 재무상이 사람들이 호흡하는 공기에 세금을 부과하려하였으나 강력한 반발에 부딪히고 결국 실루에트는 실각하였다.

7. **방귀세** 뉴질랜드에서 지구온난화 방지 차원에서 소, 양 등 가축류에 대한 세금 도입을 검토했으나 반발에 부딪혀 무산되었다.

8. **섹스세(가칭)** 미국의 로드아일랜드 주에서는 성범죄를 줄이고, 성적인 풍기문란 영업소를 단속하기 위하여 모든 섹스에 대해서 한 번에 2달러씩 부과하자는 법이 상정되기도 했었다.

9. **오줌세** 로마의 베스파시아누스 황제는 오줌세를 신설하였다. 공중변소에 모인 오줌을 수거하여 양털에 포함되어 있는 기름기를 빼는 데 사용하고 있는 섬유업자에게 부과되었다. 이 때문에 오늘날에도 유럽에서는 베스파시아누스를 공중변소의 통칭으로 사용하고 있다.

10. **초야세** 유럽 봉건시대 영주는 영지의 처녀와 첫날밤을 보낼 권리가 있었는데, 만약 처녀가 이를 거부한다면 초야세라는 막중한 세금을 납부해야 했다.

11. **창문세** 17세기 영국에서 귀족들의 호화주택에 세금을 매기기 위하여 도입하였으나 많은 사람들이 창문 없는 집으로 개조하는 바람에 세금도 못 걷고 국민들만 불편해졌다.

12. **수염세** 18세기 러시아의 피터 대제는 근대화를 표방하여 귀족들의 옷소매를 짧게 하고 긴 수염을 깎도록 하는 등 생활과 풍습을 서구화했다. 그런데 귀족들의 반발이 심하자 수염세를 신설하여 그 효과를 볼 수 있었다.

4 필연적 발생

세금은 세법이 규정한 과세요건(과세물건, 과세표준, 세율, 납세의무자, 과세기간)을 충족시킨 모든 국민에 대하여 자동적으로 발생한다. 그러므로 일반인들 간의 '계약'과는 다르다.

5 비보상성

비(非)보상성은 납세에 따른 반대급부로서 보상은 없다. 따라서 '보상'의 성격을 갖는 각종 수수료, 특허권, 사용료 등과 구별된다.

 Ⅳ 기타 용어 정리

1 조세평등주의

모든 국민은 조세와 관련하여 평등하게 취급되어야 하며, 조세부담은 국민의 조세 부담능력에 따라 배분되어야 한다는 원칙을 말한다.

2 조세법률주의

'대표 없으면 과세 없다'는 원칙의 표현으로서, 근대 헌법에서 조세의 부과와 징수는 반드시 국회에서 제정하는 법률에 의하여야 한다는 주의를 말한다.

부동산에 부과되는 세금

부동산에 관련된 세금은 여러 가지가 있다. 또한 부동산에 관련된 세금은 명칭부터 세율, 관련 법령까지 수시로 바뀐다. 따라서 본 장에서는 자세한 세율이 아닌 세금의 명칭과 의미, 납세의무자, 과세표준, 납부기한 등에 관하여 간단하게 알아본다.

구분	국세	지방세
취득 시	농어촌특별세, 부가가치세	취득세, 지방교육세
보유 시	종합부동산세, 농어촌특별세(종합부동산세의 20%)	재산세
양도 시	양도소득세, 부가가치세	지방소득세

1 부동산 취득 시

부동산 취득 시 우선 지방세인 취득세가 부과된다. 그리고 취득세(4%)에 부가적으로 농어촌특별세와 지방교육세가 부과된다. 농어촌특별세의 경우 0.2%, 지방교육세는 0.4%로 과세하는 것이 원칙이다. 이처럼 부동산에 부과되는 취득세 등은 4.6%(주택은 1.1~3.5%)이나 비과세·감면 등이 다양하게 적용된다. 그 외에도 과세물건별 부가가치세가 과세되는 경우도 있다. 예컨대 오피스텔이나 상가를 구입하거나 25.7평 초과 주택을 분양받으면 건물 공급가액의 10%를 부가세로 부담해야 한다.

1) 취득세

구분	내용
취득의 의미	매매, 교환, 상속, 증여, 기부 등 유상·무상의 모든 취득을 말한다.
납세의무자	취득한 자
과세표준	취득 당시의 가액(계약 보증금+중도금+잔금)
기본세율	농지 3%, 농지 외 4%
납부기한	취득한 날부터 60일 이내

2) 농어촌득별세

구분	내 용
납세의무자	지방세법에 따른 취득세 납세의무자(=취득한 자)
과세표준	취득가액의 2%
기본세율	10%(=취득가액의 0.2%)
납부기한	취득세를 납부하는 때에 함께 신고·납부

3) 지방교육세

구분	내 용
납세의무자	지방세법에 따른 취득세 납세의무자(=취득한 자)
과세표준	취득 당시의 가액에 정해진 취득세율에서 2%를 뺀 세율(예: 취득세율 4%일 때 4% − 2% = 취득가액의 2%)
기본세율	20%
납부기한	취득세를 납부하는 때에 함께 신고·납부

4) 등록면허세(등록세)

구분	내 용
등록의 의미	재산권과 그 밖의 권리의 설정·변경 또는 소멸에 관한 사항을 공부에 등기·등록하는 것
납세의무자	등록을 하는 자
특이사항	2011년 세법개정으로 등록세는 취득세로 통합되어 별도 부과 없음

2 부동산 보유 시

부동산을 보유하기만 해도 지방세인 재산세가 부과된다. 또한 주택이나 토지를 많이 보유하고 있는 사람들을 대상으로 국세인 종합부동산세가 최근에 신설되어 재산세 이외에 별도로 과세되고 있다. 참고로 종합부동산세가 과세되면 그 세액의 20%가 농어촌특별세로 부과된다. 그리고 부동산 보유에 관련된 납세의무는 모두 해당 세금의 과세 기준일로 현재 소유주가 부담하는 것으로 되어 있다.

1) 재산세

구 분	내 용
납세의무자	과세기준일 현재(매년 6월 1일) 재산을 사실상 소유하고 있는 자
과세표준	시가표준액 × 대통령령으로 정하는 공정 시장가액 비율 A. 토지 및 건축물: 시가표준액의 50 ~ 90% B. 주택: 시가표준액의 40 ~ 80%

기본세율	A. 토지(종합합산과세대상 기준)
	  1. 5천만 원 이하: 0.2%
	  2. 5천만 원 ~ 1억 원 이하: 10만 원 + 5,000만 원 초과금액의 0.3%
	  3. 1억 원 초과: 25만 원 + 1억 원 초과금액의 0.5%
	B. 건축물: 0.25%
	C. 주택
	  1. 별장: 4%
	  2. 6천만 원 이하: 0.1%
	  3. 6천만 원~1억 5천만 원 이하: 60,000원 + 6천만 원 초과금액의 0.15%
	  4. 1억 5천만 원~3억 원 이하: 195,000원 + 1억 5천만 원 초과금액의 0.25%
	  5. 3억 원 초과: 570,000원 + 3억 원 초과금액의 0.4%

납부기한	A. 토지: 매년 7. 16 ~ 7. 31 B. 건축물: 매년 9. 16 ~ 9. 30 C. 주택: 매년 2번에 나누어 7. 16 ~ 7. 31과 9. 16 ~ 9. 30

2) 종합부동산세

구 분	내 용
목적	고액의 부동산 보유자에 대하여 조세부담의 형평성을 제고, 부동산 가격안정을 도모함으로써 지방재정의 균형발전과 국민경제 발전에 이바지함
납세의무자	A. 주택분 재산세 납세의무자로 공시가격 합산 금액이 6억 원을 초과하는 자 B. 토지세 재산세 납세의무자로 공시가격 합산 금액이 5억 원을 초과하는 자
과세표준	A. 주택: 공시가격을 합산한 금액에서 6억 원을 공제한 금액(1세대 1주택자 추가 3억 원 공제) x 대통령령으로 정하는 공정시장가액비율(60~100%) B. 토지: 공시가격을 합산한 금액에서 5억 원을 공제한 금액 x 대통령령으로 정하는 공정시장가액비율(60~100%)

기본세율	A. 주택
	  1. 6억 원 이하: 0.005%
	  2. 6억 원 초과 12억 원 이하: 300만 원 + 6억 원 초과 금액의 0.0075%
	  3. 12억 원 초과 50억 원 이하: 750만 원 + 12억 원 초과 금액의 0.01%
	  4. 50억 원 초과 94억 원 이하: 4,550만 원 + 50억 원 초과 금액의 0.015%
	  5. 94억 원 초과: 1억 1,150만 원 + 94억 원 초과 금액의 0.02%
	B. 토지
	  1. 15억 원 이하: 0.0075%
	  2. 15억 원 초과 45억 원 이하: 1,125만원 + 15억 원 초과 금액의 0.015%
	  3. 45억 원 초과: 5,625만 원 + 45억 원 초과 금액의 0.02

납부기한	매년 12. 1 ~ 12. 15

3) 농어촌특별세

구분	내용
납세의무자	종합부동산세의 납세의무자
과세표준	종합부동산세액
기본세율	20%
납부기한	종합부동산세를 납부하는 때에 함께 신고·납부

3 부동산 양도 시

부동산 양도 시 세금으로는 양도소득세와 지방소득세 등이 있다. 이 경우 시세차익이 없거나 증여, 상속 등 기타 무상으로 부동산을 제3자에게 넘기는 경우 주는 사람에게는 비과세이지만 증여받는 사람에게는 증여세가, 상속받는 사람에게는 상속세가 부과된다.

1) 양도소득세

구분	내용
납세의무자	국내에 거주하는 자 중 1세대 1주택 이외의 자산을 유상으로 사실상 이전하는 자
과세표준	[(양도가액-필요경비) x 장기보유 특별공제액] - 양도소득 기본공제(소득세법 참고)
기본세율	A. 보유기간 1년 미만: 50% B. 보유기간 1년 이상 2년 미만: 40% C. 보유기간 2년 이상: 종합소득과세표준에 의한 세율
납부기한	양도일이 속하는 달의 말일부터 2개월 이내

2) 지방소득세

구분	내용
납세의무자	소득세의 납세의무가 있는 자
과세표준	양도소득세액
기본세율	10%
납부기한	양도소득세 신고기간의 만료일

부동산거래
입문

부록

서식 농지취득자격증명신청서

학과		학번		성명	

농지취득자격증명신청서

접수번호		접수일자		처리기간	4일 (농업경영계획서를 작성하지 않는 경우에는 2일)

농 지 취득자 (신청인)	①성 명 (명 칭)		②주민등록번호 (법인등록번호)		⑤취득자의 구분			
	③주 소				농업인	신규 영농	주말· 체험영농	법인 등
	④전화번호							

취 득 농지의 표 시	⑥소 재 지				⑦지번	⑧지목	⑨면적(㎡)	⑩농지구분			
	시·군	구·읍·면	리·동					농업진흥지역		진흥지역 밖	영농여건 불리농지
								진흥구역	보호구역		

⑪취득원인						
⑫취득목적	농업경영		주말· 체험영농		농지전용	시험·연구· 실습지용 등

「농지법」 제8조제2항, 같은 법 시행령 제7조제1항 및 같은 법 시행규칙 제7조제1항제2호에 따라 위와 같이 농지취득자격증명의 발급을 신청합니다.

년   월   일

농지취득자(신청인)   (서명 또는 인)

시장·구청장·읍장·면장 귀하

첨부서류	1. 별지 제2호서식의 농지취득인정서(법 제6조제2항제2호에 해당하는 경우만 해당합니다) 2. 별지 제4호서식의 농업경영계획서(농지를 농업경영 목적으로 취득하는 경우만 해당합니다) 3. 농지임대차계약서 또는 농지사용대차계약서(농업경영을 하지 않는 자가 취득하려는 농지의 면적이 영 제7조제2항제5호 각 목의 어느 하나에 해당하지 않는 경우만 해당합니다) 4. 농지전용허가(다른 법률에 따라 농지전용허가가 의제되는 인가 또는 승인 등을 포함합니다)를 받거나 농지전용신고를 한 사실을 입증하는 서류(농지를 전용목적으로 취득하는 경우만 해당합니다)	수수료 : 「농지법 시행 령」 제74조에 따름
담당공무원 확인 사항	법인 등기사항증명서(신청인이 법인인 경우만 해당합니다)	

210mm×297mm[백상지 80g/㎡]

기재시 유의사항

①란은 법인에 있어서는 그 명칭 및 대표자의 성명을 씁니다.

②란은 개인은 주민등록번호, 법인은 법인등록번호를 씁니다.

⑤란은 다음 구분에 따라 농지취득자가 해당되는 란에 ○표를 합니다.

  가. 신청당시 농업경영에 종사하고 있는 개인은 "농업인"

  나. 신청당시 농업경영에 종사하고 아니하지만 앞으로 농업경영을 하려는 개인은 "신규영농"

  다. 신청당시 농업경영에 종사하지 아니하지만 앞으로 주말·체험영농을 하려는 개인은 "주말·체험영농"

  라. 농업회사법인·영농조합법인, 그 밖의 법인은 "법인 등"

[취득농지의 표시]란은 취득대상 농지의 지번에 따라 매 필지별로 씁니다.

⑧란은 공부상의 지목에 따라 전·답·과수원 등으로 구분하여 씁니다.

⑩란은 매 필지별로 진흥구역·보호구역·진흥지역 밖으로 구분하여 해당란에 ○표를 합니다.

⑪란은 매매·교환·경락·수증 등 취득원인의 구분에 따라 씁니다.

⑫란은 농업경영 / 주말·체험영농 / 농지전용 / 시험·연구·실습용 등 취득 후 이용목적의 구분에 따라 해당 란에 ○표를 합니다.

※ 농지취득 후 농지이용목적대로 이용하지 아니할 경우 처분명령 / 이행강제금 부과 / 징역·벌금 등의 대상 이 될 수 있으므로 정확하게 기록하여야 합니다.

처리 절차

이 신청서는 무료로 배부되며 아래와 같이 처리됩니다.

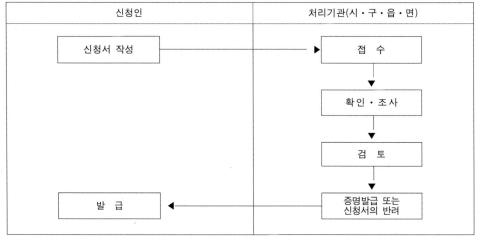

신청인	처리기관(시·구·읍·면)
신청서 작성 →	접 수
	↓
	확인 · 조사
	↓
	검 토
	↓
발 급 ←	증명발급 또는 신청서의 반려

서식 부동산매매계약서(일반)

학과		학번		성명	

부동산매매계약서

매도인 ○ ○ ○(이하 "갑"이라 한다)과 매수인 ○ ○ ○(이하 "을"이라 한다)은 아래 표시의 부동산에 관하여 다음과 같이 합의하여 계약을 체결한다.

<부동산의 표시>

소 재 지					
토　　　지	지　　　목		면　　적	㎡(　평)	
건　　　물	구조 및 용도		면　　적	㎡(　평)	

제1조(목적) 갑은 그 소유의 위 부동산을 을에게 매도하고 을은 이를 매수한다.

제2조(매매대금) ① 매매대금은 금○○○원으로 하고 다음과 같이 지급하기로 한다.

② 제1항의 계약금은 잔금수령시에 매매대금의 일부로 충당한다.

계 약 금	금	원은 계약체결시에 지급하고		
중 도 금	금	원은 　년　　월　　일에 지급하며		
잔 　 금	금	원은 　년　　월　　일에 지급하기로 함.		

제3조(소유권이전 및 매매물건의 인도) 갑은 을의 잔금지급과 동시에 소유권이 전등기에 필요한 서류를 을에게 교부하고 이전등기절차에 협력하여야 하며 갑의 비용과 책임으로 매매부동산을 을에게 인도하여야 한다.

제4조(저당권등의 말소) 갑은 위 제3조의 인도전에 매매부동산상의 저당권, 질권, 전세권, 지상권, 임차권 기타 소유권의 행사를 제한하는 일체의 권리를 말소 시켜야 한다.

제5조(부속물의 이전) 위 제3조의 인도시 매매부동산에 부속된 물건은 매매목 적물에 포함된 것으로 한다.

제6조(매도인의 담보책임) 매매부동산은 계약시의 상태를 대상으로 하며 공부상의 표시와 실제가 부합하지 아니하여도 쌍방이 이의를 제기하지 않기로 한다.

제7조(위험부담) ① 매매부동산의 인도 이전에 불가항력으로 인하여 매매부동 산이 멸실 또는 훼손되었을 경우에는 그 손해는 갑의 부담으로 한다.

② 제1항의 경우에 을이 계약을 체결한 목적을 달성할 수 없을 때에는 을은 계 약을 해제할 수 있으며 이때 갑은 이미 수령한 대금을 을에게 반환하여야 한다.

제8조(계약의 해제) ① 위 제2조의 중도금 지급(중도금약정이 없을 때에는 잔금)전까지 을은 계약금을 포기하고, 갑은 계약금의 배액을 상환하고 계약을 해제할 수 있다.

② 당사자 어느 일방이 본 계약을 위반하여 이행을 태만히 한 경우 상대방은 1주간의 유예기간을 정하여 이행을 최고하고, 일방이 이 최고의 기간내에 이행을 하지 않을 경우에 상대방은 계약을 해제할 수 있다.

제9조(위약금) 위 제8조 제2항에 의하여 갑이 본 계약을 어겼을 때에는 계약금으로 받은 금액의 2배를 을에게 주기로 하고, 을이 본 계약을 어겼을 때에는 계약금은 갑에게 귀속되고 돌려달라는 청구를 할 수 없다.

제10조(비용) 매도증서작성비용 및 이에 부대하는 비용은 갑이 부담하고 소유권이전등기에 필요한 등록세 등의 비용은 을이 부담한다.

제11조(공과금 등) 매매물건에 부과되는 조세공과 · 제비용 및 매매물건에서 발생하는 수익은 모두 인도 일을 기준으로 하여 그 전일까지 생긴 부분은 갑에게 귀속하고 그 이후부터는 을에게 귀속한다.

제12조(관할 법원) 이 계약에 관한 분쟁이 발생할 시에는 소송의 관할법원은 매매부동산의 소재지를 관할하는 법원으로 한다.

이 계약을 증명하기 위하여 계약서 2통을 작성하여 갑과 을이 서명.날인한 후 각각 1통씩 보관한다.

20 년 월 일

매	주 소						
도 인	성 명 또 는 상 호		인	주민등록번호 또 는 사업자등록번호	-	전 화 번 호	
매	주 소						
수 인	성 명 또 는 상 호		인	주민등록번호 또 는 사업자등록번호	-	전 화 번 호	
입	주 소						
회 인	성 명 또 는 상 호		인	주민등록번호 또 는 사업자등록번호	-	전 화 번 호	

서식 매매계약 해제 통지서(매도인)

학과		학번		성명	

매매계약 해제 통지서

수 신 :   귀하

주 소 :

 20   년   월   일 귀하와 체결한 매매계약에 의한 귀하의 (중
도금, 잔금)채무는 20   년   월   일까지는 이행되어야 할 것
임에도 불구하고 아직까지 이행하지 않았으므로 오는 20   년
        월   일까지는 반드시 이행하여 주시기 바랍니다. 만일
위 기일까지 이행이 없는 경우는 별도로 해제의 통지가 없더라도 계
약은 해제된 것이라고 지득하여 주시기 바랍니다. 최고를 겸하여 통
지합니다.

                        20   년   월   일

        통 지 인(매도인)   (인)

서식 매매계약 해제 통지서(매수인)

학과		학번		성명	

매매계약 해제 통지서

수 신 :   귀하

주 소 :

 20   년   월   일 귀하와 체결한 매매계약에 의한 귀하의 건물 명도채무는 20   년   월   일까지는 본인의 잔금지급을 수령 하고 건물이 이행되어야 할 것임에도 불구하고 아직까지 잔금수령 과 건물명도의 이행이 이루어지지 않고 있으므로 오는 20   년   월   일까지는 반드시 이행하여 주시기 바랍니다. 만일 위 기일까지 이행이 없는 경우 별도의 통지 없이 귀하의 채무불이행으로 인하여 계약이 해제됨을 양지하여 주시기 바랍니다. 최고를 겸하여 통지합니다.

                    20   년   월   일

          통 지 인(매수인)   (인)

학과		학번		성명	

주택임대차계약서

보증금 있는 월세
전세   월세

임대인(   )과 임차인(   )은 아래와 같이 임대차 계약을 체결한다

[임차주택의 표시]

소 재 지				
토 지	지목		면적	㎡
건 물	구조·용도		면적	㎡
임차할부분			면적	㎡

미납 국세	선순위 확정일자 현황	
☐ 없음 (임대인 서명 또는 날인 _____인)	☐ 해당 없음 (임대인 서명 또는 날인 _____인)	확정일자 부여란
☐ 있음(중개대상물 확인·설명서 제2쪽 II. 개업 공인중개사 세부 확인사항 '⑨ 실제 권리관계 또는 공시되지 않은 물건의 권리사항'에 기재)	☐ 해당 있음(중개대상물 확인·설명서 제2쪽 II. 개업공인중개사 세부 확인사항 '⑨ 실제 권리관계 또는 공시되지 않은 물건의 권리사항'에 기재)	

유의사항: 미납국세 및 선순위 확정일자 현황과 관련하여 개업공인중개사는 임대인에게 자료제출을 요구할 수 있으나, 세무서와
확정일자부여기관에 이를 직접 확인할 법적권한은 없습니다. ※ 미납국세·선순위확정일자 현황 확인방법은 "별지"참조

[계약내용]

제1조(보증금과 차임) 위 부동산의 임대차에 관하여 임대인과 임차인은 합의에 의하여 보증금 및 차임을
아래와 같이 지불하기로 한다.

보 증 금	금		원정(₩	)
계 약 금	금	원정(₩	)은 계약시에 지불하고	
중 도 금	금	원정(₩	)은 _____년 _____월_____일에 지불하며	
잔 금	금	원정(₩	)은 _____년 _____월_____일에 지불한다	
차임(월세)	금	원정은 매월 일에 지불한다(입금계좌:)		

제2조(임대차기간) 임대인은 임차주택을 임대차 목적대로 사용·수익할 수 있는 상태로 _____년 _____월 _____일
까지 임차인에게 인도하고, 임대차기간은 인도일로부터 _____년 _____월 _____일까지로 한다.

제3조(입주 전 수리) 임대인과 임차인은 임차주택의 수리가 필요한 시설물 및 비용부담에 관하여 다음과
같이 합의한다.

수리 필요 시설	☐ 없음 ☐ 있음(수리할 내용:)
수리 완료 시기	☐ 잔금지급 기일인 _____년 _____월 _____일까지 ☐ 기타 ( )
약정한 수리 완료 시기 까지 미 수리한 경우	☐ 수리비를 임차인이 임대인에게 지급하여야 할 보증금 또는 차임에서 공제 ☐ 기타( )

제4조(임차주택의 사용·관리·수선) ① 임차인은 임대인의 동의 없이 임차주택의 구조변경 및 전대나 임차권
양도를 할 수 없으며, 임대차 목적인 주거 이외의 용도로 사용할 수 없다.

② 임대인은 계약 존속 중 임차주택을 사용·수익에 필요한 상태로 유지하여야 하고, 임차인은 임대인이
임차주택의 보존에 필요한 행위를 하는 때 이를 거절하지 못한다.

③ 임대인과 임차인은 계약 존속 중에 발생하는 임차주택의 수리 및 비용부담에 관하여 다음과 같이 합의
한다. 다만, 합의되지 아니한 기타 수선비용에 관한 부담은 민법, 판례 기타 관습에 따른다.

임대인부담	
임차인부담	

④ 임차인이 임대인의 부담에 속하는 수선비용을 지출한 때에는 임대인에게 그 상환을 청구할 수 있다.

제5조(계약의 해제) 임차인이 임대인에게 중도금(중도금이 없을 때는 잔금)을 지급하기 전까지, 임대인은 계약금의 배액을 상환하고, 임차인은 계약금을 포기하고 이 계약을 해제할 수 있다.

제6조(채무불이행과 손해배상) 당사자 일방이 채무를 이행하지 아니하는 때에는 상대방은 상당한 기간을 정하여 그 이행을 최고하고 계약을 해제할 수 있으며, 그로 인한 손해배상을 청구할 수 있다. 다만, 채무자가 미리 이행하지 아니할 의사를 표시한 경우의 계약해제는 최고를 요하지 아니한다.

제7조(계약의 해지) ① 임차인은 본인의 과실 없이 임차주택의 일부가 멸실 기타 사유로 인하여 임대차의 목적대로 사용할 수 없는 경우에는 계약을 해지할 수 있다.

② 임대인은 임차인이 2기의 차임액에 달하도록 연체하거나, 제4조 제1항을 위반한 경우 계약을 해지할 수 있다.

제8조(계약의 종료) 임대차계약이 종료된 경우에 임차인은 임차주택을 원래의 상태로 복구하여 임대인에게 반환하고, 이와 동시에 임대인은 보증금을 임차인에게 반환하여야 한다. 다만, 시설물의 노후화나 통상 생길 수 있는 파손 등은 임차인의 원상복구의무에 포함되지 아니한다.

제9조(비용의 정산) ① 임차인은 계약종료 시 공과금과 관리비를 정산하여야 한다.

② 임차인은 이미 납부한 관리비 중 장기수선충당금을 소유자에게 반환 청구할 수 있다. 다만, 관리사무소 등 관리주체가 장기수선충당금을 정산하는 경우에는 그 관리주체에게 청구할 수 있다.

제10조(중개보수 등) 중개보수는 거래 가액의 _____ % 인 _____ 원(□ 부가가치세 포함 □ 불포함)으로 임대인과 임차인이 각각 부담한다. 다만, 개업공인중개사의 고의 또는 과실로 인하여 중개의뢰인간의 거래행위가 무효·취소 또는 해제된 경우에는 그러하지 아니하다.

제11조(중개대상물확인·설명서 교부) 개업공인중개사는 중개대상물 확인·설명서를 작성하고 업무보증관계증서 (공제증서등) 사본을 첨부하여 _____년_____월_____일 임대인과 임차인에게 각각 교부한다.

[특약사항]

상세주소가 없는 경우 임차인의 상세주소부여 신청에 대한 소유자 동의여부(□ 동의   □ 미동의)
_____
_____
_____
_____

본 계약을 증명하기 위하여 계약 당사자가 이의 없음을 확인하고 각각 서명·날인 후 임대인, 임차인, 개업공인중개사는 매 장마다 간인하여, 각각 1통씩 보관한다.   년   월   일

임대인	주 소						서명 또는 날인⑩
	주민등록번호		전 화		성 명		
	대 리 인	주소		주민등록번호		성 명	
임차인	주 소						서명 또는 날인⑩
	주민등록번호		전 화		성 명		
	대 리 인	주소		주민등록번호		성 명	
중개업자	사무소소재지			사무소소재지			
	사 무 소 명 칭			사 무 소 명 칭			
	대 표	서명 및 날인	⑩	대 표	서명 및 날인		⑩
	등 록 번 호		전화	등 록 번 호		전화	
	소속공인중개사	서명 및 날인	⑩	소속공인중개사	서명 및 날인		⑩

법무부 MINISTRY OF JUSTICE   국토교통부 Ministry of Land, Infrastructure and Transport   서울특별시

274

서식 상가건물 임대차 표준계약서

학과		학번		성명	

상가건물 임대차 표준계약서

임대인(이름 또는 법인명 기재)과 임차인(이름 또는 법인명 기재)은 아래와 같이 임대차 계약을 체결한다

[임차 상가건물의 표시]

소 재 지				
토 지	지목		면적	m²
건 물	구조·용도		면적	m²
임차할부분			면적	m²
유의사항: 임차할 부분을 특정하기 위해서 도면을 첨부하는 것이 좋습니다.				

[계약내용]

제1조(보증금과 차임) 위 상가건물의 임대차에 관하여 임대인과 임차인은 합의에 의하여 보증금 및 차임을 아래와 같이 지급하기로 한다.

보증금	금		원정(₩	)
계약금	금	원정(₩	)은 계약시에 지급하고	
중도금	금	원정(₩	)은 ____년 ____월 ____일에 지급하며	
잔 금	금	원정(₩	)은 ____년 ____월 ____일에 지급한다	
차임(월세)	금 (입금계좌:	원정(₩	)은 매월 일에 지급한다. 부가세 □ 불포함 □ 포함)	
환산보증금	금		원정(₩	)
유의사항:① 당해 계약이 환산보증금을 초과하는 임대차인 경우 확정일자를 부여받을 수 없고, 전세권 등을 설정할 수 있습니다 ② 보증금 보호를 위해 등기사항증명서, 미납국세, 상가건물 확정일자 현황 등을 확인하는 것이 좋습니다 ※ 미납국세·선순위확정일자 현황 확인방법은 "별지"참조				

제2조(임대차기간) 임대인은 임차 상가건물을 임대차 목적대로 사용·수익할 수 있는 상태로 ____년 ____월 ____일까지 임차인에게 인도하고, 임대차기간은 인도일로부터 ____년 ____월 ____일까지로 한다.

제3조(임대목적) 임차인은 임차 상가건물을 ____(업종)을 위한 용도로 사용한다.

제4조(사용·관리·수선) ① 임차인은 임대인의 동의 없이 임차 상가건물의 구조·용도 변경 및 전대나 임차권 양도를 할 수 없다.

② 임대인은 계약 존속 중 임차 상가건물을 사용·수익에 필요한 상태로 유지하여야 하고, 임차인은 임대인이 임차 상가건물의 보존에 필요한 행위를 하는 때 이를 거절하지 못한다.

③ 임차인이 임대인의 부담에 속하는 수선비용을 지출한 때에는 임대인에게 그 상환을 청구할 수 있다.

제5조(계약의 해제) 임차인이 임대인에게 중도금(중도금이 없을 때는 잔금)을 지급하기 전까지, 임대인은 계약금의 배액을 상환하고, 임차인은 계약금을 포기하고 계약을 해제할 수 있다.

제6조(채무불이행과 손해배상) 당사자 일방이 채무를 이행하지 아니하는 때에는 상대방은 상당한 기간을 정하여 그 이행을 최고하고 계약을 해제할 수 있으며, 그로 인한 손해배상을 청구할 수 있다. 다만, 채무자가 미리 이행하지 아니할 의사를 표시한 경우의 계약해제는 최고를 요하지 아니한다.

제7조(계약의 해지) ① 임차인은 본인의 과실 없이 임차 상가건물의 일부가 멸실 기타 사유로 인하여 임대차의 목적대로 사용, 수익할 수 없는 때에는 임차인은 그 부분의 비율에 의한 차임의 감액을 청구할 수 있다. 이 경우에 그 잔존부분만으로 임차의 목적을 달성할 수 없는 때에는 임차인은 계약을 해지할 수 있다.

② 임대인은 임차인이 3기의 차임액에 달하도록 차임을 연체하거나, 제4조 제1항을 위반한 경우 계약을 해지할 수 있다.

제8조(계약의 종료와 권리금회수기회 보호) ① 계약이 종료된 경우에 임차인은 임차 상가건물을 원상회복하여 임대인에게 반환하고, 이와 동시에 임대인은 보증금을 임차인에게 반환하여야 한다.

② 임대인은 임대차기간이 끝나기 3개월 전부터 임대차 종료 시까지 「상가건물임대차보호법」 제10조의4제1항 각 호의 어느 하나에 해당하는 행위를 함으로써 권리금 계약에 따라 임차인이 주선한 신규임차인이 되려는 자로부터 권리금을 지급받는 것을 방해하여서는 아니 된다. 다만, 「상가건물임대차보호법」 제10조제1항 각 호의 어느 하나에 해당하는 사유가 있는 경우에는 그러하지 아니하다.

③ 임대인이 제2항을 위반하여 임차인에게 손해를 발생하게 한 때에는 그 손해를 배상할 책임이 있다. 이 경우 그 손해배상액은 신규임차인이 임차인에게 지급하기로 한 권리금과 임대차 종료 당시의 권리금 중 낮은 금액을 넘지 못한다.

④ 임차인은 임대인에게 신규임차인이 되려는 자의 보증금 및 차임을 지급할 자력 또는 그 밖에 임차인으로서의 의무를 이행할 의사 및 능력에 관하여 자신이 알고 있는 정보를 제공하여야 한다.

제9조(재건축 등 계획과 갱신거절) 임대인이 계약 체결 당시 공사시기 및 소요기간 등을 포함한 철거 또는 재건축계획을 임차인에게 구체적으로 고지하고 그 계획에 따르는 경우, 임대인은 임차인이 상가건물임대차보호법 제10조제1항 제7호에 따라 계약갱신을 요구하더라도 계약갱신의 요구를 거절할 수 있다.

제10조(비용의 정산) ① 임차인은 계약이 종료된 경우 공과금과 관리비를 정산하여야 한다.

② 임차인은 이미 납부한 관리비 중 장기수선충당금을 소유자에게 반환 청구할 수 있다. 다만, 임차 상가건물에 관한 장기수선충당금을 정산하는 주체가 소유자가 아닌 경우에는 그 자에게 청구할 수 있다.

제11조(중개보수 등) 중개보수는 거래 가액의 _____ % 인 _____ 원(부가세 □ 불포함 □ 포함)으로 임대인과 임차인이 각각 부담한다. 다만, 개업공인중개사의 고의 또는 과실로 인하여 중개의뢰인간의 거래행위가 무효·취소 또는 해제된 경우에는 그러하지 아니하다.

제12조(중개대상물 확인·설명서 교부) 개업공인중개사는 중개대상물 확인·설명서를 작성하고 업무보증관계증서 (공제증서 등) 사본을 첨부하여 임대인과 임차인에게 각각 교부한다.

[특약사항]

본 계약을 증명하기 위하여 계약 당사자가 이의 없음을 확인하고 각각 서명·날인 후 임대인, 임차인, 개업공인중개사는 매 장마다 간인하여, 각각 1통씩 보관한다.　　　　　　　　　년　　　　　월　　　　　일

임대인	주　　　소						
	주민등록번호 (법인등록번호)			전　화		성 명 (회사명)	서명 또는 날인㊞
	대 리 인	주 소		주민등록번호		성 명	
임차인	주　　　소						
	주민등록번호 (법인등록번호)			전　화		성 명 (회사명)	서명 또는 날인㊞
	대 리 인	주 소		주민등록번호		성 명	
개업공인중개사	사무소소재지			사무소소재지			
	사 무 소 명 칭			사 무 소 명 칭			
	대　　　표	서명 및 날인	㊞	대　　　표	서명 및 날인		㊞
	등 록 번 호		전화	등 록 번 호		전화	
	소속공인중개사	서명 및 날인	㊞	소속공인중개사	서명 및 날인		㊞

서식 부동산가압류신청

학과		학번		성명	

부동산가압류신청

채 권 자
　성　　명
　주　　소
　전　　화
　전자메일

채 무 자
　성　　명
　주　　소
　전　　화
　전자메일

청구채권의 표시

금　　　　　　원

충북 충주시 대소원면 대학로 50에 있는 점포에 대하여 임대차기간 종료에 의한 임차
보증금반환채권

가압류하여야 할 부동산의 표시

별지 제1목록 기재와 같습니다.

신 청 취 지

　채권자의 채무자에 대한 위 청구채권을 보전하기 위하여 채무자 소유 별지
제1목록 기재 부동산을 가압류한다.
라는 재판을 구합니다.

신 청 이 유

1. 채권자는 채무자와 20 . . . 채무자 소유의 충북 충주시 대소원면 대학로 50길에 있는 점포 66㎡를 임차보증금 원에 임대기간을 개월로 하여 임차한 사실이 있습니다.

2. 채무자는 기간이 만료되었음에도 불구하고 임대차보증금을 반환하지 아니하고 채권자에게 전세를 놓아서 나가라고만 하고 기일만 연기할 뿐만 아니라, 근래에 와서 별지 1목록 기재 부동산을 매매하려고 하고 있으므로, 만약 별지 1목록 기재 부동산을 다른 사람에게 매도하면 채무자는 재산이 전혀 없어지는 상태입니다.

첨 부 서 류

1. 부동산임대차계약서	1통
1. 부동산등기사항전부증명서	1통
1. 가압류신청진술서	1통
1. 송달료납부서	1통

20 . . .

위 채권자 　　　　　(서명 또는 날인)

청주지방법원 충주지원 귀중

학과		학번		성명	

상가건물 임대차 권리금계약서

임차인	과 신규임차인이 되려는 자	는 아래와 같이 권리금 계약을

체결한다.

※ 임차인은 권리금을 지급받는 사람을, 신규임차인이 되려는 자(이하 「신규임차인」 이라한다)는 권리금을 지급하는 사람을
  의미한다.

[임대차목적물인 상가건물의 표시]

소 재 지		상 호	
임대면적		전용면적	
업 종		허가(등록)번호	

[임차인의 임대차계약 현황]

임 대 차 관 계	임차보증금		월 차 임		
	관 리 비		부가가치세	별도( ), 포함( )	
	계약기간	년 월 일부터 년 월 일까지(월)			

[계약내용]

제1조(권리금의 지급) 신규임차인은 임차인에게 다음과 같이 권리금을 지급한다.

총 권리금	금 원정(₩)		
계 약 금	금 원정은 계약시에 지급하고		
중 도 금	금 년 월 일에 지급한다.		
잔 금	금 년 월 일에 지급한다. ※ 잔금지급일까지 임대인과 신규임차인 사이에 임대차계약이 체결되지 않는 경우 임대차계약 체결일을 잔금지급일로 본다.		

제2조(임차인의 의무) ① 임차인은 신규임차인을 임대인에게 주선하여야 하며, 임대인과 신규임차인 간에
  임대차계약이 체결될 수 있도록 협력하여야 한다.
  ② 임차인은 신규임차인이 정상적인 영업을 개시할 수 있도록 전화가입권의 이전, 사업등록의 폐지 등에
  협력하여야 한다.
  ③ 임차인은 신규임차인이 잔금을 지급할 때까지 권리금의 대가로 아래 유형·무형의 재산적 가치를 이전한다.

유형의 재산적 가치	
무형의 재산적 가치	

※ 필요한 경우 이전 대상 목록을 별지로 첨부할 수 있다.
  ④ 임차인은 신규임차인에게 제3항의 재산적 가치를 이전할 때까지 선량한 관리자로서의 주의의무를
  다하여 제3항의 재산적 가치를 유지·관리하여야 한다.
  ⑤ 임차인은 본 계약체결 후 신규임차인이 잔금을 지급할 때까지 임차목적물상 권리관계, 보증금, 월차임
  등 임대차계약 내용이 변경된 경우 또는 영업정지 및 취소, 임차목적물에 대한 철거명령 등 영업을 지속

할 수 없는 사유가 발생한 경우 이를 즉시 신규임차인에게 고지하여야 한다.

제3조(임대차계약과의 관계) 임대인의 계약거절, 무리한 임대조건 변경, 목적물의 훼손 등 임차인과 신규임차인의 책임 없는 사유로 임대차계약이 체결되지 못하는 경우 본 계약은 무효로 하며, 임차인은 지급받은 계약금 등을 신규임차인에게 즉시 반환하여야 한다.

제4조(계약의 해제 및 손해배상) ① 신규임차인이 중도금(중도금 약정이 없을 때는 잔금)을 지급하기 전까지 임차인은 계약금의 2배를 배상하고, 신규임차인은 계약금을 포기하고 본 계약을 해제할 수 있다.

② 임차인 또는 신규임차인이 본 계약상의 내용을 이행하지 않는 경우 그 상대방은 계약상의 채무를 이행하지 않은 자에 대해서 서면으로 최고하고 계약을 해제할 수 있다.

③ 본 계약체결 이후 임차인의 영업기간 중 발생한 사유로 인한 영업정지 및 취소, 임차목적물에 대한 철거명령 등으로 인하여 신규임차인이 영업을 개시하지 못하거나 영업을 지속할 수 없는 중대한 하자가 발생한 경우에는 신규임차인은 계약을 해제하거나 임차인에게 손해배상을 청구할 수 있다. 계약을 해제하는 경우에도 손해배상을 청구할 수 있다.

④ 계약의 해제 및 손해배상에 관하여는 이 계약서에 정함이 없는 경우 「민법」의 규정에 따른다.

[특약사항]

본 계약을 증명하기 위하여 계약 당사자가 이의 없음을 확인하고 각각 서명 또는 날인한다.

년   월   일

임차인	주 소					
	성 명		주민등록번호		전화	(인)
대리인	주 소					
	성 명		주민등록번호		전화	
신규임차인	주 소					
	성 명		주민등록번호		전화	(인)
대리인	주 소					
	성 명		주민등록번호		전화	

학과		학번		성명	

부담부 부동산증여계약서

증여자 _____ (이하 "갑"이라고 한다)와 수증자 _____ (이하 "을"이라 한다)은 아래 표시의 부동산(이하 "표시 부동산"이라고 한다)에 관하여 다음과 같이 증여계약을 체결한다.

[부동산의 표시]

_____

제1조(목적) 갑은 갑 소유 표시 부동산을 이하에서 정하는 약관에 따라 을에게 증여하고, 을은 이를 승낙한다.

제2조(증여시기) 갑은 을에게 20 _____ 년 ___월 ____ 일까지 표시 부동산의 소유권이전등기와 동시에 인도를 한다.

제3조(부담부분) 을은 표시 부동산의 증여를 받는 부담으로 갑 및 갑의 배우자가 생존하는 동안 부양의무를 지고, 갑 선조의 제사 봉행을 성실히 수행한다.

제4조(계약의 해제) 을이 다음 각 호에 해당할 경우, 갑은 본 계약을 해제할 수 있다.

1. 본 계약서에 의한 부양의무를 이행하지 아니한 때
2. 갑 또는 그 배우자나 직계혈족에 대한 범죄행위를 한 때
3. 생계유지에 지장을 줄 만한 도박, 음주 등에 의해 재산을 낭비할 염려가 있는 때

제5조(계약의 해제 후 조치) 제4조에 의한 본 계약의 해제가 되었을 경우, 을은 갑에 대해 지체 없이 표시 부동산의 소유권이전등기와 동시에 인도를 해야한다.

이 경우 계약해제일까지 을이 지출한 부양비용은 그때까지 표시부동산을 사용, 수익한 대가와 상계 된 것으로 한다.

제6조(비용 및 제세공과금의 부담) 표시 부동산의 소유권이전과 관련한 제반 비용 및 조세 공과금 등은 을이 부담한다.

제7조(담보책임) 표시 부동산의 증여는 제2조에 의한 등기 및 인도일의 상태를 대상으로 하며, 갑은 표시부동산의 멸실, 훼손에 대하여 책임을 지지 아니한다.

이 계약을 증명하기 위하여 계약서2통을 작성하여 갑과 을이 서명.날인한 후 각각 1통씩 보관한다.

20_____년 _____월 _____일

증여자	주　소					
	성　명 또　는 상　호	인	주민등록번호 또　　　는 사업자등록번호	－	전 화 번 호	
수증자	주　소					
	성　명 또　는 상　호	인	주민등록번호 또　　　는 사업자등록번호	－	전 화 번 호	
입회인	주　소					
	성　명 또　는 상　호	인	주민등록번호 또　　　는 사업자등록번호	－	전 화 번 호	

학과		학번		성명	

부 동 산 교 환 계 약 서

【교환부동산의 표시】

갑

　성　명 :

　주　소 :

　　　　대지 560㎡(금 삼억원)

을

　성　명 :

　주　소 :

　　　　대지 420㎡(금 이억오천만원)

제1조 (계약목적)　갑과 을은 위 부동산을 쌍방 합의 하에 아래와 같이 교환계약을 체결한다.

제2조 (보충금지급)　을은 위 부동산의 교환에 차액을 갑에게 아래와 같이 지불키로 한다.

　– 보 충 금 : 금 오천만원(50,000,000원)

　– 계 약 금 : 금 오백만원(5,000,000원)은 계약시 지불하고 갑은 이를 영수함.

　– 잔　　금 : 금 사천오백만원(45,000,000원)은 200 년　　월　　일 지불한다.

제3조 (평가액)　교환물건에 설정된 피담보채권, 임차보증금 등은 다른 약정이 없는 한 평가액에 포함한다.

제4조 (완전한 권리이전 의무)　교환물건에 관하여 제한물건이 설정되어 있거나 불법점유 등 하자가 있는 때에는 소유권이전등기 일까지 이를 제거하여 완전한 소유권을 이전하여야 한다.

제5조 (제세공과금) 교환물건에 관하여 발생한 수익과 제세공과금은 소유권이 전등기일을 기준으로 각 부담한다. 다만, 교환물건의 인도를 지체한 경우에 발생한 것은 인도를 지체한 자의 부담으로 한다.

제6조 (계약해제 사유) 교환의 목적을 달성할 수 없는 때에는 계약을 해제할 수 있으며 기수령한 대금은 반환한다.

제7조 (소유권이전시기) 소유권이전등기신청은 잔대금과 동시에 관할 등기소에 서 한다.

제8조 (인도시기) 교환물건은 계약당시의 현상대로 계약기일에서 정한 인도일 에 각각 인도하여야 한다.

이 계약을 증명하기 위하여 계약서 2부를 작성하여 계약당사자가 이의없음을 확인하고 각자 서명·날인한다.

20   년   월   일

	주 소					
갑	성 명 또 는 상 호	인	주민등록번호 또 는 사업자등록번호	–	전 화 번 호	
	주 소					
을	성 명 또 는 상 호	인	주민등록번호 또 는 사업자등록번호	–	전 화 번 호	

서식 임대차계약 해지통지서

학과		학번		성명	

임대차계약해지통지

수 신 인   임대인:
　　　　　주 소:

발 신 인   임차인:
　　　　　주 소:

목적물 주소 :

제목 : 임대차계약해지

상기 물건지에 대해서 임대인과 임차인은 20   년 월 일부터 2   년 월 일 까지   년간 임대차계약을 체결하였는 바, 20   년   월   일에 계약이 종료 되므로 이에 계약을 해지하고자 본 통지서를 보냅니다. 20   년   월 일까지 건물을 비우겠사오니 이때에 맞추어 임대차보증금 전액을 반환해주시기를 부 탁드립니다.

　　　　　　　20   년   월   일

　　　　　임차인　　　　　（인）

서식 매도위임장

학과		학번		성명	

매 도 위 임 장

1. 수임인

      성   명:

      주   소:

      전화번호:

2. 상기인에게 위임인은 아래의 권한을 위임합니다.

   가. 위임인 소유의 _____ 토지 및 위 지
       상건물 매도에 관한 권한일체

   나. 위 가항과 관련한 부수적 권한 일체

20   년   월   일

위임인   (인)

서식 매수위임장

학과		학번		성명	

매 수 위 임 장

1. 수임인

    성   명:
    주   소:
    전화번호:

2. 상기인에게 위임인은 아래의 권한을 위임합니다.

    가. 매도인 소유의 _____ 토지 및 위 지
        상건물 매수에 관한 권한일체

    나. 위 가항과 관련한 부수적 권한 일체

                    20   년   월   일

            위임인   (인)

서식 금전공탁서

학과		학번		성명	

금전 공탁서(변제 등)

공 탁 번 호		년 금 제 호	20 년 월 일신청	법령조항	민법 제487조
공 탁 자	성 명		피 공 탁 자	성 명	
	주민등록번호			주민등록번호	
	주 소			주 소	
	전화번호			전화번호	

공 탁 금 액	(한글) 금 원정	보 관 은 행	은행 지점
	(숫자) 원		

공탁원인사실	2017년 1월 20일에 충북 충주시 대소원면 OOO번지 상가건물을 매매계약을 체결하고 동년 1월30일에 중도금을 지급하였고, 2월 20일에 잔금을 지급하면서 건물을 넘겨받기로 했었는데 매도인이 잔금을 수령하기를 회피가고 있습니다.

비고(첨부서류 등)	피공탁자의 주민등록초본, 회수제한신고서 2통	☐ 계좌납입신청 ☐ 공탁통지 우편료 원

1. 공탁으로 인하여 소멸하는 질권, 전세권 또는 저당권 2. 반대급부 내용	없 음

위와 같이 신청합니다.

　　　　공탁자　　성명　　　　　　　　　　　　인(서명)

위 공탁을 수리합니다.
공탁금을　　년　월　일까지 위 보관은행의 공탁관 계좌에 납입하시기 바랍니다.
위 납입기일까지 공탁금을 납입하지 않을 때는 이 공탁 수리결정의 효력이 상실됩니다.

　　　　　　　　　　　　　　　년　　　월　　　일

　　　　　　　　　　법원　　　지원 공탁관　　　　　　　(인)

(영수증)　위 공탁금이 납입되었음을 증명합니다.
　　　　　　　　　　　　　　년　　　월　　　일

　　　　　　공탁금 보관은행(공탁관)　　　　　　　　(인)

※ 1. 서명 또는 날인을 하되, 대리인이 공탁할 때에는 대리인의 성명, 주소(자격자대리인은 사무소)를 기재하고 대리인이 서명 또는 날인하여야 합니다. 전자공탁시스템을 이용하여 공탁하는 경우에는 날인 또는 서명은 공인인증서에 의한 전자서명 방식으로 합니다.
　2. 공탁당사자가 국가 또는 지방자치단체인 경우에는 법인등록번호란에 '고유번호'를 기재하시기 바랍니다.
　3. 공탁당사자가 국가인 경우 소관청도 기재하시기 바랍니다[예 : 대한민국(소관청 : ○○○)].
　4. 피공탁자의 주소를 기재하는 경우에는 피공탁자의 주소를 소명하는 서면을 첨부하여야 하고, 피공탁자의 주소를 알 수 없는 경우에는 그 사유를 소명하는 서면을 첨부하여야 합니다.
　5. 공탁통지서를 발송하여야 하는 경우, 공탁금을 납입할 때 우편료(피공탁자 수 × 1회 발송)도 납부하여야 합니다(공탁신청이 수리된 후 해당 공탁사건번호로 납부하여야 하며, 미리 예납할 수 없습니다).
　6. 공탁금 회수청구권은 소멸시효 완성으로 국고에 귀속될 수 있습니다.
　7. 공탁서는 재발급 되지 않으므로 잘 보관하시기 바랍니다.

공탁방법 설명

1. 변제공탁의 관할

(1) 원칙 : 채권자의 주소지를 관할하는 공탁소 채권자의 현재주소지를 모를 때에는 채권자의 최후 주소지
　　　　를 관할하는 공탁소

(2) 예외 :

　　ㅇ 당사자가 별도의 약정으로 변제장소를 정한 경우엔 그 장소를 관할하는 공탁소.

　　ㅇ 사업시행자가 토지수용을 하고 그 보상금을 공탁하는 경우에는 토지소재지를 관할하는 공탁소 또
　　　는 공탁금을 수령할 자(채권자)의 주소지를 관할하는 공탁소.

　　ㅇ 약속어음 채무의 이행장소는 그 어음에 표시된 "지급지"(대판 1973. 11. 26. 73마910), 지급제시가
　　　필요한 것에 대하여 기간내 지급제시가 없는 때에는 약속어음의 발행인이나 환어음 지급인의 영
　　　업소 또는 주소지 관할 공탁소(어음법 제42조, 제77조 제1항)

2. 변제공탁신청 제출서류 등『민법 제487조』

■ 공탁서 2통【공탁소】

■ 주소소명서면 등

　1. 공탁통지를 하여야 할 경우(피공탁자의 주소소명 서면)

　① 피공탁자 주민등록등·초본 1통【동사무소】

　② 공탁통지서(피공탁자의 수에 따른 통수)【공탁소】

　③ 일반 편지봉투(배달증명용 우표 첨부, 피공탁자의 수에 따른 통수)　【우체국】

　2. 공탁통지를 하지 않는 경우(피공탁자의 주소불명사유소명서면)

　① 피공탁자의 최종주소를 소명하는 서면(예, 변제공탁의 직접원인이 되는 계약서·재판서·재결서, 등기부
　　등본 등)

　② 그 주소에 피공탁자가 거주하지 않는다는 것을 소명하는 자료(예, 피공탁자가 최종주소에 거주하지
　　않는다는 통·반장 또는 피공탁자의 최종주소에 주민등록을 한 거주민의 확인서 등)

■ 자격증명서 등(※ 관공서에서 작성하는 증명서는 작성일로부터 3월 이내의 것)

　① 법인의 대표자(대표이사 등) 및 등기된 지배인이 신청하는 경우 : 법인등기부등·초본

　② 법인 아닌 사단·재단의 대표자가 신청하는 경우 : 정관(규약) 및 규약에 따른 대표자선출 회의록(대표
　　자선임결의서)(※ 부동산등기용 등록번호를 증명하는 종중등록증명서는 대표자자격증명에 해당되지
　　않음)

　③ 법정대리인(미성년자의 친권자 등)이 신청하는 경우 : 가족관계증명서 또는 법원의 선임심판서 등

　④ 임의대리인이 신청하는 경우

　　▷ 개인(변호사, 법무사 포함)인 경우－위임장(공탁자의 도장이 날인된)

　　▷ 법인의 피용자(직원)인 경우－법인등기부등본, 위임장(법인 대표이사의 도장이 날인된)

■ 기타 첨부서면

　① 기명식 유가증권 공탁 : 배서를 하거나 양도증서 첨부

　② 형사사건 관련 변제공탁일 경우 : 회수제한신고서 2통【공탁소】

　③ 원격지 모사전송 공탁 : 규격봉투(빠른 등기용 우표를 첨부) 1통【우체국】

■ 첨부서면의 생략

　동일 공탁법원에 대하여 동일인이 동일에 수 건의 공탁을 하는 경우 1건의 공탁서에 첨부하고 다른 공탁
　서의 비고란에는 원용한다고 기재

■ 신분증(주민등록증·운전면허증·여권·공무원증)《대리인에 의한 공탁은 대리인의 신분증》

■ 도장《대리인에 의한 공탁은 대리인의 도장》

서식 부동산처분금지가처분신청서(매매, 아파트)

학과		학번		성명	

부동산처분금지가처분신청

채권자

  성   명

  주   소

  전   화

  전자우편

채무자

  성   명

  주   소

  전   화

  전자우편

목적물의 표시   별지 목록 기재와 같습니다.

피보전권리의 내용

  2016. 12. 20. 매매를 원인으로 한 소유권이전등기청구권

목적물의 가격   124,500,000원

신 청 취 지

  채무자는 별지 목록 기재 부동산에 대하여 매매, 증여, 저당권설정 그 밖의 일체의 처분행위를 하여서는 아니 된다.

라는 재판을 구합니다.

신 청 이 유

1. 채권자는 별지 목록 기재 부동산을 채무자로부터 2016. 12. 20. 금 124,500,000원에 매수하기로 하는 매매계약을 체결하면서, 같은 날 금 10,000,000원을 계약금으로 지불하고, 2017. 1. 3. 중도금으로 금 50,000,000원을 지불하였으며,

잔금은 2017 2. 5. 금 64,500,000원을 지불하기로 하였습니다.

2. 그 뒤 채권자는 위 매매계약에 정해진 날짜에 계약금과 중도금을 지급하고, 잔금지급기일에 잔금 64,500,000원을 지급제시 하였으나, 채무자는 매매대금을 올려줄 것을 요구하면서 소유권이전등기에 필요한 서류의 교부를 거절하고 있습니다.

3. 따라서 채권자는 위 잔금 64,500,000원을 청주지방법원 2017년 금 제527호로 변제공탁하고 채무자를 상대로 소유권이전등기절차이행청구의 소송을 준비중에 있는데, 채무자는 별지 목록 기재 부동산을 다른 사람에게 처분할 우려가 있으므로, 위 청구권의 집행보전을 위하여 이 사건 신청에 이른 것입니다.

4. 한편, 채권자는 경제적 여유가 없으므로 이 사건 부동산처분금지가처분명령의 손해담보에 대한 담보제공은 민사집행법 제19조 제3항, 민사소송법 제122조에 의하여 보증보험주식회사와 지급보증위탁계약을 맺은 문서를 제출하는 방법으로 담보제공을 할 수 있도록 허가하여 주시기 바랍니다.

소 명 방 법

1. 소갑 제1호증   부동산매매계약서
1. 소갑 제2호증의 1, 2   영수증(계약금 및 중도금)
1. 소갑 제3호증   공탁서

첨 부 서 류

1. 위 소명방법   각 1통
1. 부동산등기사항전부증명서   1통
1. 토지대장등본   1통
1. 건축물대장등본   1통
1. 송달료납부서   1통

20   .   .   .

위 채권자   (서명 또는 날인)

청주지방법원 귀중

 부동산거래 입문

서식 소유권이전청구권가등기신청

학과		학번		성명	

소유권이전청구권가등기신청

접 수	년 월 일	처	접 수	기 입	교 합	각종통지
	제 호	리 인				

① 부동산의 표시
서울특별시 서초구 서초동 100 　　　대 3000㎡   　　　　　이　　　　　　　　상

② 등기원인과 그연월일	2017년 1월 10일 매매예약
③ 등 기 의 목 적	소유권이전청구권가등기
④ 가등기할 지 분	

구분	성 명 (상호·명칭)	주민등록번호 (등기용등록번호)	주 소 (소 재 지)	지 분 (개인별)
⑤ 등 기 의 무 자	이 대 백	760325-XXXXXXX	서울특별시 서초구 서초대로 88길 20 (서초동)	
⑥ 등 기 권 리 자		－		

⑦ 등 록 면 허 세	금	○○○,○○○	원
⑦ 지 방 교 육 세	금	○○○,○○○	원
⑦ 농 어 촌 특 별 세	금	○○○,○○○	원
⑧ 세 액 합 계	금	○○○,○○○	원

⑨ 등 기 신 청 수 수 료	금	*15,000*	원
	납부번호 : ○○-○○-○○○○○○○○○-○		
	일괄납부 : 건		원

⑩ 등기의무자의 등기필정보		
부동산 고유번호	1102-2006-002095	
성명(명칭)	일련번호	비밀번호
이대백	Q77C-L071-35J5	40-4636

⑪ 첨 부 서 면	
·매매예약서 1통	·인감증명서 또는 본인서명사실
·등록면허세영수필확인서 1통	확인서 1통
·등기신청수수료 영수필확인서 1통	·등기필증 1통
·주민등록표등(초)본 1통	〈기 타〉

20 년 월 일

⑫ 위 신청인 이 대 백 ㉑ (전화 : 011-4567-7766)

㉑ (전화 : - -)

(또는)위 대리인 (전화 :)

＿＿＿＿＿＿＿＿지방법원 등기국 귀중

- 신청서 작성요령 -

* 1. 부동산표시란에 2개 이상의 부동산을 기재하는 경우에는 부동산의 일련번호를 기재하여야 합니다.
  2. 신청인란등 해당란에 기재할 여백이 없을 경우에는 별지를 이용합니다.

서식   주택임차권등기명령신청서

학과		학번		성명	

주택임차권등기명령신청

신 청 인 (임차인)   (–   )
　　주 소 :

피신청인(임대인)   (–   )
　　주 소 :

신 청 취 지

별지목록 기재 건물에 관하여 아래와 같은 주택임차권등기를 명한다.
라는 결정을 구합니다.

아   래

1. 임대차계약일자 : 20   년   월   일
2. 임차보증금액   : 금   원, 차임 : 금   원
3. 주민등록일자   : 20   년   월   일
4. 점유개시일자   : 20   년   월   일
5. 확 정 일 자   : 20   년   월   일

신 청 이 유

신청인은 피신청인 소유 별지목록 기재 건물에 대하여 신청취지 기재와
같이 임차한 후 임차기한이 만료하였으나 피신청인이 임차보증금을
반환하지 않아 부득이 임차권 등기명령을 구함

첨 부 서 류

1. 건물등기사항증명서   1통
1. 주민등록등본   1통
1. 임대차계약증서 사본   1통

20   년   월   일

신청인   (인)

_____ 지방법원 _____ 지원 귀중

서식 부동산매매검인계약서

학과		학번		성명	

부동산매매계약서

검 인
접수번호 부동산등기 특별조치 법 제3조 규정에 따라 검인함   · · ·

매도인과 매수인은 다음과 같이 매매 계약을 체결한다.

1. 부동산의 표시

2. 매매대금 및 지급방법

매매대금		원정	지급장소	
계약금	원정			
중도금	원정은	. . .까지 지급		
잔대금	원정은	. . .까지 지급		

3. 매도인은 매매대금 전액을 영수함과 동시에 매수인에게 이 부동산에 대한 소유권이전등기 절차   를 이행하고 이 부동산을 명도 및 인도한다.

4. 소유권이전등기 절차를 위한 부속등기 절차비용은 매도인이 부담하고 소유권이전등기 절차비용   은 매수인이 부담한다.

5. 이 부동산의 명도 및 인도때까지 발생한 제세공과금은 매도인이 부담하고 그 후에 발생한 제세   공과금은 매수인이 부담한다.

6. 매도인이 위약한 때에는 위약금으로 계약금의 배액을 매수인에게 배상하고 매수인이 위약한 때   에는 계약금을 위약금으로 보고 그 반환 청구권이 상실된다. 계약이행 착수후에도 또한 같다.

특약 사항	

이 계약의 성립을 증명하기 위하여 이 계약서 5통을 작성하고 계약 당사자가 이의 없음을 확인하고 각각 서명.날인하다.

년   월   일

당사자표시

매도인		주민등록 번호		주소	
매수인		주민등록 번호		주소	

검 인 신청인	성 명		주 소 사무소	

저자소개

박창욱

- 전주대학교 사회과학대학 법학과 객원교수 역임
- (사) 한국법정책학회 부회장
- (사) 한양법학회 부회장

송호신

- 한국교통대학교 교양학부 교수
- (사) 한국법정책학회 회장 역임
- (사) 한국경제법학회 부회장
- (사) 한국상사법학회 이사
- (사) 한국해법학회 이사

부동산거래 입문

초판 1쇄 발행 2022년 6월 12일

저　　자	박창욱·송호신
편 집 인	임순재
펴 낸 곳	(주)한올출판사
등　　록	제11-403호
주　　소	서울시 마포구 모래내로 83(성산동, 한올빌딩 3층)
전　　화	(02)376-4298(대표)
팩　　스	(02)302-8073
홈페이지	www.hanol.co.kr
e - 메 일	hanol@hanol.co.kr
I S B N	979-11-6647-244-2

부동산거래
입문